小学校社会科教師の
専門性育成 第三版

大澤克美　編著

教育出版

は し が き

　2006（平成18）年3月に初版が発行された本書は，2008（平成20）年の小学校学習指導要領の改訂に伴う改訂版の発行を経て，2017（平成29）年の小学校学習指導要領の改訂を機に本書の特長や変更点・改善点の見直しを行い，更なる改訂を行うことにした。

　今回の学習指導要領改訂では，「知識・技能の習得」と，「思考力・判断力・表現力等の育成」のバランスを重視する2008年版の枠組みや教育内容を維持するとしつつも，生きて働く「知識・技能の習得」など理解や習得の質を更に高め，未知の状況にも対応できる「思考力・判断力・表現力等の育成」が基本方針に記されている。それらに，学びを人生や社会に生かそうとする「学びに向かう力・人間性等の涵養」を加えた「三つの柱」によって，学習指導要領全体が再整理され，OECDのコンピテンシー等学力の国際的な動向を重視した学力観が提示された。

　それは，従来の学校における学力，教室内での生きる力に止まらず，社会で他者と協働し，よりよい人生や社会を追究する学力，共に生きる力の育成を目指すものであり，学力観の転換を示したものといえよう。その転換を図るには，新たな学力観から従来の学校教育の成果と課題を捉え直し，目標や改善点を明確にすることが求められる。そこでは変化への対応に終始することなく，今までの成果を確認し合い，生かすことが重要である。

　その上で，社会科に期待される質の高い学びを可能にする学習指導，授業を行うには，例えば授業改善の方向性を示すものとして掲げられた「主体的・対話的で深い学び」を，どのように理解し学習指導の改善を進めるか，学びの様相を把握する評価をいかに行うか，授業の拠り所であり省察の成果でもあるカリキュラムをどのように改善していくのか等々，いわゆるカリキュラム・マネジメントの実施を含め，社会科を研究教科とする教師を中心に課題を共有して，実践とその評価に取り組むことが必要になる。

　加えて，学習指導要領改訂で実現を目指す「社会に開かれた教育課程」は，社会を学習対象とする社会科にとって，教育目標等を地域社会と共有するだけでなく，具体的な学習の内容や方法の面においても地域社会との連携・協働を一層深めていくことが課題となる。また，今回の改訂で強調された「社会的な見方・考え方（小学校では社会的事象の見方・考え方）」を働かせ，子どもが主体的に問題を発見し，多角的に追究してまとめと振り返りを行う一連の学習を一層充実させることも課題である。

　上記の期待や課題からもわかる通り，小学校社会科の学習指導に求められる専門性には，社会の変化とそれに伴い変わっていく教育課題に対応する教師としての力量が必要である。しかしながら，それだけではなく時代を超えて変わらない小学校教育としての本質に根ざした教師としての力量が必要なことも明らかであろう。2006年の初版において「はしがき」を書かれた三浦軍三氏（東京学芸大学名誉教授）は，学級担任制をとる小学校の社会科学習指導におけるこの不易な専門性について，次のように述べていた。

教員の，特に小学校社会科教員の「専門性」とは何であるのか。

　小学校教員は，児童の人格を育てることが職務の中核である。その点において中学校や高等学校の教科担当とは異なる。すなわち，小学校教員には，まず基本の枠組みとして育てたい子ども像，人格像があり，その基本的枠組みの中にある諸教科，道徳，特活などの指導に当たることとなる。

　小学校教育の理念と子ども観の一体化を図り，総合化を目指す児童の人格陶冶に，小学校教育の機能と教員の教育的営みの基本がある。したがって，小学校教員の教育的営みは，児童の観察・診断が根底にあり，その上に，諸学，すなわち教育・科学・文化に関する研鑽，さらに教室や教場での児童に対する学習指導（授業）があることになる。

　小学校教員は，中学校や高等学校の教員と比較すると，子ども観察が十分に可能である。ゆえに，小学校教育の理念と目標を育てたい子ども像に照らし，診断をふまえて児童の願いに応え，最大限の成長を促すことのできる処方が確実にできよう。また，小学校教員は，前述の児童の観察・診断，諸学の研鑽をふまえることによって，学習指導に有効かつ不可欠な「内容」の考察や省察へと発展することとなる。

　この「はしがき」には，学習者としての子どもに対する総合的な理解，日常的な学習状況の把握に基づく学習指導の重要性と可能性が示されていた。それからもわかるように，小学校で社会科を研究教科とする教師，すなわち小学校社会科教師に期待される新たな教育課題に対する専門性と不易な専門性は，切り離されたものではなく，現実には密接に結びついたものであることに留意しなければならない。

　例えば，子どもたちの多様性を前提にして，生きて働く「知識・技能の習得」，さらには「主体的・対話的で深い学び」の実現を図るとするなら，個々の子どもへの理解と学びの把握に基づく授業づくり，学習過程における個々の取り組みの想定と対応の手立ては不可欠である。どのような学習活動を展開するにしても，学習者の実態を想定しないままで学習を成立させたり，深めたりすることは困難である。

　小学校の教師，特に社会科を研究教科とする教師を目指す人たちには，社会科学習指導の専門性の理解に立って自らの子ども観，社会科授業観を育むとともに，今後対応が求められる教育課題に主体的に取り組むために，本書を活用されることを願うものである。

2019年2月

東京学芸大学教授
大澤　克美

編著者・執筆者一覧

■ 編著者

大澤　克美　　　東京学芸大学教授

■ 執筆者（執筆順）

大澤　克美	東京学芸大学教授	（はしがき・14章）
坂井　俊樹	東京学芸大学名誉教授 開智国際大学教育学部教授	（1章）
荒井　正剛	東京学芸大学教授	（2章）
日髙　智彦	東京学芸大学専任講師	（3章・初等社会科教育関係年表）
中妻　雅彦	弘前大学教職大学院教授	（4章）
竹内　裕一	千葉大学教授	（5章）
宮田　浩行	東京学芸大学附属世田谷小学校教諭	（6章）
及川英二郎	東京学芸大学教授	（6章）
内山　隆	東海大学教授	（7章）
大野　俊一	慶應義塾幼稚舎教諭	（8章）
近藤　真	慶應義塾横浜初等部教諭	（9章）
神野　智尚	我孫子市立湖北小学校教諭	（10章）
松本　大介	東京学芸大学附属世田谷小学校教諭	（11章）
清水　隆志	東京都江東区立東砂小学校主任教諭	（12章）
嵐　元秀	東京都練馬区立光が丘春の風小学校指導教諭	（13章）
苫米地　伸	東京学芸大学教授	（15章）
上野　敬弘	東京学芸大学附属竹早小学校主幹教諭	（15章）
渡部　竜也	東京学芸大学准教授	（16章）
川﨑　誠司	東京学芸大学教授	（17章）

第12章　6年生の授業づくりと学習Ⅰ（政治学習）
　　　　　国民との関わりを重視した政治の仕組みの学習
　　　　　―選挙・納税・裁判員制度に焦点をあてて―　　　　　　　96
第13章　6年生の授業づくりと学習Ⅱ（歴史学習）
　　　　　体験活動や表現活動を取り入れた室町文化の学習
　　　　　―日本の歴史や伝統を大切にする児童を育てる授業―　　104

社会科教育の視座Ⅱ

第3部　小学校社会科教師の専門性の追究―学習指導の専門性（発展編）―

第14章　授業の計画と実践に見る社会科教師の専門性
　　　　　―第8章～第13章の事例を通して―　　　　　　　　114
第15章　教材研究・教材開発の専門性　　　　　　　　　　　122
第16章　カリキュラム・マネジメントとカリキュラムづくり　　130
第17章　授業研究への取り組み　　　　　　　　　　　　　　138

資料
　　初等社会科教育関係年表　　　　　　　　　　　　　　　146
　　小学校学習指導要領　　　　　　　　　　　　　　　　　147

編著者・執筆者一覧

■ 編著者

大澤　克美　　　東京学芸大学教授

■ 執筆者 (執筆順)

大澤　克美	東京学芸大学教授	(はしがき・14章)
坂井　俊樹	東京学芸大学名誉教授	(1章)
	開智国際大学教育学部教授	
荒井　正剛	東京学芸大学教授	(2章)
日髙　智彦	東京学芸大学専任講師	(3章・初等社会科教育関係年表)
中妻　雅彦	弘前大学教職大学院教授	(4章)
竹内　裕一	千葉大学教授	(5章)
宮田　浩行	東京学芸大学附属世田谷小学校教諭	(6章)
及川英二郎	東京学芸大学教授	(6章)
内山　隆	北海道教育大学釧路校教授	(7章)
大野　俊一	慶應義塾幼稚舎教諭	(8章)
近藤　真	慶應義塾横浜初等部教諭	(9章)
神野　智尚	我孫子市立湖北小学校教諭	(10章)
松本　大介	東京学芸大学附属世田谷小学校教諭	(11章)
清水　隆志	東京都江東区立東砂小学校主任教諭	(12章)
嵐　元秀	東京都練馬区立光が丘春の風小学校指導教諭	(13章)
苫米地　伸	東京学芸大学教授	(15章)
上野　敬弘	東京都豊島区立清和小学校主幹教諭	(15章)
渡部　竜也	東京学芸大学准教授	(16章)
川﨑　誠司	東京学芸大学教授	(17章)

第 1 部
社会の変化と社会科教育
―社会科における現代的課題（本質編）―

第1章 社会科教育の新たな発展と教師の専門性

1 社会科に期待されるもの

2017年3月に「2017年版小学校学習指導要領社会編」が告示された。求められる学力は，社会科固有のものというより，全教科に共通した内容が示された。また，小学校から高校まで連続したものとして強調されている。以下がポイントである。

(1)「資質・能力」の育成

小・中の社会科全体目標に，「公民としての資質・能力の基礎の育成」が示されたが，今までにない「資質・能力」論が登場し，社会科全体目標，および各学年目標に即して具体化された。この「資質・能力」の内容は，
① 「知識・技能」
② 「思考力・判断力・表現力等」
③ 「学びに向かう力，人間性等」
の3本が柱であり，これらは「総則」に示された学力像でもあり，各教科の学年目標，内容，方法まで一貫させることとなった。また各学年の「2. 内容」では，学習項目ごとに「身に付けるべき」〈①知識・技能〉の内容，〈②思考力・判断力・表現力等〉が細部まで示された。そして〈③学びに向かう力，人間性等〉は，それぞれ学習場面での工夫によって展開される構造となっている。以上の点から，従来からの目標観の「公民的資質の基礎」が，いかに具体的に育成されるべきか明示されて，目標に即した授業がしやすくなった。

(2) 具体的な学習方法の明示

小・中，共通して，学習指導要領の「2. 内容」には，〈②思考力・判断力，表現力〉の育成のための学習過程が示されている。例えば，現行の6年生「○○を調べ，△△したことがわかる」が，今回は「文化○○遺産等に着目して，△△を捉え，歴史を学ぶ意味を考え，表現すること」としている。中学校ではより鮮明に示され，「○○等に着目して，多面的・多角的に△△を考察し，表現すること」としている。つまり，「着目」という部分が，身に付ける基礎的な知識や技能を示し，その知識や技能を活用して「多面的・多角的」（中学）に考察するという流れである。学習の「学び方」，つまり学習方法も，知識・理解の偏重・独立した学習観から転換し，それらを活用するものとして捉えている。そして，より抽象度・総合性の高い学習課題を，「多面的・多角的」に探究させるとした。その点で全体には，「探究」に基盤を置く学習論となっている。

(3)「探究」が目指すもの

「探究」を整理してみよう。のちに述べるように探究は，きわめて自然科学的な手法による子どもたち自身による学びであり，その過程である。この探究は，国際的には国際バカロレア教育（IB）における中心概念であるとともに，教育史的には1960年代から1970年代前半に提唱された，発見・探究学習と共通している（図1）。つまり現代的課題と歴史的経緯の両者の結合として，今回の「探究」が構成されていると見なせる。歴史的経緯はのちに触れたい。

以上から探究は，「主体的・対話的な深い学

第1部 社会の変化と社会科教育 ―社会科における現代的課題（本質編）―

●図1 探究を教育理論から考える

●図2 新学習指導要領の構成原理をどう受け止めるか

A．科学主義
―科学的な探究過程における資質・能力育成 科学する心と技術を育てる項目

B．市民主義	C．政治（政策）主義
―市民的資質論（初期社会科の理念，政治的リテラシー） ※公民的資質論	―国民国家，伝統性，領土，原発，戦争などの評価

び」によって支えられると理解できる。その過程において，「学びに向かう力，人間性」といった感性や価値観，人間関係性が育成されると理解できる。

　探究と連関した資質能力論の育成を目指す学習を中心に置き，他方で，従来から社会科が担ってきた「市民性」「市民的資質」育成の観点，および上からの政府見解を前提とした「政治主義」も一段と強められている。これらを示すと上記図2のようになる。総じてA「科学主義」は，既述した学力の①と②を示し，Bの「市民主義」には主権者教育等とともに③の「人間性の育成等」を求めるものとなっている。そしてCの「政治主義」は，政府見解の理解を求める内容である。国際的・社会的な争点となる事象に対する，政府見解の修得をさせる場面である。

2 社会科の誕生と変遷

（1）社会科の教育課程の変遷

　1945年以前には，日本の教育の中心に社会科という教科はなかった。あったのは，地理教育，国史教育，修身科等である（1941年「国民科」に統合）。また現在でも，社会科を一つの教科として教育課程に位置付けている国は多くはない。アメリカとの関係が深い国（韓国やフィリピン等）で実施され，ヨーロッパの国々等は社会科を置かず，郷土教育や地理教育，歴史教育，公民〈政治〉教育，市民教育等として扱われている。内容領域的にはかなり重複するのであるが，それでも日本はなぜ社会科をとり入れたのであろうか，またいつ頃誕生したのか，どう変遷をとげてきたか，以下学習指導要領を中心に考えてみたい。

● 資料1　学習指導要領の推移と社会科の教育課程

年　代	改　訂	特　色
1947（昭和22）年 1951（昭和26）年	学習指導要領社会編（試案） 同上・第一次改訂（試案）	小1から高1までの10年カリキュラム，高校社会科社会（必修） 経験カリキュラムの深化，特活領域の形成
1955（昭和30）年 1958（昭和33）年	同上・第二次改訂 同上・第三次改訂（告示）	道徳性の強化 経験主義から系統主義への転換，中学－地理・歴史・政経社，「道徳の時間」特設
1968（昭和43）年	同上・第四次改訂（告示）	教育の現代化（能力の重視），中学－分野制，社会科の一体化 ※公害問題の深刻化と部分修正（小5，中3）
1977（昭和52）年	同上・第五次改訂（告示）	知識偏重の批判とゆとり教育，初期社会科への回帰（現代社会の登場）
1988（平成元）年	同上・第六次改訂（告示）	小－1，2年に生活科（社会科廃止），高－地理歴史科と公民科に再編
1998（平成10）年	同上・第七次改訂（告示）	学校5日制と内容3割削減，「総合的な学習の時間」の導入，諸学習活動の重視 ※学力低下問題と改訂－発展的学習の導入，基礎・基本の徹底
2008（平成20）年	同上・第八次改訂（告示）	特定教科の時数の増加，教育基本法と一本化（道徳性強調），PISA型学力の反映
2017（平成28）年	同上・第九次改訂（告示）	これからの時代に向き合う－資質・能力論の立場による探究型の授業，各教科共通の学力提示，道徳や英語の教科化等

　初めて学習指導要領が出されたのは1947（昭和22）年であり，現在までに9回の改訂が行われてきた。学習指導要領の改訂は，戦後の社会や経済の疲弊した時期，高度経済成長の基盤期，そのひずみとしての公害の多発等の矛盾の表出した時期，経済成長から人間主義へ転換期，個性への着目がうたわれた時期，グローバル化とIT時代，それぞれの時代を反映して行われてきた。

　社会科は，小学校1年生から高校3年までの12年間履修する体制が長く続いてきたが，1991（平成3）年に小学校3年生から中学校3年までの7年間に圧縮され，かわりに小学校1，2年生には「生活科」が，高校には「地理歴史科」と「公民科」に再編され，現在に至っている。小・中の場合，最新のものは2017（平成29）年3月に告示されている。

（2）初期社会科から学ぶこと
〔社会科の登場〕

　1947年5月から小学校社会科の授業が開始されたが，それに合わせて『初等学習指導要領―社会科編』，『中等学習指導要領―社会編』が出され，戦後の民主教育が開始された。戦前の国家主義教育の中心となってきた地理教育，歴史教育，修身教育を停止し，代わって総合的な広領域の活動主義の社会科が導入された。地域社会の課題に対して，活発に議論し，具体的な改善を模索する等，民主社会を担う市民としての成長を期待したのが社会科であった。連合国総司令部（GHQ）の教育担当官は，民主主義国としての日本再建のためには，米国型の経験主義教育，市民教育が必要と考え，教育課程への導入に積極的に後押しをした。日本の旧文部省や教育学者は，この未知のSocial Studiesを，さまざまな議論の

末に導入することにした。

米国では1929（昭和4）年の大恐慌以降の地域再建のために，地域の担い手となる子どもたちの育成を期待して，実践的なSocial Studiesが広まっていった。教養主義や狭い知識観からの脱却を目指し，「為すことによって学ぶ」という活動中心の教育論であった。そのために総合的に考えるという意味で，Studiesと複数形になっている。

戦後日本では「社会科」と呼び，学校全体の教育課程の中心（コア）に置き，さまざまな実践を試みることになった。こうした最初の学習指導要領は1951（昭和26）年に改訂されるが，この二つの学習指導要領の時期を「初期社会科」期（1947～1955年頃）と呼ぶ。

〔初期社会科諸実践の展開〕

当時の学習指導要領（初期社会科）は，その後から現在まで文部（文科）大臣「告示」という法的拘束力を持ったものではなく，いわば実践の参考にする「試案」として示された。また学習内容やその指導法が具体的に描かれておらず，いくつかの事例を示す形式であり，多くの教員は戸惑いながら模索することになった。それまで経験したことがない知識中心の権威的な学習とは異なり，子どもたちが自主的に生活経験や地域の問題解決を進める。そのための調査活動や聞き取り，「ごっこ活動」や提案型の授業に戸惑いを持ったのは事実である。

その際に参考になったのが，戦前に展開された大正期以来の児童中心主義の多様な学習論である。郷土教育や生活教育，生活つづり方教育，総合学習等の遺産に基づき，戦後教育を創造していった面も指摘できる。そのためこうした遺産が蓄積された地域では，素晴らしい戦後民主実践が相次いで提案されることとなった。

全国各地の「○○プラン」と地域学校構想が誕生し，モデルとなっていった。

① 地域プラン（地域教育計画，経験主義）
桜田プラン（東京），川口プラン（埼玉・資料），北条プラン（千葉），福沢プラン（神奈川），本郷プラン（広島）

② 社会現実主義
無着成恭編『山びこ学校』（山形県山元中学校）

③ 地域民主主義（地域変革型）
日本社会の基本問題（江口武正『村の5年生』）
相川日出男『新しい地歴教育』

例えば，地域教育計画としては，埼玉県川口市の「川口プラン」や神奈川県の「福沢プラン」がよく知られている。川口プランは小学校と中学校を連続的に考え，将来を担うたくましい川口市民の育成を目指した。

そのために，川口市が抱える地域や生活課題を，子ども自身が詳しく調べたり，市長や行政担当者等さまざまな立場にある人にインタビューを試みたりして，それらをもとに解決策を話し合い，家庭でも話題にし，具体的な提案をする学習である。このような経験に基づく社会科の学習のまとまりを，「生活単元」と呼んで，教育課程の中心に位置付けた。当然，当時の市民的資質論は，その「資質」という用語の中に「生活」の中から道徳や人間性を学び，育つという点を重視していたことがわかる。その意味で，新学習指導要領に示されている「資質・能力」論は，目標の②「思考力・判断力・表現力等」の育成や，③に示されている「学びに向かう力，人間性等」の育成と結び付けて理解しなければならないであろう。改めて，「初期社会科」を現代的な観点から再評価すべきと思われる。

（3）経験主義から科学主義，系統主義へ
［初期社会科批判］

初期社会科は，経験を積み上げて学ぶ面が強く，きちんとした基礎・基本の学力が身に付かないとの理由で，進歩，保守両勢力から批判を浴びることになった。その象徴的な言い方が，「這い回る社会科」という厳しい批判である。時代状況も，次の2点が指摘できる。第一に，中華人民共和国の誕生（1949（昭和24）年10月）や朝鮮戦争（1950（昭和25）年6月）の勃発があり冷戦の危機が高まり，アメリカも日本を民主主義の拠点とするよりも，反共の防波堤としてみなす占領政策の転換があった。社会科も，次第に国家主義的で愛国心を涵養させる方向に変更していった。いわば国際情勢が影響した面である。

第二に，ソ連との科学技術開発競争のもとで，経験主義から学問（自然科学を中心とした）中心主義が，米国等で叫ばれ，高度経済成長に差し掛かった日本にも大きく影響したことである。結果，各教科に知識中心の学力が広がっていったし，学習指導要領も愛国心と知識・学問系統主義へ変わっていった。

［科学主義教育の主張—教育の現代化］

科学主義・知識中心教育といっても，学習指導論としてはJ. S. ブルーナーが『教育の過程』を表し，発見学習として広まっていった。総じて「発見学習」「探究学習」「範例学習」として先端的な学校では実践されていった。発見学習は，さまざまな事例や観察から科学的概念を子ども自身が「あたかも豆科学者」として発見することを重視し，探究学習は，その概念獲得のプロセスに重点と価値を置く学習理論であった。これらを通じて，「探究の学習」過程と学習の「内容の構造化」が重視されるようになった。

例えば，工業都市の立地条件を探究する学習を展開し，その構造を理解すれば，他の都市の分析にも転用（構造や探究プロセス）でき，さらに関連した学習に発展していく力ともなるという考えである。工業都市の立地は，水運や陸路等交通の要所（運輸），産業支える労働人口（人），産業の資源（鉄鉱石等），エネルギー源（石炭や石油等），資本等が必要である，といった地理学的概念の理解が不可欠となる。この構造としての概念を子どもたち自身が探究していく学習理論である。そのために諸概念獲得のための典型地域の学習が求められることになった。

発見学習や探究学習は，その基盤となる成長型経済から低成長への転換，科学的思考の強調と人間教育軽視，認知心理学の研究等から疑問が出され，今日ではあまり影響力はなくなったといえる。ただ，新しい学習指導要領は，先にも指摘した通り「探究」がキーワードであり，現在の「探究」も，諸学問の内容ではなく，探究過程での科学性を重視するという点では共通性を持っているし，過去の「探究」学習を発展させたものとして理解できる。その点で地図や資料・統計等の諸資料の重視とそれらの深い読解を基礎にする等，科学的方法主義という点での共通性を持ったものとして，過去の教育史からも学ぶことができる。

しかし，他方で子どもたちの思考が自ら経験や感性，価値観とは切り離され，自己とは距離を置いた思考が重視される傾向にあった。この点の限界性を十分にとらえた上で，今日の資質・能力論を考えていかなければならないと思う。

［地域に根ざす教育実践］

高度経済成長は，人間の疎外，都市と農村の問題，階層分化の進行，公害の発生，自然環境の破壊と乱開発といったさまざまな問題

を引き起こした。伝統の崩壊，農業の破壊と人口の都市集中，自然破壊や公害等の地域問題に向き合う必要が求められた。対抗するものとして豊かな地域生活を再生するために，民主的で豊かな地域をつくる地域愛と科学的思考を錬磨しようという教育主張がなされてきた。

これらの教育実践を支えたのは，もっぱら学習指導要領と距離を置いた，民間の教育団体（教師や市民が協力し，一定の教育理念のもとで教育実践を豊かにしていこうとの教育運動）であった。民間教育団体では，「地域に根ざす教育」をテーマに，子どもたちの生活現実を直視し，豊かな生活を期待する生活教育，変革的性格を内包する優れた社会科実践を生み出していった。新潟県の「上越教師の会」，京都奥丹後の教師たちの諸実践，長野県恵那教育，歴史教育者協議会の諸実践等，1960年代から70年代を通じてよく知られている。地域現実に向き合うという課題は，今日でも重要な社会科の課題であり，多くの実践が示唆を与える。

第三次改訂の科学主義・系統主義の学習指導要領のもとで，さまざまな矛盾が引き起こされ，苛烈な進学を目指す「受験競争」，学習についていけない子どもたちが「落ちこぼれ」る教育，盛りだくさんな内容，こうした状況に対して，改めて人間的探究や人間関係性の構築，地域の生活を守る声が高まった。

（4）1970年代後半からの社会変化と社会科の解体論議

1977（昭和52）年の第五次学習指導要領の改訂は，「ゆとり教育」という言葉が初めて主張された。時間的にも窮屈な学校生活にゆとりを持たせたり，初期社会科に回帰するような人間主義を志向したりするようになった。小学校での内容精選や，「公民的資質の基礎」という市民教育の視点の強調，そして高校での新科目「現代社会」の登場はその象徴であった。

1980年前後，日本の高度経済成長も終焉し，うなぎのぼりの経済成長にストップがかかった。また，グローバル化した日本社会・経済の課題も大きく変化し，民主教育を担ってきた社会科の役割も軽視される面があった。他方，1970年代後半から，子どもたちを巡る状況も変質してきた。公立高校の中途退学者の増加，対教師暴力事件の続発，子どもたちの学校不適応問題，そして「いじめ」等であった。いままでのように上から一斉に投網をかけるような，一定の知識を獲得させる学習が行き詰まりを見せつつあり，個々の視点というものが議論されるようになった。いわば近代的学校システムが最早，子どもたちに対応できないという一種の「金属疲労」状態を露呈したと言われる。個人と学校・教育の関係性を問うことになった。

社会科教育も，もはや見直すべきとの議論が起こり，結果的には1991年の小学校学習指導要領によって，小学校低学年社会科の廃止，代わって「生活科」が導入された。ただ，「生活科」は社会の認識を図る教科ではなく，体験自体を重視したため，その点は3年生の社会科から担うことになった。この改訂に合わせて，従来の学力観が大きく変わり，4観点が示された。

（5）「新学力観」と総合的学習の時間

① 「社会的事象への関心・意欲・態度」
② 「社会的事象についての思考・判断」
③ 「資料活用の技能・表現」
④ 「社会的事象についての知識・理解」

従来，もっとも重視された「知識・理解」の観点が最後に位置付けられ，個々の子どもの感性的な部分を含む，「関心・意欲・態度」

が上位に位置付けられた。これは個の学習意欲に即した学力の育成と授業改善が求められた結果であり，小学校の評価表も観点別のものが求められるようになった。

　個々の子どもたちの学習を，より深めるために2002（平成14）年から，学校5日制と合わせて，「総合的な学習の時間」が導入された。この総合的な学習の時間は，社会科と連携して行われる場合も少なくなく，さまざまな教科枠を乗り越えた実践の可能性を内包していた。しかし，2000（平成12）年のOECD国際学力調査の結果や，産業界から要請される理数科目重視等の議論から，総合的学習の時間を含め「ゆとり」批判が起こり，学習指導要領も改訂を避けられなくなった。

　2008（平成20）年3月に，小学校の学習指導要領が改訂された。この学習指導要領は，2006（平成18）年に成立した新「教育基本法」に基づいて構成されたもので，道徳性が強調され，社会科も日本の「伝統と文化」学習，「公共の精神」の育成，社会参加が強調されるようになった。社会科では，裁判員制度の導入と法教育，消費者教育や金融教育等新しい観点から教育課題が盛り込まれることになった。また国際水準の学力論議の観点から，「定着」―「活用」―「探究」という3段階の学習プロセスが求められることになった。「定着」は，基礎知識や基本技能の習得，その基礎・基本を鍛える「活用」場面，そしてそれらを応用・進化させる「探究」が描き出された。この学習プロセスは，思考力や表現力の育成を目指して「言語活動」が盛り込まれた。既存の「自ら学び考える力」が消え，「主体的に学ぶ態度」の強調へと変化した。

（6）現代社会と求められる学習理論

　冒頭に述べたように，新学習指導要領は，今日の一層のグローバル社会と高度情報化社会の進展のもとで，より創造性を持った学力を期待している。それが平成28年版の学習指導要領改訂であった。（次章以降参照）

3 教科専門性と教師の成長

（1）社会の実践史から学ぶ視点

　初期社会科は，子どもたちの生活現実から市民教育を目指した。しかし，教師として，子どもたちの活動を支える資質と能力が強く求められたことも事実である。教師のしっかりした向き合い方がないと，ただ単に活動だけが行われ，深い学びにつながらない面があった。また教育の現代化のもとでの，発見・探究学習は，子どもたちの生活現実よりは科学的世界の論理が優先され，子どもたちの生活と遊離したところで展開された。こうした実践史から，優れた成果と厳しい反省を踏まえて，今日の新しい学習も構想され，展開されていかなければならない。なぜなら，今回の学習指導要領は，教師の学習指導場面における主体性や能力が今まで以上に強く要請されるからである。今回の資質能力論は，それが成功するか失敗するかは，実は教師自身の資質能力に関わる面が強いといえる。その意味でも初期社会科の状況と類似している。科学の論理と生活の論理，さらにはそこに自分を重ね合わせていく重層の思考が強く求められるからである。

（2）子どもたちの現実から考える

　新しい学習指導要領に求められる，教師としての資質は今までとは異なる。私たちが考えてきた多くの社会科授業は，子どもたちが探究する授業よりは，教師が説明し，知識の獲得・理解を促すことが中心であったと考えられる。果たして，教師も「なぜそのことを取り上げるのか」，子どもたちも「なぜ学ぶの

か」を考えることが軽視，ないし無視され，教師自身そのことを内省する機会が乏しかったのではないか。

[「学ぶ意味」を考える]

小学生たちから，例えば歴史の学習でも「なぜそんな古いことを勉強しなければいけないの」という質問に，戸惑ったという教師たちの声を聴くことがある。社会科を学ぶ意味，歴史を学ぶ意味を子どもたちに説得力を持って伝えられる教師がどれほど存在しているか。新しい学力は，随所に「学ぶ意味」という用語が出てくる。

これからの「社会科学力」の中心に，個々の子どもたちの資質・能力の伸長が求められているからで，資質・能力を伸ばすときに，子ども自身が「学ぶ意味」を理解しなければ探究意欲はわかないであろう。

ところで「学ぶ意味」は，自分で考え，理解し，まとめ・発表する学習を促すことになる。しかし「学ぶ意味」とは，さまざまな視点があるであろう。今日の子どもたちは，それぞれに異なる生活環境に置かれ，また持っている感性や価値観の多様性や個人差，人間関係の特性等の差異があり，社会事象へ関わる意味にも個々違いが出てくる。子どもたち自身も，深く「学ぶ意味」等を考えず，軽視する傾向もあろう。しかし，真に「学ぶ意味」を考えた場合，これに向き合う教師の対応は，単純ではない。子どもたちの内的思考を配慮したり，寄り添っていく必要もあろう。この点を考えられる資質が求められている。

次に，小中高の授業研究を通じて，小学生達に学んで欲しい社会的な見方・考え方とは何か，ここでは思考の流れの観点から考える。以下のAとBの場合で見てみる。

[社会問題に迫るには]

A 【自己の内側からの思考】

自分自身が社会問題の当事者，特に被害者たちの内面に迫り自己の内面から問題を捉えようとする視点である。当事者に対する共感や共鳴等を促し，人間的感性やある価値で問題に接近し，さまざまな立場の人々の心情を理解しようとしたり，自己を振り返ったりする面である。

B 【自己の外側からの思考】

社会問題の原因，内容，対応等を社会的・政治的・経済的背景と関係付けながら理解しようとし，その問題を分析的・客観的に捉えようとする思考である。他者への合理的な説明を可能にする態度である。

Aの場合は，社会問題や当事者（時には被害者）等に対しストレートに心情に迫ろうとする視点である。自己の抱いている社会的な見方や個人の生活感覚や価値観を問い直す契機ともなり，自己と当事者を結び付けた深い思考を促す。

それに対し，Bの場合は，社会認識を培うという立場から重視され，合理的に問題を捉え，社会問題の全体像や社会的意味を追究する傾向にある。

重要なのは今日求められる見方・考え方は，この両者を対立するものとして理解するのではなく，絡み合いながら小中高を通じて深められていく点だと思う。つまり私たちの見方や考え方というものは，AとBが交錯するところに形成され機能していくと考えられる。

[小学校3年生，中学生より劣る？]

Bの思考は，知識の量的拡大や複眼的，構造的な思考や認識の深化とも関係し，小学生から高校生に向かい段階的に高められる。〈Aの思考〉の場合は，小学校中学年の授業を参観した時に，社会事象・問題に登場する人々

●図3 教材への向き合い方―乗り越え方の論理

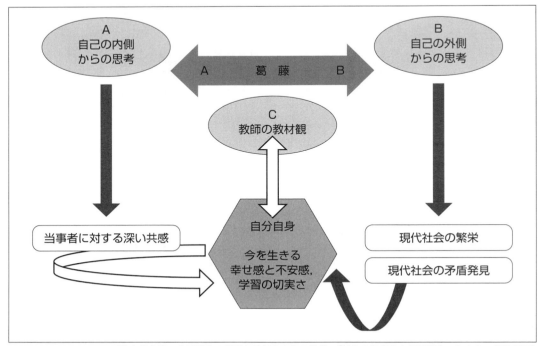

（社会的危機・地域再生の学習と子どもたちの思考―『社会の危機から地域再生へ』より　坂井2016）

に対する子ども達の感性の深さや豊かさには，時として驚かされる。しかも社会的不条理に対して「許せない」という思いは，表面的，道徳的ではなく，子ども達の深い心の中から沸き起こる，しっかりした人間理解につながる場面に遭遇する。

[子ども達の豊かな成長のために]

　内的思考のような学習は，授業研究を小中高の縦の流れで見たときに，小学校社会科の素晴らしさであり優れた特長として浮かび上がってくる。成長発達段階の面で中高より低位だからではなく，人間的共感こそこの段階でしっかり深めておく必要があると確信されるからである。換言すれば，小学校の時に，この人間的な共感や理解に迫る見方や考え方をしっかりと学習しなければ，その後に私たちの人間的共感能力も十分には育まれないのではないか。そしてAとBの矛盾によって問題解決が容易に見えてこない諦めや挫折感，あるいはそれを乗り越えようとする葛藤も生じる。しかしその基礎には，〈Aの思考〉がしっかり根付いていなければ自分自身の問題とし受け止められないのではなかろうか。小学校でこそ内的思考を育成する視点からの社会科教育の重要さが改めて問われていると思う。

(2) 専門職としての教師を目指して

　教師という仕事は，専門職なのか，それとも一般職なのか，議論が分かれる。専門職は，医師，弁護士，大学教員・研究者等であり，高度な専門性が求められ，多くは6年以上の高等専門教育を必要とする職業といえる。それに対して，一般職という考えに立てば，で

きるだけ早く現場に入り，経験的に鍛え上げる，という考え方になる。

専門職とは，単に職業的な専門知識やスキルを身に付けただけでは，職責を全うできない高度の職業を指すのであろう。だから専門職といわれる人たちの多くは，「〇〇先生」という「尊敬」「敬意」を含めた呼称が使われる。「〇〇先生」という言葉の響きには，呼ぶ側の一定の思い，相手に対する人間的な信頼感が基盤にある。医師に「先生」と呼ぶ場合，病気の治療を託す患者としての思いがあり，「すべてあなたにお任せします」というメッセージを含むものであろう。いわば医師という職業に対する人間的な信頼の表明である。つまり人間的信頼が求められる点に専門職としての共通性があろう。例えば医学教育は，徹底した医学理論の実践性や患者やその家族等との対話能力が求められ，教養としての市民教育を重視（大学の医薬学系・コア・カリキュラム）する。つまり人間的信頼と高度な知識，専門スキルとを併せ持った時に，専門職といえるのではないか。

[教師は専門職なのか？]

教師を目指す人々，若い教師はどのように考えるのか。専門ということを，プロフェッショナルと置き換えてもよいだろう。プロとしての教師は，アマチュアがなかなかできない技術や思考を持っていることがプロであり，プロになるためには厳しい修行と鍛錬が求められる。その上で，先の医師と同じく子どもたちの信頼感が得られる資質が形成されなければならない。

専門職としての教師は，絶え間なく教師として，人間として成長する努力が不可欠となる。そのためには，自己の内面を問い直し続ける，職業人としての省察（リフレクション），という行為が必要であろう。「私の人生」

という長いスパンのもとでの，成長のための一つひとつのつまずきや失敗を捉え，「なぜ，あの子はそのようになったのか」，自らの授業記録をもとに問い返していく。技術の未熟や資料選択の誤りという点だけではなく，「失敗」の背景となっている自らの発想法，子どもの立場から思考を怠ったこと等，いわば自分の生き方にも重ね合わせてみることである。そうすることによって，教師として成長していくのではないだろうか。教師としての成長は，人間としての成長に他ならないと思う。

（坂井 俊樹）

〈参考文献〉
○坂井俊樹編『社会の危機から地域再生へ—アクティブ・ラーニングを深める社会科教育—』（東京学芸大学出版会，2016年（2版2018年））
○「教師教育カリキュラムにおける教科（学問）教養」日本教師教育学会編『教師教育研究ハンドブック』（学文社，2017年）pp.186～189

第2章

変化する社会と期待される社会科の学力及び評価

1 はじめに
─予測困難な将来社会？

　社会の変化はめまぐるしい。現代社会には，環境問題や格差，少子高齢化等，様々な課題が山積していて，子どもたちの将来に影を落としている。2017年版学習指導要領でも，子どもたちが「…成人して社会で活躍する頃には，我が国は厳しい挑戦の時代を迎えていると予想される。……予測が困難な時代となっている。」（同解説　社会編第1章総説 p.1）と述べ，そうした社会の変化を意識した改訂となった。

　その基礎となった中央教育審議会答申（2016年12月）（以下「中教審答申」）では，「よりよい学校教育を通じてよりよい社会を創る」（"はじめに"より）という目標を明示した。小学校現場では，国語と算数が中心に据えられている上，外国語や道徳の教科化等，新しい負担をもたらす改訂により，社会科の研究は影を潜めがちであるのが実態であろう。しかし，「よりよい社会を創る」ための中心となるべき教科は，社会科であるはずである。「各教科等を学ぶ本質的な意義」が問われている今，社会の変化を踏まえつつ，社会科の存在意義を改めて考え，主張する必要がある。

2 社会の変化と社会科

　社会科は，その成立期から，よりよい社会の形成者の育成，民主主義社会の発展を目指してきた。例えば公害問題が起きると，それ

を積極的に取り上げる等，社会科で取り上げる内容は社会の動向と深く関わってきた。

　子どもたちの将来にも深く関わるであろう社会の変化について，社会科としての対応も含めて概観してみよう。

　①グローバル化：私たちの生活は，今や地球の隅々にまで，様々な地域と結び付くようになった。輸入品だけではない。海外から日本への観光客が飛躍的に増え，全国各地でその姿が見られるようになっている。外国人労働者も多く，いや，むしろ彼らに頼る傾向は依然として続いている。例えばレタス栽培で有名な長野県川上村では，彼らなくしては経営が成り立たない。また，メロン生産量日本一を誇ってきた茨城県鉾田市では，外国人技能実習制度を使って以来，年間雇用契約を結ぶ必要にせまられ，人手が必要な収穫期が年2回しかないメロンから，それをずらせる葉物野菜に移行する農家が増えている。外国人労働力への依存が，生産の変化を迫ったのである。

　遠いアフリカや南米で起きている問題も，私たちの生活と結び付いていることが多い。例えばアフリカの内戦には，スマートフォン等に使われるレアメタル等の資源獲得競争が，また，アマゾンの熱帯林破壊には，日本向けの大豆・鉄鉱石輸出がそれぞれ関わっている。こうした海外の諸問題を他人事として「論評」するのではなく，自分の問題として捉え，自分の生活を振り返り，何ができるか考える姿勢を育てたい。

グローバル化というと，欧米資本が世界を席巻するようなイメージがあるが，アジア諸国の経済発展により，欧米でもアジアの人・商品・文化が目立ち，また，アジア的なサービスが標準になりつつある等，世界各地でアジアへの関心が高まっている（矢ケ崎・山下・加賀美2018）ことに留意したい。また，グローバル化が進む一方で，あるいはそれゆえに，例えば地域資源を活かした持続的な伝統的生業や，地域性豊かな伝統文化といったローカルな価値が見直されていることにも注目するべきである。

②**地球環境の悪化**：地球温暖化対策を国際的に進めるため，2016年，パリ協定が発効した。途上国を含む全196参加国に温室効果ガスの排出削減の努力を求めている。このように，各種の地球環境問題の深刻さが国際社会に認識され，対応を迫るようになってきた。

①②を踏まえて，社会科の目標である公民的資質の育成について，「地球市民」という理念から捉え，公正な地球社会を創ることを目指す必要がある。その際，Think globally, act locally. という発想，グローバルとローカルのマルチ・スケールで事象を捉える「グローカル」という発想が求められる。それについて，国際的に連携する民間団体の草の根的な活動から多くを学べる。

③**リスク社会と「3.11」**：地球温暖化も含めて，ドイツの社会学者ベックは，自然災害等による「危険」と区別して，近代産業社会がもたらしている雇用問題や治安悪化，科学技術による問題等の人為的な原因による諸問題，しかも，その発生や被害の予測が難しい諸問題が見られる社会状況を「リスク社会」と呼んだ。日本では「3.11」後，「想定外」ということばが広まり，リスク社会に置かれていることに気付かされるようになった。

坂井（2013）は「こうした社会的な難題に対して，議論を通じて向き合い，合意を図ろうとする子どもたちの資質形成を考慮していかなければならない」[*1]と述べ，客観的とされるデータに依拠しすぎずに，当事者たちの経験や心情にまで迫る当事者性や共感の視点，メディア・リテラシーの鍛錬，未来を見据えた現実的妥協的な思考（柔軟な現実対応力）等が重要だと指摘している。

④**少子高齢化**：多額の国債を抱えている日本の財政事情からしても，子どもたちの世代に，経済的にも精神的にも重くのしかかる問題である。

少子高齢化が進めば，途上国を中心とした外国人労働力への依存が増して，多文化社会化は，好むと好まざるとを問わず進む。教室でも海外出身者の子どもたちが増えている。比較的均一な社会であった日本にとって，その対応は決して容易ではない。社会科の授業では，日ごろから異なる意見，特に少数派の意見・立場を踏まえて多角的に考察し，問題解決を目指すような姿勢を，話し合い活動等を通して育成するように心がけたい。

⑤**格差社会**：格差を示す指標であるジニ係数は，ほとんどのOECD諸国で大きくなっている。新自由主義が格差社会を全世界にもたらしていると考えられる。厚生労働省の国民生活基礎調査によると，2021年の子どもの貧困率（平均的な所得の半分を下回る世帯で暮らす17歳以下の子どもの割合：所得127万円未満）は11.5％であり，9人に1人は貧困状態にある。毎日の食事に困るといった絶対的な貧困家庭だけではない。今日の社会では，例えばSNSを有しないことは，就職はもちろん友達関係にも影響してしまう。貧困家庭の子どもは自己肯定観を持ちにくく，学習に前向きにはなりにくい。貧困の悪循環から抜け出

すのは容易ではなく，貧困層が固定化される傾向がみられる。

社会科の学習では，こうした子どもたちの置かれた環境に配慮するとともに，誰もが有する権利についての意識を自覚するよう促し，貧困状況にある子もそうでない子も現状に流されることなく，自己肯定観・有用感を持って社会参画しようとする態度を育てたい。

このほか，東京への一極集中が進む一方で，過疎地域に指定された自治体が平成25年以降増えており，過疎問題が深刻になる等，様々な格差の拡大が見られる。

⑥情報化：学習指導要領はAIの進展に伴う知識基盤社会への対応を求めている。マスメディアによる情報をはじめ各種の情報が氾濫している中，情報処理能力のほか，情報の選択・吟味等のメディア・リテラシー能力を育成する必要がある。

たとえば景観写真は鵜呑みにされやすいが，それは景観の一部を撮影者が切り取ったものである。撮影者は何を意図して撮影したのか，編集者は何を意図して掲載したのか，写真からではわからないものは何かといったことに留意させたい。また，同じ景観写真を見ても，児童によって着眼点が違ったり印象が違ったりする。一枚の景観写真をグループで読み取ることを通して，様々な児童の気付きを引き出すとともに，その印象の違いから児童が持っていた先入観に気付かせ見直させるようにしたい（加賀美・荒井2018）。

3 ESDと社会科

こうした社会の変化を踏まえて，学習指導要領は，小中高すべてで，第1章総則の第1において（以下，下線筆者）「…持続可能な社会の創り手となることが期待される児童（生徒）

に…」と，ESD（Education for Sustainable Development：持続可能な開発のための教育）を重視している。社会科では，SDの観点から，「人口減少や地域の活性化，国土や防災安全に関する内容の充実を図るとともに，情報化による生活や産業の変化，産業における技術の向上などに関する内容についても充実する方向で改善を図る」（小学校学習指導要領解説社会編p.10）としている。

「持続可能な開発」という概念は，1987年，国連のブルントラント報告書（「環境と開発に関する世界委員会」の委員長を務めたブルントラント・ノルウェー首相（当時）にちなむ）が将来世代に配慮して，環境と調和した節度ある開発が必要であると提唱したことから注目された。その後，SDは貧困や健康，人権等の課題も含めるようになった。教育界でも，まず環境教育が先行したが，その概念の拡張によって，開発教育とも連動するようになり，様々な教育を包含するようになった。環境意識の高いヨーロッパ諸国では，前世紀末からESDを教育の中心に据えて，既存の教育制度全般を転換する動きが見られる。

国連は，世界の極度の貧困や飢餓をなくすこと等を目指した，ミレニアム開発目標が一定の成果を上げたものの，経済優先の開発によって環境保全や社会的公平性が置き去りにされたことから，後継として2015年9月，SDGs（Sustainable Development Goals―持続可能な開発目標）を採択し，「誰一人取り残さない"No one is left behind."」が合言葉になった。SDGsは貧困問題と環境問題の2つを統合し，「途上国」だけでなく「先進国」も対象としている点に大きな特徴があり，17の目標（表1）と169のターゲットを設定している。例えば貧困問題は「途上国」だけの問題ではない。日本等の「先進国」でも貧富の差

が広がっている。

ESDは，環境，経済，社会の3つの視点から社会の在り方に迫っており[*2]，社会科は特に重要な役割を果たすことが期待される。

ニュージーランドでは，自然と共生して創り上げていった先住民マオリの自然観に注目して，それを表したマオリ語を取り上げて，その知恵に学んでいる。こうした伝統的な生業や土地利用の多くは持続的で，長年にわたって積み上げた人々の知恵の結晶と言えるが，一度崩れると元には戻れない。アイヌや琉球の文化についてもESDの観点から見直したい。

4 コンピテンシーと社会科の学力

社会科の目標は，現行学習指導要領では，他の教科と合わせて「公民としての資質・能力」の育成という表現になったが，公民的・市民的資質の育成であることは変わっていない。選挙権が18歳に引き下げられたこともあり，「社会参画」が一層強調されている。若年層の投票率は低く，それには政治や政党への不信感等も影響しているものの，社会科教育の力不足と言われてもやむを得まい。選挙の意義を表面的には理解していても，投票行動に結び付いていないのだから。

今回の改訂では，「何ができるようになるか」等を問うて，従来のコンテンツ・ベースからコンピテンシー・ベースに転換した。社会科では社会生活に活かし，社会参画につながる授業を目指す改訂である。学校教育の歴史に残る改訂と言える。これは国際的な潮流であり，日本の教育に大きな影響を与えているOECDのキー・コンピテンシーをはじめ，アメリカ合衆国の21世紀型スキル，イギリスのキー・スキルと思考スキル，オーストラリアの汎用的能力等，世界各地で育成すべき資質・能力を明確にして，教育改革に取り組んでいる。日本でも，国立教育政策研究所が「21世紀型能力」の枠組み試案を出している。

今回の改訂は，まず育成すべき資質・能力を明確にし，それを踏まえて各教科等の教育の目標・内容を検討するという段取りで進められた。その結果，現行学習指導要領では全校種・全教科等で共通のスタイルによる表現となった。先行した有識者会議「育成すべき資質・能力を踏まえた教育目標・内容と評価の在り方に関する検討会」では，既述の海外の教育改革では汎用性が重視されていること，実社会・実生活に生きるということが重視されていることから，コンピテンシーが前面に出されたという（安彦，2014）。こうして，従来の「教育内容中心」，「各教科等中心」から「資質・能力中心」，「汎用的能力中心」，「実践的思考スキル中心」へと舵が切られた。

こうした変化を，私たちはどう受け止めるべきであろうか。OECDは「先進工業国」が，高度経済成長，開発途上国援助，世界貿易の拡大を目的とした組織であることから，学校の経済的役割を重視していることに対する批判的見解もある。有識者会議の一員であった安彦（2014）は，教育の目的は人格形成にあり，コンピテンシー・ベースを超える授業づくりを提案している。

授業で取り上げるべき内容を，その教育的意義から，よく検討する必要がある。また，「学びに向かう力，人間性等」に関する内容には留意すべきこともある。子どもたちの多様性にも配慮すべきである。知識注入もさることながら，価値の注入があってはならない。

5 「主体的・対話的で深い学び」

資質・能力の育成に向けて，当初は「アク

ティブ・ラーニング」が話題になったが，その後の形式化への危惧もあって，標記の表現に落ち着いた。中教審答申では，それぞれ以下のように整理している。

・主体的な学び：学ぶことに興味や関心を持ち，自己のキャリア形成の方向性と関連付けながら，見通しを持って粘り強く取り組み，自己の学習活動を振り返って次につなげる。
・対話的な学び：子どもどうしの協働，教職員や地域の人との対話，先哲の考え方を手掛かりに考えること等を通じ，自己の考えを広げ深める。
・深い学び：習得・活用・探究という学びの過程の中で，各教科等の特質に応じた「見方・考え方」を働かせながら，知識を相互に関連付けてより深く理解したり，情報を精査して考えを形成したり，問題を見い出して解決策を考えたり，思いや考えを基に創造したりすることに向かう。

学習指導要領は，主体的・対話的で深い学びを，1単位時間の授業の中で全てを実現するものではないとして，以下のように，単元の中で，それぞれの学びの場面をどう設定するか工夫することを求めている（小学校学習指導要領解説社会編第4章1 p.135）。

・主体的に学習に取り組めるため：学習の見通しを立てたり学習したことを振り返ったりして自身の学びや変容を自覚できる場面
・対話によって自分の考え等を広げたり深めたりする場面
・学びの深まりをつくりだすため：児童が考える場面と教師が教える場面

下線部に関して，子どもたちに学習の成果を実感させ，自己肯定観を高めるべきである。日本の子どもたちは，学校での学びの楽しさや自分の人生や実社会とのつながりについて，他国と比べて否定的な回答が目立つと指摘さ

れている。社会科は実社会とのつながりを感じさせやすいはずである。取り上げる社会的事象について，自分との関わりに気付かせ，当事者意識を持たせる必要がある。

社会科は話し合いを重視してきた。学習指導要領解説でも「他者の主張を踏まえて議論」することを奨励している。教室の子どもたちは多様性を増している。それは現実社会を反映していて，学校は「小さな社会」であると言える。学校だからこそ，自由な話し合いを通して，友達の考え方から学び，自分の考えをより高めることが期待できる。学級をそうした相互啓発の場にすることが，子どもたちの議論をより活発にして，その意義を実感するとともに，民主主義を学ぶ場となる。そのためにも教員自身がまず議論し，学び合い，高め合いたいものである。

6 学びを深める 社会的な見方・考え方

「社会的な見方・考え方」は，小中高を通した総称で，「本質的な学びを促し，深い学びを実現するための思考力，判断力の育成はもとより，生きて働く知識の習得に不可欠で」，「資質・能力全体に関わるものである」（中教審答申）。

小学校では「社会的事象の見方・考え方」の視点として「位置や空間的な広がり，時期や時間の経過，事象や人々の相互関係等」が，また，その方法として「比較・分類したり総合したり，地域の人々や国民の生活と関連付けたりすること」がそれぞれ明示されている。中学校や高等学校とは違い，「総合性を重視する観点から，例えば，歴史に関わる事象であっても，時間的な経過のほか，空間的な広がりに着目すること」（小学校学習指導要領解説第4章1 p.136）としていることに留意したい。

これらの視点を通して，多面的・多角的に社会的事象を捉える能力を育成することで，公民的資質の育成を目指している。具体的な視点や問いは，学習指導要領作成の準備を進めた「社会・地理歴史・公民ワーキンググループにおける審議の取りまとめ」（平成28年8月26日）が示している（表2，表3）。

因みに中学校では分野制が完成した1969年版に「地理的な見方・考え方」が逸早く目標に位置付けられ（高等学校は平成元年版から），1998年版からは「内容」でも規定された。国際的には，1992年，国際地理学連合・地理教育委員会（IGU・CGE）が出した「地理教育国際憲章」で取り上げられ，市民的資質の育成を目指している。それは，学習指導要領の中学校社会科地理的分野で明示された視点に踏襲されている。中学校社会科各分野の視点は次の通りである。

・地理的分野：位置や分布，場所，人間と自然環境との相互依存関係，空間的相互依存関係，地域
・歴史的分野：時期や年代，推移，比較，相互の関連や現在とのつながり
・公民的分野：位置，空間的な広がり，推移，変化，対立と合意，効率と公正，希少性，分業と交換，個人の尊重と法の支配，民主主義，協調，持続可能性

7 社会科と評価

学習指導要領改訂に先立つ有識者会議は，学習評価の基準について，「「何を知っているか」にとどまらず，「何ができるか」へと改善することが必要とした。このためには，現行の学習評価に加え，パフォーマンス評価を重視する必要」があるとまとめた。学力観の変化に伴う改訂である。

評価には，単元・授業前の診断的評価，その途中の形成的評価，その終了時の総括的評価がある。各段階での児童の状況を捉え，授業を構想・修正するようにしたい。

まず，児童に付けたい力を具体的な文で示した評価規準を定める。それは単元・本時の到達目標を具体的に示したものと言える。その上で，児童一人一人がその規準をどの程度達成したかを具体的な文で示した評価基準に従って達成度を判断する。その結果をもとに，教師として授業を振り返り，次の授業に活かしていくことが生産的な評価活動と言えよう。

児童による自己評価や相互評価も意義深い。自分が成長したと思うことも書かせて，それを教師が適切に評価することで，やる気を起こさせたり自己肯定観を高めたりするようにしたい。それには，ポートフォリオ評価が有効である。すなわち，ワークシートや作品等の学習成果をファイルに保存して，児童が学習のプロセスを振り返り，自分の成長・変容を実感できるようにするのである。

パフォーマンス評価は，児童に作品を創らせたり意見を書かせたりする課題と，それを評価する指標（ルーブリック）を事前に提示することによる評価である。この方法では，児童による自己評価や相互評価がやりやすい。事実に基づき評価する力は，公民的な資質・能力に不可欠なものである。

適切な評価は，教師と児童の人間関係・信頼関係の上に成り立つことを忘れてはならない。指導と評価の究極的なポイントと言えよう。評価を児童の成長とともに，教師の成長につなげるようにしたい。

8 おわりに

子どもたちの将来は確かに予測困難であろ

う。特に,「限界集落」「消滅可能性都市」等と呼ばれた地域に居住する児童は,その将来に不安を感じるかもしれない。しかし,私たちが通ってきた過去を振り返っても,将来は常に「予測困難」だった。子どもたちが成長したころの社会を意識することは大切であるが,子どもたちに人類が積み上げてきた智恵に気付かせ,AIにはできない・任せられない学力を育成し,教師自身も「よりよい社会」を目指して社会に関わるべきである。「東ロボくん」というAIを開発した数学者の新井(2018)はAIの読解力には限界があるが,多くの子どもたちもAIと同様に文章の意味を読み解く力がないと述べている。調査で使われた文章は教科書の文章で,社会科の基礎的な知識があれば,読解力があまりなくても間違いようがなく,驚かされる。AIを特別に恐れる必要はないが,そのためには子どもたちに読解力や人間力を培わねばなるまい。

　子どもたちの多様性が増している。社会科ではダイバーシティ(多様さ)は大切であり,それをむしろ積極的に活かして,相互に尊重し合うような雰囲気で民主的に話し合う態度を育成していくべきである。話し合いは民主主義社会や社会科学習の基本なのだから。

教師は研究姿勢を失ってはいけない。仲間の教師と議論し学び合うとともに,教師自身が持続可能な教員生活を送るようにしたい…。

(荒井 正剛)

〈注〉
＊1　坂井俊樹　リスク社会における教育の観点と実践,坂井俊樹・竹内裕一・重松克也編『現代リスク社会にどう向き合うか―小・中・高校,社会科の実践』(梨の木舎,2013年)p.13
＊2　イギリスの開発教育では,開発を考える際,自然環境(N：Natural),経済(E：Economic),社会(S：Social)に,政治(W：Who decides?)を加えた4つの視点(4方位)から考える枠組(The Development Compass Rose)を提唱している。

〈参考文献〉
○安彦忠彦『「コンピテンシー・ベース」を超える授業づくり』(図書文化社,2014年)
○新井紀子『AI vs. 教科書が読めない子どもたち』(東洋経済新報社,2018年)
○加賀美雅弘・荒井正剛編『景観写真で読み解く地理』(古今書院,2018年)
○田中治彦・三宅隆史・湯本浩之編『SDGsと開発教育』(学文社,2016年)
○西あい,湯本浩之編『グローバル時代の「開発」を考える』(明石書店,2017年)
○矢ケ﨑典隆・山下清海・加賀美雅弘編『グローバリゼーション―縮小する世界―』(朝倉書店,2018年)

●表1　持続可能な開発目標(SDGs)の17の目標

目標1（貧困）	あらゆる場所のあらゆる形態の貧困を終わらせる。
目標2（飢餓）	飢餓を終わらせ,食料安全保障及び栄養改善を実現し,持続可能な農業を促進する。
目標3（保健）	あらゆる年齢のすべての人々の健康的な生活を確保し,福祉を促進する。
目標4（教育）	すべての人に包摂的かつ公正な質の高い教育を確保し,生涯学習の機会を促進する。
目標5（ジェンダー）	ジェンダー平等を達成し,すべての女性及び女児の能力強化を行う。
目標6（水・衛生）	すべての人々の水と衛生の利用可能性と持続可能な管理を確保する。
目標7（エネルギー）	すべての人々の,安価かつ信頼できる持続可能な近代的エネルギーへのアクセスを確保する。
目標8（経済成長と雇用）	包摂的かつ持続可能な経済成長及びすべての人々の完全かつ生産的な雇用と働きがいのある人間らしい雇用(ディーセント・ワーク)を促進する。
目標9（インフラ,産業化,イノベーション）	強靱(レジリエント)なインフラ構築,包摂的かつ持続可能な産業化の促進及びイノベーションの推進を図る。
目標10（不平等）	各国内及び各国間の不平等を是正する。

目標11（持続可能な都市）	包摂的で安全かつ強靭（レジリエント）で持続可能な都市及び人間居住を実現する。
目標12（持続可能な生産と消費）	持続可能な生産消費形態を確保する。
目標13（気候変動）	気候変動及びその影響を軽減するための緊急対策を講じる。
目標14（海洋資源）	持続可能な開発のために海洋・海洋資源を保全し，持続可能な形で利用する。
目標15（陸上資源）	陸域生態系の保護，回復，持続可能な利用の推進，持続可能な森林の経営，砂漠化への対処ならびに土地の劣化の阻止・回復及び生物多様性の損失を阻止する。
目標16（平和）	持続可能な開発のための平和で包摂的な社会を促進し，すべての人々に司法へのアクセスを提供し，あらゆるレベルにおいて効果的で説明責任のある包摂的な制度を構築する。
目標17（実施手段）	持続可能な開発のための実施手段を強化し，グローバル・パートナーシップを活性化する。

（外務省ホームページ「SDGs」より）

●表2　「社会的な見方・考え方」で考えられる視点例

○位置や空間的な広がりの視点
　地理的位置，分布，地形，環境，気候，範囲，地域，構成，自然条件，社会的条件，土地利用等
○時期や時間の経過の視点
　時代，起源，由来，背景，変化，発展，継承，維持，向上，計画，持続可能性等
○事象や人々の相互関係の視点
　工夫，努力，願い，業績，働き，つながり，関わり，仕組み，協力，連携，対策・事業，役割，影響，多様性と共生（共に生きる）等

●表3　「社会的な見方・考え方」を働かせたイメージの例

視点を生かした，考察や構想に向かう「問い」の例	考察，構想した結果，獲得する知識の例
〈考察〉 （位置や空間的な広がりの視点） ・どのように広がっているのだろう ・なぜこの場所に集まっているのだろう ・地域ごとの気候はどのような自然条件によって異なるのだろう （時期や時間の経過の視点） ・いつどんな理由で始まったのだろう ・どのように変わってきたのだろう ・なぜ変わらずに続いているのだろう （事象や人々の相互関係の視点） ・どのような工夫や努力があるのだろう ・どのようなつながりがあるのだろう ・なぜ○○と○○の協力が必要なのだろう	・いくつかの組立工場を中心に部品工場が集まり，工業が盛んな地域を形成している ・駅の周囲は交通の結節点なので人が多いため商業施設が集まっている ・国土の地理的位置や地形，台風などの自然条件によって気候は異なる ・祭りは地域の豊作や人々のまとまりへの願いから始まった ・農作業は機械化により生産効率を向上させてきた ・伝統芸能は技や道具が継承されるとともに，多くの人々に受け入れられて今に至っている ・地域の安全は，関係機関の未然防止と緊急対処によって守られている ・食料生産は私たちの食生活を支える役割を果たしている ・政治には国民生活の安定と向上を図る働きがある
〈構想〉 ・どのように続けていくことがよいのだろう ・共に生きていく上で何が大切なのだろう	・伝統と文化は受け継ぐだけでなく時代に合わせ発展させていく必要がある ・世界の人々と共に生きるには，文化や考え方の違いを認め合い，課題を解決しながら理解し合っていくことが大切である

（表2，3「社会・地理歴史・公民ワーキンググループにおける審議の取りまとめ」をもとに著者作成）

第3章 学習指導要領の構成とその読み方

1 学習指導要領の性格

　現在の日本における学習指導要領は，文部科学大臣名で官報に告示される，教育課程のナショナル・スタンダードである。これは教科書検定基準に反映するため，名実ともに主たる教材である教科書の編纂に強い影響を与えている。よって，各学校の教師が，目の前の児童に適した教育課程や指導計画を編成しようとすれば，学習指導要領を主体的に読み解く姿勢と力量が必要になる。

　今次（第9次）学習指導要領改訂は，2014（平成26）年11月20日の中央教育審議会（以下，中教審）における文部科学大臣の「初等中等教育における教育課程の基準等の在り方について（諮問）」に端を発する。以後，中教審内に設置された諸委員会等で改訂に向けた議論が重ねられ，2016（平成28）年12月21日に「幼稚園，小学校，中学校，高等学校及び特別支援学校の学習指導要領等の改善及び必要な方策等について（答申）」が発表された。この答申に基づき，2017（平成29）年3月31日付で小・中の新学習指導要領が告示され，同年7月に「解説」が公表された。こうした経緯から，学習指導要領の読解は，「中教審答申」と「解説」をふまえなければならない。

2 教科目標の構造と特徴

　今次改訂の大きな特徴は，各教科の目標が校種の違いを越えて共通の表現をとっていることにある。社会科の場合，①「社会的な見方・考え方」を働かせ，②「課題を追究したり解決したりする活動」を通して，③「公民としての資質・能力」を育成するとされる。そして，この後に「資質・能力」を構成する④「三つの柱」の目標文が続くという形式が小中高で一貫している。学習をデザインする教師は，この型がどのような教育観によって構造化されているかを読み解く必要がある。

（1）資質・能力

　長く社会科教育における中心概念である「公民的資質」は，「公民としての資質・能力」と表現されている。この「資質・能力」を構成する「三つの柱」とは，（1）何を理解しているか，何ができるか（生きて働く「知識・技能」の習得），（2）理解していること・できることをどう使うか（未知の状況にも対応できる「思考力・判断力・表現力等」の育成），（3）どのように社会・世界と関わり，よりよい人生を送るか（学びを人生や社会に生かそうとする「学びに向かう力・人間性等」の涵養），である（表1参照）。

　従来の学習指導要領においては，知識・理解目標と態度目標が同一文上で結び付けられており，理解すべき知識をどのような技能等で習得するかという能力目標は別途定められていた。これは場合によっては，学習に技能や思考力を育成する活動が十分に位置付かず，望ましい態度の育成に直結する知識を教えるという，社会認識の教育として問題ある

授業づくりに陥る可能性もあった。今回は知識と技能が結び付けられ，それらを思考・判断・表現して習得することで態度目標が実現される，という構造に変化したと読み解くことが可能であり，注目すべきであろう。

（2）主体的・対話的で深い学び

以上のように構造化された資質・能力を育成するために，授業には「課題を追究したり解決したりする活動」が求められる。これは従来から「問題解決的な学習」として現場で追求されてきたことだが，さらなる改善の視点として「主体的・対話的で深い学び」が打ち出された。「主体的な学び」では，「児童生徒が学習課題を把握しその解決への見通しを持つ」ために，これまで多くの教師が注力してきた「動機付けや方向付け」だけでなく，「学習内容・活動に応じた振り返りの場面を設定」することが強調されている。「対話的な学び」は，「子供同士の協働，教職員や地域の人との対話，先哲の考え方を手掛かりに考えること等を通じ，自己の考えを広げ深める」学習として想定される一方，「グループによる活動が優先し内容が深まらない」ことへの配慮も指摘されている。

こうして，主体的・対話的な学びが陥りかねない無内容な活動主義や形式主義を改善するものとして，「深い学び」が提案されている。各教科等の特質に応じた「見方・考え方」を働かせ，学習の「課題（問い）」を設定することで，「社会の中で汎用的に使うことのできる概念等に関わる知識を獲得するように学習を設計する」ことを教師に求めている。

（3）社会的な見方・考え方

深い学びを実現するためのキー概念としての「見方・考え方」は，「その教科等ならではの物事を捉える視点や考え方」であり，「教科等の学習と社会をつなぐものであることから，

児童生徒が学習や人生において「見方・考え方」を自在に働かせることができるようにすることにこそ，教師の専門性が発揮されること」とされる。教師の授業づくりの視点や方法であると同時に，児童に育成すべき能力としても位置付けられている，と言えよう。

社会科の場合の「社会的な見方・考え方」は，小学校各学年目標では「社会的事象の見方・考え方」と表記され，「位置や空間的な広がり，時期や時間の経過，事象や人々の相互関係などに着目して（視点）社会的事象を捉え，比較・分類したり総合したり，地域の人々や国民の生活と関連付けたりすること（方法）」と提示されている。そして，上記視点と方法に基づく「課題（問い）」の設定が，授業における「児童の疑問や教師の発問」を広く含むものとして重視されている。社会認識の方法をもって教師が授業をデザインすることで，児童の社会認識が育成される，という社会科授業観の反映として捉えることができるだろう。

3　各学年の目標と内容

（1）全体の構造

各学年の記述は，1目標，2内容，3内容の取扱いの順で統一されている。学年目標は，教科目標と同様に主文とそれに続く三つの柱という型をとっている。主文は教科目標のそれを簡略化したもので，全学年で同文である。よって，三つの柱それぞれに着目することで，学年段階の系統を読み解くことができる。

「知識・技能」について，まず知識目標に関しては，第3学年で「自分たちの市」を，第4学年で「自分たちの県」を，第5学年では「我が国の国土」を，第6学年では「我が国」の政治や歴史や国際関係を中心に学習する，

という大まかな系統がある。認識対象としての地域を児童の生活圏に限定し，児童の成長とともにその地域を同心円的に拡大していく配列「同心円的拡大主義」が継承されている。技能目標に関しては，内容に応じた「資料」に基づき，「情報を調べてまとめる技能」を繰り返し身に付けるよう求めている。なお，今次改訂では地図帳について，第3学年からの使用が目標に明記された。

「思考力・判断力・表現力等」については，第3・4学年と第5・6学年の2学年ごとのまとまりで系統性・段階性をつけている。その違いは，思考・判断における「多角的」と表現における「議論」が後者に加わっていくことである。

「学びに向かう力・人間性等」については，学習課題を解決しようとし，学んだことを社会生活に活かそうとする「態度」や，思考，理解を通じて涵養される「愛情」，「自覚」を，各学年の内容に応じて繰り返し養うよう示されている。

もちろん，三つの柱は教科目標と同様に構造化されており，社会的な見方・考え方を働かせながら育成を目指す資質・能力である。それを踏まえなければ，例えば「愛情」の涵養が事実認識を欠く主観的なものとなり，社会認識の成長を阻害することにもなりかねない。

また，内容については，中学校における地理・歴史・公民的分野との関連を考慮し，①地理的環境と人々の生活，②歴史と人々の生活，③現代社会の仕組みや働きと人々の生活，に整理して示された（表2参照）。たしかに，学年が上がるにつれて学習内容が地域から世界へと同心円的に拡大している傾向があるが，内容の取扱いを含めれば，第3学年の段階から，地域の学習が経済の仕組みや国際関係と関連付けて配列されていることが分かる。同

心円的拡大主義を教条的に適用しない柔軟さを求めている，とも読める。

(2) 内容の示し方の型

今次改訂では，内容の示し方も定型で統一されている。内容の各々について，「…次の事項を身に付けることができるよう指導する」と示される。「次の事項」とは，ア「知識・技能」とイ「思考力・判断力・表現力等」で示される。アはさらに「〈a〉を理解すること」（＝知識目標）と「〈b〉で調べ，まとめること」（＝技能目標）の2種類の型の文で，イは「〈c〉に着目して，〈d〉を捉え…考え，表現すること」の型の文で構成されている。「解説」では，これら3つの文を，「〈c〉に着目して，〈b〉で調べ，まとめ，〈d〉を捉え…考え，表現することを通して，〈a〉を理解できるようにする」と関連付けて読み，授業構成に活かすことを例示している。今次改訂では，教師が学習指導要領を読むことによって，学習内容と活動方法を関連付けた授業構想を具体的にイメージできるように文章が構成されている，と言えよう。

(3) 第3学年の内容

四つの内容が設定されている。内容（1）は，身近な地域や市区町村の様子である。主として「地理的環境と人々の生活」に区分され，学年の導入での学習として指定されている。学習にあたっては地図帳を活用しながら，方位や主な地図記号について扱うことが求められている。

内容（2）は，地域に見られる生産や販売の仕事である。主として「現代社会の仕組みや働きと人々の生活」に区分され，生産については，農家や工場などの中から地域の実態に応じた事例を取り上げるよう求められている。販売については，地域の商店を取り上げつつ，消費者の需要を踏まえた販売活動の工夫をつ

かむことが重視される。その際，他地域や外国との関わりが抜け落ちないよう，地図帳を活用して学ぶこと，国旗の学習にもつなげることが求められている。

内容（3）は，地域の安全を守る働きである。主として「現代社会の仕組みや働きと人々の生活」に区分され，火災と事故についての防災教育的観点が求められる。例えば，消防署や警察署を見学・調査する活動から，地域の安全のために児童自身ができることを考える学習を組織することなどが想定される。

内容（4）は，市の様子の移り変わりで，主として「歴史と人々の生活」に区分される。身近な地域の歴史的変化を捉えるにあたって，聞き取りのような調査活動を年表の作成につなげ，元号を用いた時期区分について学習することが求められている。また，調査の対象として公共施設に着目する場合には租税について，人口に着目する場合には，少子高齢化や国際化について触れることも求められている。

（4）第4学年の内容

五つの内容が設定されている。内容（1）は，都道府県の様子で，主として「地理的環境と人々の生活」に区分される。とかく事項の暗記に陥りがちな学習内容なので，地図帳や白地図などを活用し，地形や交通網や産業分布などに着目させて見方・考え方を働かせながら，県の地理的環境の概要を児童に理解させることが必要になろう。

内容（2）は，人々の健康や生活環境を支える事業である。主として「現代社会の仕組みや働きと人々の生活」に区分され，飲料水，電気，ガスを供給する事業とごみや下水などの廃棄物を処理する事業を扱う。社会的インフラに関わることから，県内外との関係をおさえながら学ぶことが求められる。また，公

衆衛生の発展を歴史的経緯からつかみつつ，問題解決的に学習を組織することが必要になろう。

内容（3）は，自然災害から人々を守る活動で，主として「現代社会の仕組みや働きと人々の生活」に区分される。過去に県内で発生した自然災害や，市役所・県庁から自衛隊に至る関係機関と自然災害との関わりを取り上げ，問題解決的に学習を組織することが求められている。

内容（4）は，県内の伝統や文化，先人の働きについてであり，主として「歴史と人々の生活」に区分される。県内の文化財や年中行事の歴史的背景や保存・継承活動，地域の発展に尽くした先人が直面していた世の中の課題などに着目し，さまざまな調査活動を通じて，地域文化の継承に関する問題解決的な学習を組織することが求められている。

内容（5）は，県内の特色ある地域の様子である。主として「地理的環境と人々の生活」に区分され，地理的環境の特色を活かしてまちづくりや産業の発展に努めている県内の地域の様子を扱う。とりわけ，地場産業が盛んな地域，自然環境や伝統文化を保護・活用している地域，国際交流に取り組んでいる地域から三つ程度を取り上げることが求められている。地場産業の場合，歴史的背景と結び付けた学習が必要であろうし，自然環境や伝統文化の保護・活用という点では世界遺産を取り上げることも例示されている。国際交流については，各自治体が結んでいる姉妹都市関係がよい教材となるだろう。なお「解説」では，ここでの技能項目からコンピュータの活用が登場する。

（5）第5学年の内容

五つの内容が設定されている。内容（1）は，我が国の国土の様子と国民生活で，主と

して「地理的環境と人々の生活」に区分される。学習にあたって，第5学年からは地球儀の活用に言及している。国土の概要については，領土として学習することが期待されているが，世界の大陸や海洋や主な国に着目するなど多角的な学習を求めている。例えば，ここでの「主な国」とは先進国というようなことではなく，近隣諸国やアフリカ，ラテンアメリカ，オセアニア諸国を視野に入れていることを見逃すべきではない。また，国土の自然環境については，自らの地域とは異なる自然条件の地域を取り上げることが推奨され，比較の観点から地理的特色や多様性をつかむ学習活動を充実させることが必要だろう。

内容（2）は，我が国の農業や水産業における食糧生産であり，主として「現代社会の仕組みや働きと人々の生活」に区分される。食糧生産の概要については，稲作とそれ以外の事例を取り上げ，食料自給率についても扱うなど，日本の農業を問題析出的に学習することが求められている。食糧生産に関わる人々の工夫や努力について，「解説」では6次産業化の試みなど，取扱いにあたっての多角的な観点が詳細に例示されている。

内容（3）は，我が国の工業生産であり，主として「現代社会の仕組みや働きと人々の生活」に区分される。工業生産の概要については，金属・機械・化学・食料品工業などから一つの具体的地域事例を取り上げ，工業生産と国民生活についての理解を深めることが求められている。工業生産に関わる人々の工夫や努力について，「解説」では，消費者や生産者の立場や願いとして，環境やバリアフリーや高齢化社会といった観点が例示されている。貿易や輸出については，原材料・販売ルート・市場などの観点から外国との関わりについて学習することで，「国民生活」を多角的に考え

られるような学習を組織することが必要だろう。

内容（4）は，我が国の産業と情報の関わりであり，主として「現代社会の仕組みや働きと人々の生活」に区分される。放送，新聞などの産業に関する内容については，これらの産業が情報を集めて発信するまでの工夫や努力を，まさにその発信物である映像や新聞などを調べることを通して捉え，それが国民生活に与える影響の大きさを理解する学習へつなげることが求められている。情報や情報通信技術を活用する産業については，販売，運輸，観光，医療，福祉などの中から具体例を選択し，いまや様々な産業で情報が活用され，それが産業や国民生活の向上に深く関わっていることを理解する学習へつなげることが求められている。いずれも，情報を社会的事象として対象化して捉える「見方・考え方」を児童に働かせるような工夫が必要になるだろう。情報とのつき合い方が大きな課題となる児童たちにとって，重要な学習単元となる。

内容（5）は，我が国の国土の自然環境と国民生活との関連であり，主として「地理的環境と人々の生活」及び「現代社会の仕組みや働きと人々の生活」に区分される。国土の自然災害については，学習にあたって災害の発生の位置や時期，防止対策に着目することが求められている。森林資源の働きについては，国土の地理的特質であると同時に，その保護に関わる人々の努力やその防災的意義の限界などにも触れることが求められている。公害の防止と生活環境については，大気の汚染，水質の汚濁などから具体的事例を一つ選択することが求められているが，その事例にまつわる防止や環境改善の努力だけでなく，発生時期や経過（＝公害の原因）について着目する必要性に触れていることを見落とすべきで

はないだろう。本内容は総じて，防災の観点からの問題解決的な学習を組織することが必要になろう。

(6) 第6学年の内容

　三つの内容が設定されている。内容（1）は，我が国の政治の働きであり，「現代社会の仕組みや働きと人々の生活」に区分される。日本国憲法や政治の仕組みについては，日本国憲法の基本的な考え方に着目することが求められている。基本的人権の尊重，国民主権，戦争放棄，天皇の地位などの理解はここに関わる。また，国会などの議会政治や選挙の意味，国会と内閣と裁判所の三権分立，裁判員制度や租税の役割などの民主政治のしくみと，人々の国民としての政治への関わり方について，児童が具体的に考えを深められるように学習を組織する必要があろう。国や地方公共団体の政治の取組については，児童の関心や地域の実態に応じて，社会保障，自然災害からの復旧や復興，地域の開発や活性化などの取組の中から具体例を選択することが求められている。既習事項も含めて，政治が国民生活に関わる問題であることを児童にどうつかませるか，「公民としての資質・能力」の育成という社会科教育の本質に関わる学習単元である。

　内容（2）は，我が国の歴史上の主な事象であり，「歴史と人々の生活」に区分される。他の内容の「知識」項目は最大で3つだが，ここは11項目もあり，それが歴史学習における通史の時代区分順に並んでいる。これら「我が国の歴史上の主な事象を手掛かり」に，「大まかな歴史を理解するとともに，関連する先人の業績，優れた文化遺産を理解する」こと，また「歴史を学ぶ意味を考え，表現する」ことが指導目標となっている。さらに，国宝・重要文化財・世界文化遺産や42名の人物が取り上げるべき事項として例示されている。

　他と比較して，圧倒的に多い「知識」事項が時系列順に配列されていること，その「知識」である文化遺産に「優れた」という形容詞が付されていること，その具体例としての「神話・伝承」について「国の形成に関する当時の人々の考え方などに関心を持つように指導することが大切」と「解説」されることなどから，本内容における歴史教育の目的は，系統学習に基づく自国の伝統や文化への同一化にあると言えよう。しかし，資料の特性に留意した読み取り方や，事象を比較したり関連付けたりする学習活動や，アイヌや琉球の伝統や文化への言及など，「見方・考え方」を働かせた学習への配慮を見落とすべきではない。そうすることでこそ，児童が「歴史を学ぶことの意味を考えるとともに，歴史に対する理解を深め，興味・関心を高める」ことにつながるだろう。

　内容（3）は，グローバル化する世界と日本の役割であり，主として「現代社会の仕組みや働きと人々の生活」に区分される。我が国とつながりの深い国の人々の生活については，児童一人ひとりが自らの問題意識に基づいて1か国を選択して調べる活動を保障し，それによって文化や習慣の多様性を理解できるよう配慮することが求められている。国際連合と我が国の国際協力については，地球規模の課題の解決に向けた学習を組織し，20世紀前半の戦争の当事者であった日本人の立場から，世界の平和に向けて何ができるかを考えられるようにすることが求められている。この学習単元を豊かな学びにするためには，ここまでの学習内容・活動によって，児童の社会的事象に対する問題意識とその認識方法をどれだけ成長させているかが重要になるだろう。

4 指導計画の作成につなげるために

　「見方・考え方」を働かせた「主体的・対話的で深い学び」によって三つの資質・能力を育成することは，1時間の授業で達成できる

ことではない。単元・学期・学年・社会科4年間という見通しを持ち，学校のある地域や児童の実態や成長に合わせながら常に柔軟に指導計画を作成し直していく必要がある。そのためには，学習指導要領を知識や技能や思

● 表1　小学校社会科において育成を目指す資質・能力

		知識及び技能	思考力，判断力，表現力等
社会	小学校	・地域や我が国の国土の地理的環境，現代社会の仕組みや働き，地域や我が国の歴史や伝統と文化を通して社会生活について理解する。 ・様々な資料や調査活動を通して情報を適切に調べまとめる技能を身に付けるようにする。	・社会的事象の特色や相互の関連，意味を多角的に考える力，社会に見られる課題を把握して，その解決に向けて社会への関わり方を選択・判断する力，考えたことや選択・判断したことを適切に表現する力を養う。

● 表2　小学校社会科における内容の枠組みと対象

枠組み		地理的環境と人々の生活			現代社会
対象		地域	日本	世界	経済・産業
小学校	3年	(1)身近な地域や市の様子 イ(ア)「仕事の種類や産地の分布」			(2)地域に見られる生産や販売の仕事
	4年	(1)県の様子 (5)県内の特色ある地域の様子	ア(ア)「47都道府県の名称と位置」		(2)人々の健康や生活環境を 内容の取扱い(3)イ「開発，産業などの事例（選択）」
	5年		(1)我が国の国土の様子と国民生活 イ(ア)「生産物の種類や分布」 イ(ア)「工業の盛んな地域の分布」 (5)我が国の国土と自然環境と国民生活との関連	イ(ア)「世界の大陸と主な海洋，世界の主な国々」	ア(イ)「自然環境に適応して生活していること」 (2)我が国の農業や水産業における食料生産 (3)我が国の工業生産 (4)我が国の情報と産業との関わり (5)我が国の国土の自然環境と
	6年			イ(ア)「外国の人々の生活の様子」	

考力等の項目ごとに読むのではなく，構造化して読み解く力量を持つことが，教師に求められているのである。

（日髙 智彦）

学びに向かう力，人間性等
・社会的事象について，よりよい社会を考え主体的に問題解決しようとする態度を養う。 ・多角的な思考や理解を通して涵養される地域社会に対する誇りと愛情，地域社会の一員としての自覚，我が国の国土と歴史に対する愛情，我が国の将来を担う国民として自覚，世界の国々の人々と共に生きていくことの大切さについての自覚を養う。

（小学校学習指導要領（平成29年告示）解説　社会編—参考資料1
「小・中学校において育成を目指す資質・能力」より）

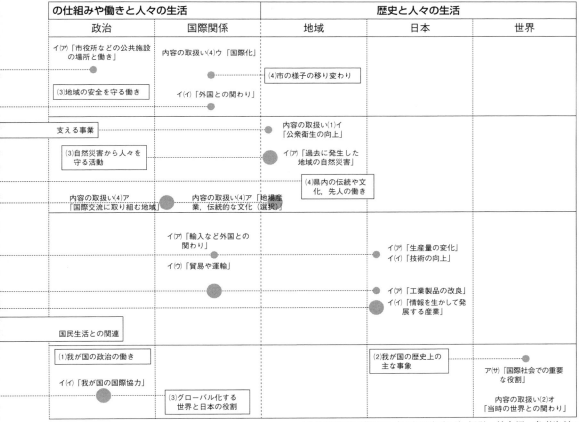

（小学校学習指導要領（平成29年告示）解説　社会編—参考資料2
「小・中学校社会科における内容の枠組みと対象」より）

社会科教育の視座 Ⅰ

　第1部で示された小学校社会科の本質や概要，課題をふまえ，第2部では実際の社会科授業がどのように計画され，行われているのかを考えていく。

　本書を読む人たちは，それぞれに社会科授業のイメージをもっており，今後めざす授業の方向性も異なっているであろう。それは当然のことであり，8章からの六つの事例を見ても，それぞれに実践者の個性やこだわりが現れている。授業という営みは，その子どもとその教師によって創り出されものであるため，よい社会科授業をただ一つのモデルをもって語ることはできない。

　しかし，教師が授業づくりにおいて自らの個性を発揮し，独自の授業スタイルを確立していくためには，誰もが理解し，身に付けなければならない学習指導の専門性が存在することも確かである。ここでは，まず社会科の学習指導におけるそうした専門性について具体例を挙げながら解説する。そのうえで，提示した多様な事例を読み，検討してもらうことから，社会科の授業づくり，授業展開についての理解がより豊かなものになっていくことを意図している。

　第2部での一連の考察と検討を通して，社会科学習指導の基礎を習得するとともに，自分のめざす授業のイメージや在り様が少しでも明らかになることを願っている。

第2部
小学校社会科の授業づくり
―学習指導の専門性（基礎編）―

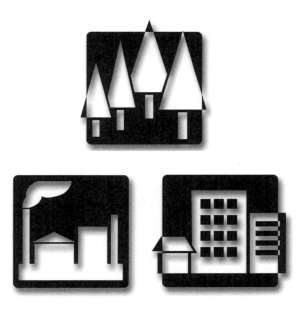

第4章 学習指導案の作成（単元計画と本時案）

1 学習指導案とは？

　学習指導案を書く行為を一言で言えば，「人間の英知を集大成する」行為だと言える。それは，児童が学習する内容は，人間が，その誕生以来積み重ねてきた文化，科学の中で，児童にとって学ぶべき価値のある事柄を，児童の発達に即して，計画的に組織的に表現したものが，学習指導案となって，児童の学習計画として活用されるからである。そのために，教材開発・教材研究，授業方法研究，児童理解・児童研究等が，学習指導案の作成には必要であり，これらの研究活動が，学習指導案に反映することになる。

　学習指導案作成のために，安直に教科書に付随している指導書を書き写したり，ネット上にある指導のアイデアをカットアンドペーストしたりすることは，児童の学習への教師としての責任を放棄することでもある。

　また，学習指導案を書くことは，作成者である教師の教育観，教育思想の表現ともなっている。学習指導案を検討，吟味する時に，教材研究を進める視点をどこに置くのか，授業方法を選択するための児童観はどのようなものか等が問われるが，これらを誰かの借り物で済ますことはできない。学習指導案作成者である教師自身が問われることになってしまう。教材研究，授業方法，児童観といった具体的な内容の検討を通して，学習指導案を書くという行為は，教師の教育観，教育思想を鮮明で明確なものにすることであり，教師

の豊かな専門性の確立を図る行為でもある。

2 学習指導案の構成と内容

　学習指導案の作成は，二つに分けて考えると整理しやすい。一つ目は，学習単元全体の指導計画である。単元指導計画と言われることが多い。二つ目は，授業をする1時間の学習指導案である。本時案とも言われるが，この1時間の指導案を指して，学習指導案と言うこともある。この章では，単元指導計画と本時案を含んだものを学習指導案と言う。

（1）単元指導計画の内容と作成

①単元指導計画の内容

　学習指導案は，教育活動が行われている地域や学校によって使われている形式や用語にいくつかの違いがある。実際に作成するときには，その形式や用語を学ぶことが必要となる。

　単元指導計画を作成するための第一歩として，主たる教材となる教科書の吟味が必要となる。教科書は，多くの場合，学習内容に適切に配置された事例地を学習対象としている。ただ事例地を教科書通りに学習しても，様々な地域で生活する児童にとって適切な学習となるとは限らない。そのために，教材研究が必要となる。これが，第二歩となる。

　教材研究と同時に求められることが，児童理解である。どんなに優れた教材に出会っても，児童の学習意欲や学習段階と合致しなければ，教材は学習する価値のないものになってしまう。多くが学級担任制をとる小学校に

おいて，児童理解は社会科に限らず生活指導場面も含めて，総合的に把握する内容であるが，教科指導の場合は，社会科の学習における児童の分析と理解を進めることになる。

こうした単元指導計画作成の準備的な研究を通して，学習活動や単元計画づくりを進めることができる。32～33ページに示す単元指導計画は，一つの事例であり，これを参考にして，地域や学校に適した学習指導案の作成ができるようになってほしい。

単元指導計画の形式として，最上段に学習指導案表題，その下に日時，対象学年学級，児童数，指導者名が必要である。本書で取り上げた事例は，研究冊子記載の学習指導案なので省略されている。教育実習の研究授業では，指導教員の名前を，指導者の前に書くことが多い。次に，単元名を書く。教科書の大単元や中単元の題名を書くことが多い。事例にある提案は，学校研究の主題に対する社会科としての提案なので，一般的に実習生の授業では書かない。

②児童理解

事例の中にある「児童について」という項目では，児童観，児童理解を記載している。前述したように，日常的な児童の様子を記載するのではなく，社会科学習に対する児童の様子を記載し，教科学習における児童理解を記載することによって，学習指導案が児童の学習や発達にとって適切な内容であることがわかるようにすべきである。事例では，資料活用によって疑問を持ち，学習問題を作ることができ，その解決にも調べ活動によって自分の意見を持てる児童が多いことがわかる。また，これらのことが不十分な児童，発言がうまくできない児童の存在もあり，児童の良さを生かし，不十分さを克服するための学習活動の活用が述べられている。

日常的な児童理解だけでは，教科の学習活動を構成することはできない。教科学習での児童の実態を把握することが，学習指導案の適切さを表すことになる。

③教材研究

次に「教材について」という項目は，教材研究・教材開発である。事例では，平成29年告示学習指導要領に示された学習内容を記載しているが，事例の学習指導案は，教材開発も重視し，2020年度からの学習指導要領の先行的な実践を目指しているという理由がある。事例のような特別な理由がない場合は，学習指導案が対象とする教科書の内容分析や，内容理解を記述することになる。そして，学習指導要領や教科書研究から導き出した学習のねらいを記述する。事例では，「本単元では，果物生産の盛んな地域を取り上げ～」がそれである。

次に，学習のねらいに即した教材研究の記述である。事例では，「本時では，津軽地方のりんご農家が生産する津軽の桃を例に～」以下が，この単元を構成するための授業者の教材研究の成果として書かれている。

教材研究は，文献（資料，史料）研究，現地での実地研究（フィールドワーク），専門家や研究者からの聴取研究（聞き取り）等によって行われる。文献研究には，地理歴史の学術書，古文書を含む地域史料，行政等の作成する資料から観光を目的としたパンフレットまであらゆるものが，教材研究の対象となる。それらの全てに精通することは困難であるので，社会科学習に必要なものを感じ取るためのアンテナが必要となる。アンテナを磨くために必要なものは新聞である。日常のニュースだけではなく，地域の事情や歴史の追跡，新刊図書の紹介等，新聞を読むことはアンテナの感度を良くするための土台となる。

●表1

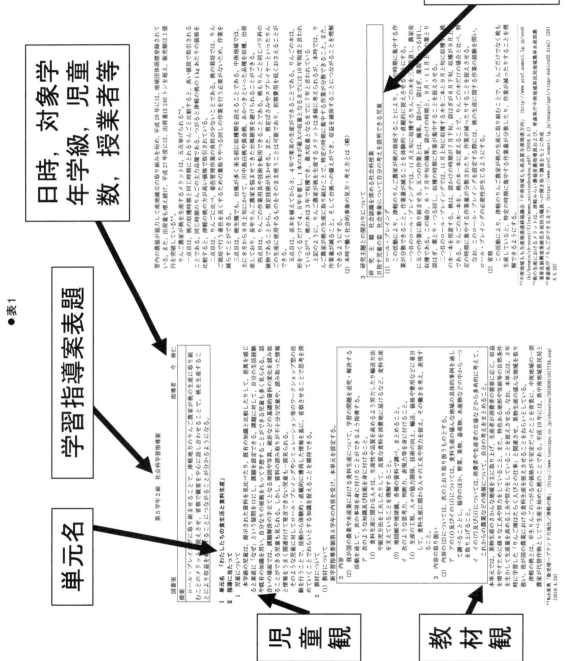

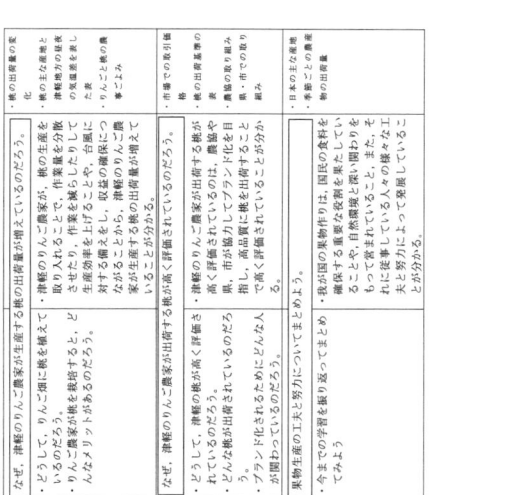

図１　本時における教師の手立てと目指す児童の姿

※学習指導案は、弘前大学教育学部附属小学校 今伸仁先生作成。

単元の評価規準

評価規準
教育目標あるいは、到達目標。単元の目標、本時の目標は、評価規準である。

単元の目標

単元の指導計画

事例では，津軽のりんご農家が桃を生産することのメリットが記述されている。これらは，授業者が，JA津軽みらい農協及び青森県庁中南津軽地域県民局の職員からの聞き取りによっていることが，脚注に記載されている。また，「Web東奥」は地域で発行されている新聞，「りんごができるまで」は青森県発行のパンフレットである。こうした教材研究によって，学習する価値がこの教材にあることを述べて，学習指導の適切さを明らかにしている。

また，聞き取り活動やフィールドワークによって，授業者が学んだことは，学習場面において，授業者から児童に語る力になるし，後述するように本時案で提示する写真資料の作成等にもつながっている。

社会科は，児童が生きている社会を学習する教科である。その生きている社会を，歴史的に地理的に，あるいは，経済的に政治的に把握する授業者の教材研究が，児童の学習をより豊かに，意味のあるものにする。

④**研究内容**

事例の「研究主題との関わりについて」は，授業者の学校研究や地域等の研究部の研究主題（テーマ）と学習指導案の関係や位置付けについて記述している。事例では，この授業で検討をしたいと考えているロールプレイについて，研究の方向と本実践での活動を記述している。

研究内容は，初任者研修や経年者研修の授業研究のように，授業者一人ひとりの力量形成を目指すために作成する学習指導案では記述されないことが多いが，学校研究や地域の教科研究部の授業研究では研究グループの集団的な検討も踏まえて記述されることが多い。この場合，集団的な検討ではあっても，最終的には，授業者が自分の教材研究や児童理解に基づいて学習指導案を作成するので，学習

指導案に対する責任は，作成した授業者にあり，授業後の研究協議会等で明確に説明することができるようにしておくことは当然である。また，授業者として，授業研究後の協議会等で検討してもらいたい内容を明確にすることによって，授業研究の目的や授業者の力量形成のポイントを確実にすることにもなる。

⑤**単元計画**

単元計画には，単元の目標，評価規準，授業時間ごとの指導計画が必要である。

単元の目標は，学習指導要領や教科書を基にして作成するが，児童理解や教材研究に基づいてよりよい文言になるように検討することが必要であり，教材研究等が進み，指導案作成が進むと必然的に，単元の目標となる言葉は決まってくる。目標があいまいであるのは，それまでの児童理解や教材研究が不十分だったことの裏返しとも言える。

評価規準は，学習単元全体を通して，児童が到達すべき目標であり，学習単元の根拠となる学習指導要領に準じることになるが，独自に教材開発をした単元では授業者の工夫も求められる。また，教科書会社はそれぞれが発行する教科書をもとにして，評価規準を作成している。教科書を主たる教材としている場合，教科書会社の作成している評価規準を参考にして，授業者が作成することが多い。評価規準は，旧学習指導要領では，事例のように「関心・意欲・態度」「思考・判断・表現」「観察・資料活用」「知識・理解」の4観点であったが，新学習指導要領では，「知識・技能」「思考力・判断力・表現力等」「学びに向かう力・人間性等」の資質・能力の三つの柱に整理されるになっている。

授業時間ごとの指導計画には，単元の全授業時間の学習活動と学習内容が記述される。事例の場合，「主な問い」が学習内容となる。

また，「主な資料」として児童に提示する資料が挙げられているが，「指導上の留意点」という項目にして，資料の他に学習方法等が記載されることもある。なお，授業研究の時間となる授業には，（本時）と記入するとわかりやすい。

(2) 本時案の作成

①本時案の内容

本時案は，授業研究の参観者が最も注目している内容である。本来は，単元の1時間をなす授業の観察から，単元計画全体を検討してもらいたいと考えるが，実際に参観した目前の授業が，提案授業でもあるので，どうしても本時案に目が行きがちである。

本時案も，単元計画と同様に「本時の目標」が書かれる。教科書に沿った授業では，教科書会社の作成した1時間ごとの目標が示されている。小学校社会科教科書の場合は，見開きごとの学習目標が教科書に記載されていることが多い。教科書をしっかりと読み，教科書の研究をしていくと，教科書の構成や内容を理解することができ，学習指導案を作成するのに大いに役立ち，授業構成力もついてくる。事例では，教材研究にもとづき，独自の目標を記載している（36〜37ページ参照）。

また，この目標には，指導計画の評価規準を，本時の授業ではどこを評価するのかを明確に知るために，（知識・理解）と記載されている。4つの評価規準の一つである「知識・理解」を本時では評価することになる。これを評価するために，本時案に「◎具体の評価基準」を設け，「◎津軽地方のりんご農家が桃を生産する〜〜記述している（地域・理解／ノート記述）」と書き，「知識・理解」の到達を児童のノートの記述によって評価するとしている。評価基準には，学習成果として期待する児童の姿が描かれることが多いので，到

達できていない児童への指導への手だてや工夫を記入することが，児童への学習支援を十分に行うために必要となっている。

②授業の展開

事例の主発問は，「なぜ，リンゴ農家が生産する桃の出荷量が増えているのだろう」であり，それ以前が，導入の時間となる。そして，「仮説を書こう」以下が，本時のまとめとなっている。1時間の授業は，「導入」「展開」「まとめ」の3区分で成り立っていることが多い。それがわかるように，本時案の一番左に「時」あるいは空白の項目を作り，「導入」「展開」「まとめ」の区分を書き込んだり，それらに使う時間を記入したりするとわかりやすいが，時間は，あくまでも目安であり，それに拘束されて授業が硬直化することは避けなければならない。

また，本時案は，学習活動，児童の活動，指導上の留意点（資料等を含む）等が必要な内容である。事例では，「主な発問・主な指示」に学習活動が記述され，「予想される児童の発言・思考」は，児童の活動になっている。「・教師の関わり」「資料」は，指導上の留意点となる。前述した「◎具体の評価基準」は，事例のように，本時案の展開の中に書かれることが多くなったが，本時の展開の後に書かれることもある。

本時案の中に，主発問となる本時の学習問題を記述することは学習目標や指導の活動を明確にするために重要であり，学習問題を解決するために，一つ一つの疑問を解決する補助発問も授業の流れを作ることになる。これに対する児童の活動を「予想される児童の発言・思考」のように具体的に書くことは，児童研究による児童理解の成果を示すもので，授業を構成するために重要な要素となってくる。発言や思考を合わせて，「予想される児童

●表2

> 評価**基準**
> 評価規準に基づき，達成度・
> 到達度を段階的に示したもの。

本時の目標

本時の展開

学習活動

児童の活動

IV　本時の学習（3／5）
　1　目標
　　　津軽の〔り〕ご農家が，桃の生産を取り入れることで，作業量を分散させたり，作業を減らしたりして生産効率を上げることや，台風に対する備えをし，収益の確保につながることから，津軽のりんご農家が生産する桃の出荷量が増えていることが分かる。　　（知識・理解）
　2　展開

主な発問 主な指示	予想される児童の発言・思考	・教師の関わり ◎具体の評価規準 教師の手立て	資　料
・この〔写〕真を見てみましょう。 ・〔こ〕のグラフを見〔て〕みましょう。	・りんご畑の写〔真〕だ。 ・りんごの花〔が〕咲いている。 ・りんごと違う花が咲いている。 ・桃の出荷〔量〕が増えている。	・りんご農家なのに桃の生産量を増やしていることのズレを捉えさせ，なぜ疑問を立てさせる。	・りんご畑にある桃の木の写真 ・桃の出荷量の変化
なぜ，津軽のりんご〔農〕家が生産する桃の出荷量が増えているのだろう。			
・予想しよう。 ・資料を見〔て〕，分かったことを発表し〔ま〕しょう。	・桃を生産すると，農家の収入が増えるから。 ・桃の生産はりんごと比べると，楽だから。 ・津軽の気候が桃の生産に合っているから。 ・9月に収穫できるりんごと桃を比較すると，1kgあたりの値段は桃の方が高い。 ・9月に収穫できるつがるよりも桃の方が安定している。	・予想を価格や気候，作業などに分類し，桃の栽培条件について確認する。 ・桃の方が高い値段で取引され，価格が安定していることを捉えさせる。	 ・桃とりんごの価格の表 ・桃とりんごの農事こよみ
・ロール・プレイン〔グ〕をしてみよう。	りんご農家が桃を生産すると 状況 ①りんごのみを生産する ②りんごと桃を生産する 役割 ①りんご農家 ②冷蔵庫の担当者 ③品質管理の担当者 ④トラックで輸送する配送者	**ロール・プレイング** ・経験のない農家の立場を取り上げることで，ロール・プレイングの必要性が生じるようにする。 ・状況①と②を比較させることで，りんご生産の農閑期に，桃の作業があることで作業量が分散することや作業が減るのを捉えさせる。	
・ロール・プレイングを振り返ってみよう。	・りんごよりも，価格が高くて新たに準備するものも少なくていいので，桃の生産に取り組みたい。 ・葉とりやつる回しといった作業がないから，仕事が楽だ。 　　（りんご農家）	**省察** ・ロール・プレイングで捉えたそれぞれのメリットや心情を観客の児童を中心に話し合わせるようにすることでりん	

第2部 小学校社会科の授業づくり —学習指導の専門性（基礎編）—

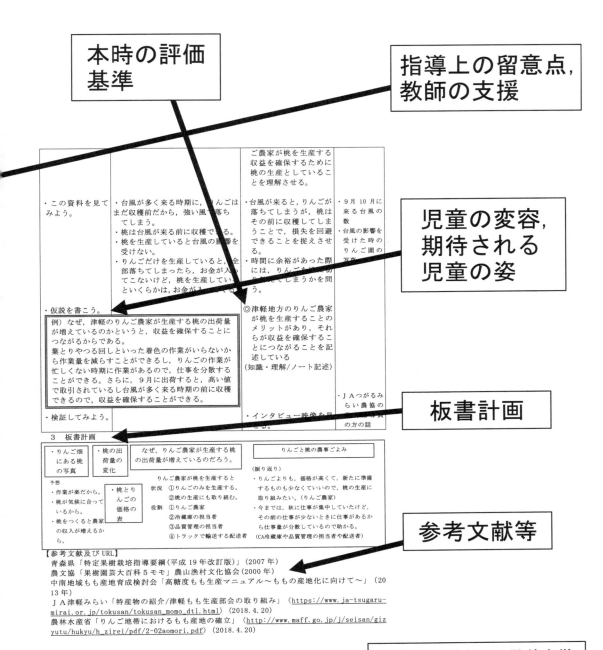

※学習指導案は，弘前大学教育学部附属小学校今伸仁先生作成。

の反応」という項目名にする学校・地域も多い。こうした本時案作りは，授業のシナリオを作る作業でもある。

③児童の変容

　本時の学習の成果は，評価基準によって測られることになるが，示される評価基準は，到達のレベルであって，児童がどのように変容したのかを具体的に示すには不十分である。そのために，児童が，評価の手だてとしてどう変わればいいのか，どのような記述や発言，パフォーマンスをすれば良いのかを本時案に記述することが求められる。事例では，「仮説」として，児童がノートにどのような内容を記述すれば，評価基準に到達したのかを示している。そして，その内容の検証を，りんご農家へのインタビューによって自己評価させる授業構成としている。

　こうした本時案は，授業が学習目標に到達したことを客観的に評価する材料を提供することにもなる。さらに，授業者の力量形成や研究主題の検証に役立つだけでなく，授業内容を明確にすることにもなる。

　また，今後の学習指導に求められているのは，児童が学習に主体的に参画し，「学びに向かう力」を養うことである。そのために，児童の自己評価や児童同士の相互評価を取り入れることが一つの方法となる。

④板書計画とノート指導

　事例に示されている板書計画を見てみよう。左上から右下に3分割されたていて，導入から展開，まとめまでが板書によってもわかるようになっている。さらに，掲示物（四角囲み）や児童の発言等も書かれている。中央には，主発問（学習問題）が書かれている。実際の授業では，主発問は，赤チョークで囲まれ，強調される。そして，リンゴ農家のインタビューによって自己評価することでまとめられる。

　板書計画がしっかりとできることは，1時間の授業の流れがイメージできていることになる。もちろん，黒板の大きさと比べると小さな枠なので，板書を全部書き込むことはできないが，板書しようとする内容の要旨は授業の流れに即して書き込むことができる。これも，授業のシナリオを作る作業となる。

⑤参考文献等

　教材研究のために活用した文献や資料の記載は，児童用の学習資料として活用した場合は必ず記載する。学習資料には，出典を書き込むことも必要である。使えそうなことだけを抜き出したり，切り貼りしたりすることは避けなければならない。また，学習資料としては使わなかったが，学習の構成のために研究した内容やフィールドワーク等で聞き取りや取材した人々や団体を記載することも大切で，記載することが教材研究へ関与してくれたことへの感謝ともなる。

③ 学習指導案のより良い活用のために

（1）細案と略案

　事例として示している学習指導案は，研究会のために作成された「細案」と言われる学習指導案である。一方，教育実習や学校内・学年や教科間で行われる授業研究では，「略案」と言われている学習指導案を作成することが多い。また，略案は，授業者の力量形成のために，手控えとして作成しておくと有効である。

　略案は，本時案を中心に作成し，A4で1〜2枚程度に収めることになる。授業者の手控えであるならば，1枚もので十分であろう。略案は，本時の目標，展開が必要最小限の内容となる。前述したように板書計画が書けると，授業のシナリオとなり有効である。教育実習等では，略案であっても，単元の指導計

画（簡単であることが多い）が求められることもある。

（2）授業のシナリオを書く

　学習指導案の本時案，板書計画の作成を，授業のシナリオを作る作業であると書いた。本時案を書くこと，板書計画を書くことは，1時間の授業の流れのイメージや児童の反応がわかっていないと書くことはできないので，それ自体が授業のシナリオ作りであるが，学習指導案をより良いものにし，授業を意義あるものとするために，授業のシナリオを書く行為がある。

　授業記録の方法に，T-Cの発問・指示や児童の発言・活動を記録するが，授業のシナリオはそれを簡略化し，想定した内容である。

T　この資料を見てください。桃の生産はどのように変化していますか。
C　2010年まではほとんど生産されていません。
C　3年位前から，生産が増えています。
C　でも，りんごと比べるとまだ全然少ないです。
T　では次の写真を見てください。先生が，5月に撮ってきた写真です。何が写っているか，わかりますか。
C　～～～

　このように実際の児童とのやり取りを想定して，授業の流れに即したシナリオを書く。もちろん，毎時間は無理だが，授業研究の授業者になった時や自分の力量形成のためにこれはと力を入れて構想した授業の時に，シナリオを作っておくと以後の授業づくりを進めるための土台を作ることができる。特に，教育実習の授業では，学習指導案に合わせて，授業のシナリオ作りをし，板書計画に合わせて，模擬授業をしてみるといい。もちろん，教育実習だけでなく，教員となっても有効に働く。

（3）社会科教師の即応力

　学習指導案作成は，授業づくりにとって必要な要素を詰め込んだ設計図だと言われることがある。建築物の設計図の場合は，図面通りに出来上がらないと構造を維持できないので，完全な履行が求められるが，授業の場合はそういう訳にはいかない。児童一人ひとりが想定したように動くわけではない。できるだけ予想はするが，予想通りには運ばないことの方が多いのではないかと感じる。学習指導案，本時案通りに授業が進み終了することはほとんどないといって良いだろう。これを，児童との「ずれ」という。

　ずれを修正して，本時案に即したように修正することもあるし，本時案から離れて，児童のずれの方向に授業を修正することもある。その判断をするのは，教師の即応力である。即応力は，経験のある教師の方が上手であると一般的には言われている。それは，授業をたくさん実践して，ずれを多く経験しているからである。さらに，児童のずれの傾向を掴んでいるとも考えられる。それは，多くの児童と接することによる児童理解の深まりでもある。

　しかし，経験知だけでずれの修正が図れるのでは，教師修業は年期奉公になってしまう。ずれに対応する即応力こそ，学習指導案作成が目指すもう一つの目的である。児童のどのような発言や疑問にも応えられる知識や理論は，教材研究の積み重ねによって教師の中に形成される。また，こうした児童の傾向がそのように発信されるのかは，教科学習における児童理解が鍵となる。教材研究，児童理解は，学習指導案作成の要であり，鍵となる内容である。授業を構成する教師の即応力は，学習指導案作成によっている。

（中妻　雅彦）

第5章 授業づくりに活きる人文・社会科学の基礎技術
―地域調査の手法を学ぶ―

1 人文・社会科学の基礎技術を捉える視点

社会科学習では，様々な人文・社会科学の研究手法が用いられる。例えば，コンビニエンスストアの立地を視覚化した分布図の作成や絵画資料から歴史的事象を読み解く手法，さまざまな統計数値を駆使した統計分析等は，地理学や歴史学，経済学等の分野で開発された研究手法である。

教師がこうした人文・社会科学の研究手法に習熟しておくことは，より質の高い社会科授業をつくるために不可欠である。しかし，それは，単に教師の教材研究のための方法やテクニックとしてのみ捉えるべきではないだろう。

社会科授業において，子どもたちは，程度の差こそあれ，人文・社会科学研究者の研究過程を疑似的に追体験しながら自らの社会認識を深めていく。したがって，そこで用いられる研究手法は，学習者の問いを解決するための探求的な学びを支える「学び方」として捉えられるべきであり，あくまでも学習者の問題意識と問題解決の過程とのかかわりで選択的に習得されていくものなのである。

そこで本章では，人文・社会科学の研究手法を，単に教師の教材研究のための手段として捉えるのではなく，子どもが自らの手で社会認識を深化させ，生き方を探求するための学びの手法として捉える。具体的には，小学校社会科授業を構想する上で最も大きな比重を占めている地域調査の手法に焦点を絞って検討していくことにする。

2 社会科授業づくりと地域調査

(1)「社会的な見方・考え方」を育成する場としての地域

新学習指導要領（2017年版）では，思考力・判断力・表現力，情意面や態度等は，教科固有の文脈の中で習得される内容事項（知識・技能）と関連付けられながら育まれていくという立場に立っている。すなわち，教科固有の内容の学習を通して資質・能力を育むのであり，「見方・考え方」は「各教科等を学ぶ本質的な意義の中核をなすものとして，教科等の教育と社会をつなぐものである」[*1]としている。

小・中・高等学校における社会科・地理歴史科・公民科の場合，「見方・考え方」は「社会的な見方・考え方」として，それぞれの発達段階に応じて系統的に指導することが求められている。小学校社会科の，「社会的な見方・考え方」は「社会的事象の見方・考え方」として，「位置や空間的な広がり，時期や時間の経過，事象や人々の相互関係などに着目して（視点），社会的事象を捉え，比較・分類したり総合したり，地域の人々や国民の生活と関連付けたりすること（方法）」[*2]と定義付けられている。こうした「社会的事象の見方・考え方」は，地域における様々な体験や活動を通した探究的な問題解決的学習によってこそ獲得される。地域調査は「社会的事象の見

方・考え方」を育成する格好の場なのである。

（2）現代の子どもたちが地域で学ぶことの意義
①地域における丁寧な事実認識の積み重ねの必要性

一般に小学生は，低学年では自らの具体的な体験を通してしか思考できないといわれている（「場面に拘束された思考」）[*3]。それが，高学年になると体験を経ずに，既に獲得したさまざまな二次的言葉や概念を駆使することにより，論理的抽象的な思考が少しずつ可能になる（「推論的思考」への移行）。ちょうど推論的思考に移行しはじめる時期が小学校4年生の頃であり，いわゆる「9（あるいは10）歳の峠」といわれている。この時期に獲得される知識は，それまでの具体的体験的なものからより抽象的概念的なものになる。しかし，こうした抽象的概念的な知識は，4年生になったからといって急に獲得できるものではない。それまでの成育過程における豊かな体験や様々な試行錯誤に裏付けられて，徐々に獲得されていくのである。

現代の子どもたちは，おしなべて成育の過程で本来経験すべき自然体験，社会体験を経ずに大人になっていく。こうした傾向は，核家族化，コンピューターゲームやオンラインゲームの普及，地域社会の崩壊等の生育環境の変化により，いっそう助長されているといわれている。実体験の伴わない，薄っぺらな認識しか持てない状況に置かれている子どもたちが「9歳の峠」を超えることは容易ではない。

それではどうすればよいのか。筆者は，地域における丁寧な事実認識の積み重ねとその吟味こそが，今の子どもたちのかかえる「発達課題」を克服していく唯一の方策であると考える。今こそ，地域における地道な社会科学習の積み重ねが求められているのである。

②多様な視点の獲得と地域におけるネットワークの構築

社会科授業づくりにおける地域調査のもう一つの意義は，子どもたちが地域において様々なつながりを創出できる点にある。

地域社会の崩壊が叫ばれるようになって久しい。地域における子どもたちの在り方も大きく変化し，今や「ギャングエイジ」という言葉は死語と化している。自由に使える時間と空間を奪われた子どもたちは，地域において異年齢の子ども集団を形成することができなくなり，均質かつ小規模な集団でしかその関係を切り結べなくなっている。

地域での大人と子どもとの関係も同様である。かつての子どもたちは，日常の遊びや生活の中で多様な大人たちと出会っていた。地域には働く大人たちがたくさん生活しており，子どもたちは知らず知らずのうちにものづくりの過程や作り手の思い，その生き方までも学び取っていた。しかし，生産と流通の「高度化」は地域から働く大人を駆逐し，子どもたちが大人と接する機会を奪っていった。

小学校社会科学習のねらいの一つに，社会的事象に対する多様な見方・考え方を学ぶという点がある。そうした見方・考え方は，より多くの人々と出会うことにより獲得することができる。その場が地域なのである。地域の人々は多様である。子どもたちは，地域調査を通して，学校という均質で閉じた空間では学ぶことのできない，さまざまな価値観や生き方を持った人々の存在を知り，交流を経験することができる。そう考えると，社会科授業における地域調査とは，子どもたちに様々な体験の場を提供するだけでなく，自らの手で地域におけるネットワークを構築していくきっかけをつかむ場であるともいえる。

3 地域調査の過程

(1) 調査テーマの決定

地域調査は様々な人文・社会科学研究の分野で用いられる研究手法である。ここでは、地理学における地域調査の手法を中心に、その基礎技術を学んでみよう[*4]。

資料1は大まかな地域調査の過程を図示したものである。

我々が地域調査をするのは、なぜだろうか。それは地域に生起する社会的事象に対して、調べてみたくなるような研究テーマ（問題意識、疑問）を持っているからである。「郊外に大規模なショッピングセンターができたために駅前商店街がさびれてしまった。駅前商店街はこのまま衰退してしまうのだろうか？」「駅前の放置自転車は増えるばかりだ。なんとか、この問題を解決する方法はないものか？」

……こうした問題意識が強ければ強いほど、子どもたちは主体的に調査活動に取り組むことができる。

しかし、子どもたちは調査を実施する前からそうした強い問題意識を持っているわけではない。前述のように現代の子どもたちは、成育過程において自然体験、社会体験が不足しており、地域や社会に対する知識や興味・関心が極端に減退している。そのような子どもたちを地域へ引っ張り出して、「さあ、地域調査をしよう！」と言っても、ただ戸惑うばかりであろう。ややもすれば調査を無理やり「させられている」ことになりかねない。この点は、大人である我々教師も同様である。したがって、地域調査を実施するに当たっては、地域に生起する社会事象に対する子どもたちの問題意識を喚起する過程を丁寧に指導する必要がある。

しかし、調査テーマが決まったからといって、すぐに地域調査が開始できるとはかぎらない。設定された調査テーマは個別的個性的であるが故に、子どもたちの学習能力をはるかに超えてしまうような抽象的なテーマであったり、結論を導き出すための事実や資料が得られないテーマであることが往々にしてある。そのような場合は、調査テーマを修正・再検討する必要がある。

(2) 調査方法の決定・データの入手

調査テーマが決定すると、自ずと調査方法も決まってくる。まず、「何が知りたいのか」「何がわかれば問題解決の糸口になるのか」という視点をもとに、

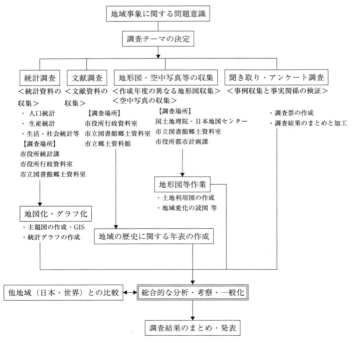

●資料1　地域調査の一般的な過程（竹内原図）

●資料2　地域調査に必要な主な調査手法

a. 地域巡検・野外観察

　地域巡検や野外観察は，本格的な地域調査に入る前の動機付けとして有効である。そこでは，ふだん見慣れている景観を別の視点から観察させることにより，身近な景観を読み解くおもしろさを味わわせると同時に，地域調査に対する問題意識を喚起することができる。出かける際には，観察した事象を書き留めるための白地図を携行させたい。学区域レベルの大縮尺の白地図は，国土地理院HP（http://www.gsi.go.jp/index.html）に掲載されている方法で簡単に作成することができる（国土地理院 > 地理教育の道具箱 > 教育現場で活用する白地図 > 基盤地図情報から白地図を作成する方法）。

b. 文献調査・統計調査

　地域調査の基礎になるのは従来の研究の成果を調べる文献調査である。地域の移り変わりを調べる文献としては『県史』『市史』類が有効である。その他，区市町村（以下，一括して「市」とする）発行の歴史や産業，生活文化に関する実態調査結果報告書や冊子類も役に立つ。こうした行政機関が発行した文献は，市立図書館の郷土資料室にそろえてあるほか，市役所の行政資料室等でも閲覧できる。

　地域の移り変わりを見るには写真やビデオ等の視聴覚資料が欠かせない。写真は上記の『市史』類に加えて，市の広報誌，教育委員会や郷土博物館発行の冊子やパンフレット類が使える。これらは無料で配布されている場合が多いので，事前に連絡することで児童人数分を確保することができる場合もある。視聴覚資料・教材は教育委員会や郷土博物館が作成している場合が多く，貸し出してもらえる場合もある。

　他方，地域の移り変わりを統計数値で跡づけるには統計書が不可欠である。市では『○○市統計書』を毎年発行している場合が多く，人口や産業等の経年的な推移を追える。また，都道府県（以下，一括して「県」とする）レベルの統計書である『○○県統計年鑑』を用いると，県下の他の市町村との比較をすることができる。

c. 地形図・空中写真・絵図・景観写真等の活用

　地域の土地利用や自然環境の様子を読み取るには地形図の作業は欠かせない。一般には，1/25,000か1/50,000の縮尺の大きな地形図を用いるが，市が発行している1/10,000都市計画図等，さらに大縮尺の地図を用いると，学区域程度の身近な地域の学習に利用できる。土地利用調査には市販の「住宅地図」が使える。「住宅地図」は一筆ごとの土地利用を確認することができるだけでなく，作成年度の異なる「住宅地図」と比較することにより，詳細な土地利用変化を読み取ることができる。

　地域変化の著しい地域では，作成年度の異なる地形図や空中写真を比較することにより，より具体的に地域の変化を読み取ることができる。なお，最新あるいは旧版の地形図や空中写真は，国土地理院の「地理院地図」（https://maps.gsi.go.jp）や「地図・空中写真閲覧サービス」（https://mapps.gsi.go.jp/maplibSearch.do#1），または「今昔マップon the web」（http://ktgis.net/kjmapw/index.html）等のサイトで簡単に閲覧することができる。また，歴史的な絵図類は地域の歴史を知る上で有効である。とりわけ，松井天山や吉田初三郎は大正期から昭和初期にかけて日本各地の大縮尺の詳細な町絵図（鳥瞰図）を残しており，地域の移り変わりの実態を視覚的に観察できるため有効である。

d. 聞き取り調査・アンケート調査

　地域調査の醍醐味でもあり，欠かすことができないのが聞き取り調査，アンケート調査である。いずれも，地域に生起する社会事象の実態を把握するために行うが，アンケート調査は質問紙法を用いることにより，量的により多くの調査対象の実態を把握することができる。それに対して，聞き取り調査は時間をかけてインテンシヴな調査を行うため量的には限定されるが，調査対象をより深く，広く理解することができる。

　なお，聞き取り調査を人文・社会科学研究の一手法として捉えた場合，一定の成果を得るにはかなりの熟練を要するし，調査結果も限定的なものとして扱う必要がある等，配慮すべき事項が多く存在する。詳細は本文に解説しておいたので参照されたい。

調査の見通しを立てる必要がある（資料1参照）。

その際の主な地域調査方法を資料2にまとめた。

「a. 地域巡検・野外観察」は，大まかに地域の特色をつかむジェネラルサーベイとして実施する場合が多い。また，地域調査の動機付けや調査テーマの発見において重要な役割も果たす。指導に当たっては，教師が事前に地域において見出せる自然的・社会的事象を特定しておくことが重要だが，子どもたちに自由な視点から地域を観察させ，多くの疑問や問題点を指摘させることも，地域事象に対する興味・関心を喚起する上で大切である。

「b. 文献調査・統計調査」は，既存の文献や統計資料を使って地域の事象を読み解く作業である。地域に関する研究は，様々な分野・機関で研究成果が蓄積されている。もしかしたら，自分が設定した調査テーマは既に誰かの手により明らかにされているかもしれない。研究を進めるに当たっては，まず調査テーマにかかわる先行研究を整理することから始める必要がある。

「c. 地形図・空中写真・絵図・景観写真等の活用」であるが，地域調査において地図の活用は欠かせない。とりわけ，大縮尺の地図の読図能力は地域調査の基本となるので，しっかりと身に付けたい。なお，日本では一般に5千分の1（または1万分の1）よりも大きい縮尺の地図を大縮尺図，1万分の1～10万分の1を中縮尺図，20万分の1以下を小縮尺図という。しかし，学校現場等では，地図帳等の小縮尺の地図に対して，地域調査に使用する国土地理院発行の2万5千分の1や5万分の1の地形図を慣例として大縮尺の地図と呼んでいる。

地域の変化を読み取るのには，作成年度の古い地形図と現在の地形図を比較することが有効であるが，古い地形図は入手することが困難である場合が多い。現在では，資料2に示したように，新旧地形図や空中写真は，国土地理院等のサイトで簡単に閲覧することができるようになった。また，従来入手が困難であった学区域レベルの白地図も，比較的簡単に作成することができるようになったので，地域調査に際しては積極的に活用したい。

「d. 聞き取り調査・アンケート調査」については，次節において詳細に検討する。

（3）得られた資料・データの加工と分析

地域調査により得られた資料・データは，地図化・グラフ化・年表化・模式図化等，様々な形に加工され，分析される。地理学的な地域調査においては，得られたデータをもとにした地図化が重要な位置を占めている。近年，こうした主題図作成は，コンピューターを利用したGIS（地理情報システム）の発達により，より高度かつ多様な加工が可能となり，地域調査に新たな地平を切りひらいている。なお，ここで留意したいのは，資料・データの加工は，あくまでも研究目的を達成するための作業（手段）であることを忘れてはならない点である。GISによる地図化作業もまた手段なのである。

（4）総合的な考察と一般化・理論化

最終的な調査のまとめの段階では，地域調査により明らかになった事実を総合し，解釈を加えることになる。その際重要なのは，地域調査により導き出された解釈（結論）が当該地域だけに当てはまる現象なのか，それとも広く日本や世界に共通した現象なのかを吟味する過程である。すなわち，他地域や外国の事例と比較することにより，地域調査により得られた解釈を一般化・理論化することが求められる。さらに，その理論や法則は他地

域の事例に当てはめ，その有効性を検証することも必要である。

このように「個別から一般へ」という帰納的分析手法と「一般から個別へ」という演繹的分析手法を組み合わせて援用することにより，地域に生起する社会的事象の本質はより鮮明に浮かび上がり，その背後にある理論や法則は精緻化されるのである。

4 地域調査における聞き取り調査の基礎技術

（1）聞き取り調査の醍醐味と困難

次に，地域調査において最も多用される研究手法の一つである聞き取り調査に焦点を当てて検討してみよう。

地域調査の醍醐味は，なんと言っても聞き取り調査であろう。我々が抱いている疑問に対して，その道の専門家や当事者への聞き取りから解答やヒントを得ることができた時，濃い霧が晴れたよう気分になり，より深い認識に至ることができる。また，調査の過程で話し手の生きざまに触れ，深い感動を覚えることもある。

ところが，聞き取り調査は生身の人間を相手にするだけに，面倒な手続きや心理的苦痛が伴う場合が少なくない。聞き取り調査をするにはまず聞き取る相手を探さなければならない。運良く相手が見つかったとしても，事前にアポイントをとって時間と場所を約束するなど，面倒な手続きが必要である。さらに，実際の調査の場面では，初対面の相手に対して根掘り葉掘り話を聞かなければならず，極度の心理的ストレスが伴う。「経営耕地面積は何アールですか？」「家族は何人ですか？」等，用意してきた調査票を埋めるだけの聞き取りからはあまり得るものはないし，すぐに会話は尽きてしまう……等々，聞き取り調査

とはなにかにつけてエネルギー負荷が伴うものなのである。

我々がそんな聞き取り調査を楽しいと感じることができるのは，やはり解決したいと思う疑問や問題意識が存在するからである。子どもたちが聞き取り調査実施する場合も，その原動力となる彼ら・彼女らの問題意識を喚起し，自覚化できる学習過程を丁寧に指導することを心掛けたい。

（2）地域調査における聞き取り調査の位置付け

研究手法としての聞き取り調査には大きく分けて二つの用いられ方がある。一つは，ある程度既存の研究成果や統計データが存在する場合で，それらのデータに基づいて仮説を立て，その仮説を検証するために聞き取り調査を実施する場合である。こうした研究は一般に仮説検証型研究といわれ，聞き取り調査によりデータを集め，それらを分析することを通して仮説を検証していく。

それに対して，ほとんど既存の研究成果や統計データがない場合は，まず実態を記述することから始めなければならない。その場合の聞き取り調査は，データの収集と分析が同時に行われ，収集と分析を繰り返し行うことにより，ようやく一定の仮説を見出すことができる。こうした研究は仮説生成型研究といわれ，聞き取り調査ではあるがままの事実を聞き取り，記述することが目指される[*5]。

一般に，地理学研究における聞き取り調査は，前者のタイプの研究に用いられることが多い。それに対して後者は，人類学・民俗学等の分野におけるマイクロエスノグラフィー研究の重要な研究手法の一つとして用いられる場合が多い。いずれにせよ，社会科授業づくりにおいては，こうした聞き取り調査の役割をふまえて，場面によって適宜使い分ける必要がある。

（3）聞き取り調査の過程と技術

①聞き取り調査を始める前に

a）文献等により予備知識を仕入れておく

　聞き取り調査の事前準備として予備知識を得ておくことは欠かせない。例えば，農村調査の場合，農業に関する専門的な用語や作物の名前，旬等の基礎的知識は，調査者が聞き取った内容をイメージ豊かに理解する上で不可欠である。

b）地域の移り変わりにかかわる出来事を年表にまとめておく

　地域の大まかな出来事を年表にまとめて調査に携行しよう。話し手は必ずしも時系列で話をしてくれるとは限らない。時として話は拡散し，時間的にも前後する。聞き取りの過程で，調査者が聞き取った内容を整理して理解するためにも年表は有効である。

c）作成年代の異なる地形図を用意する

　視覚的に地域の変化を捉えることができる地形図（または空中写真）を見せながら聞き取りを行うと，話がはずむばかりでなく，それを手掛かりに話し手の記憶がよみがえる場合が少なくない。

d）聞き取る予定の内容をあらかじめ整理し，ノート・調査票にまとめておく

　聞き取る内容は，話の展開を予測してフローチャートにまとめておくと，聞き取り調査全体の見通しや時間の目安もつけやすい。もし，一定の標本数（被調査者数）を確保し，統一した内容を聞き取る必要がある場合は，事前に調査票を作成しておく必要がある。

②聞き取る相手を捜すには

a）同業者団体や行政機関等で紹介してもらう

　一般には，調査対象の所属する同業者組合（農協・漁協・工業組合・商店会等）や行政機関の担当部署（産業課・観光課等）等に行き，調査対象者を紹介してもらうことが確実であ

る。これらの団体や機関では，構成員の名簿を作成していることが多く，その名簿からアポイントを取り，聞き取り調査に協力していただくこともできる。ただし「個人情報保護法」（2005年）の施行により，名簿を作成しなくなったり，作成しても外部に公にしなかったりする場合が増えおり，近年，聞き取り調査はやりにくくなっている。

b）地域の公民館や郷土博物館等で活動する人を探す

　公民館やコミュニティーセンター，郷土博物館等社会教育施設で活動する地域の方々から話を聞くことも可能である。また，こうした施設の職員の方々は，地域にどのような情報や技能・技術をもった人がいるかという情報を持っている場合が多いので，紹介していただくこともできる。

c）既存の文献や郷土博物館等で調べる

　次善の策として，行政や研究機関が既に聞き取り調査を実施し，その結果をまとめた文献により調べることもできる。こうした文字化された聞き取りデータは，『市史』類の資料編や民俗調査の聞き書き等の形で公にされている場合が多い。

d）教師は地域での人的ネットワークを広げよう

　社会科授業では，地域の様々な人々が聞き取り調査の対象になる。指導者である教師は，日頃から地域にはどんな人がいて，調査に協力してくれる方かどうかといった情報を仕入れておく必要がある。そのために，教師は地域に積極的に出ていき，地域の人々とのネットワークづくりに努めなければならない。

③聞き取り調査の実施とまとめ方

a）相手の立場になって聞き取る

　聞き取り調査の極意は「聞き上手」になることである。最初から聞きたい内容をストレートに質問するのではなく，相手が一番話し

やすい自分自身の生い立ちや仕事の内容等を語ってもらいながら，併せてこちらが知りたい内容を聞き出すというようにする。調査票を用意して聞き取りを行う場合は，調査票の最初から一つ一つ項目を埋めていこうとすると，話がぎこちなくなり，話し手も話しにくい場合が多い。聞き取る順序にこだわることなく，聞き取りが終了した時点で，結果として調査票のすべての項目が埋まっているというふうに，柔軟に対応したい。

b）聞き取ったことはメモに取る

複数で聞き取り調査に出かける場合は，聞き取る人とメモする人というように役割を分担することができるが，一人の場合は聞きながらメモをとることになる。後者の場合はかなりの熟練が必要である。日常から聞き取った内容を短い言葉でメモしたり，模式図・構造図に表す等，効率よくメモを取る訓練をしておこう。

なお，もし可能ならば，ICレコーダー等の録音・録画機器を併せて使用するとよい。ただし，録音をする場合は，必ず聞き取る相手の承諾を得ることを忘れない。

c）調査終了後，なるべく早いうちに聞き取った内容を「清書」する

時がたつと人の記憶は薄れていくものである。記憶が鮮明なうちに聞き取った内容をまとめておこう。聞き取りの中では，前述のように話題があちらこちらに拡散してしまう場合が少なくない。「清書」する場合は，そうした点をつなぎ合わせて，一つの構造化されたストーリーとして作り上げることが必要である。また，人の記憶はあいまいなものである。被調査者の明らかな記憶違いや思い込み等がある場合には，他の人からの聞き取りの成果や文献資料等を参照することにより，訂正しながら「清書」することも必要になる。

d）聞き取った内容をうのみにしない

個人に対する聞き取りは，聞き取る相手の主観的な判断や解釈に基づく場合が多い。したがって，聞き取り調査から得られた事実は慎重に取り扱う必要がある。前記d）の場合と同様，文献や統計資料で得られた事実の信憑性を確認することや他の聞き取り調査の結果と照合してみるなどの作業が不可欠である。

e）感謝の気持ちを込めてお礼の手紙を書く

こうした心遣いは，次の調査の際にも快く協力していただけることにつながるとともに，地域における強力な学習協力者として，学校にとっても貴重な財産になるはずである。

5 まとめにかえて

地域調査，とりわけ本章で取り上げた聞き取り調査の成否の鍵を握っているのは，「地域の人から学ぶ」という調査者の謙虚な姿勢である。そのことを肝に銘じ，積極的に地域調査に出かけてみよう。そこにはそれまで見えていた景色とは異なる地域の景色が必ず見えてくるはずである。 　　　　　（竹内　裕一）

〈注〉
＊1　中央教育審議会『幼稚園，小学校，中学校，高等学校及び特別支援学校の学習指導要領等の改善及び必要な方策等について（答申）』（2016年）p.10
＊2　文部科学省『小学校学習指導要領解説社会編』（日本文教出版，2017年）p.20
＊3　田丸敏高『子どもの発達と社会認識』（法政出版，1993年）
＊4　竹内裕一・加賀美雅弘編『身近な地域を調べる　増補版』（古今書院，2009年）／小泉武榮・原芳生編『身近な環境を調べる　増補版』（古今書院，2009年）ほか
＊5　箕浦康子『フィールドワークの技法と実際』（ミネルヴァ書房，1999年）

第

6

章

社会的事象の教材化
―「水俣病の授業」に見る教材研究―

1 はじめに

　2018年は，水俣病公式認定から62年である。公式認定から長い年月を重ねても今なお解決し得ない問題を抱えている水俣病には，複雑な問題構造が潜んでおり，多様なアプローチによって絡み合う糸と糸，網と網を少しでも解そうとする営みが一層切実に求められる。「社会科」という枠組みの中で教材化するにあたり，教師はどのようなことを意識し，選んだ事実を，学ぶ主体である「児童・生徒」にどのように提示して，何を学ばせていくのか。そこでは教師の授業観や社会科学習観が問われることになる。「水俣病を教材化し，子どもや被害者と共に学びたい」と社会科教師を衝き動かすものは何か。その答えは，現実を直視し，過去－現在－未来という連続性の中で「どうなることがよいことなのか」という問いに，足掻きながらも立ち向かう社会科という教科の本質にあるのではないか。ただ，複雑な現実を追究していく水俣病の教材研究には，衝動のみに流されない事実の丹念な確認と関係者への配慮，慎重な選択・判断が迫られることになる。

2 水俣病か水俣病事件か

　水俣病を扱う際注意しなくてはならないのは，それが歴史的に終わったことがらではなく，現代でも解決し得ない問題を引き摺っている事実である。チッソ水俣工場が排出し続

けた有機水銀。それにより水俣病を発症し，命を失った方々がいること，一企業の利益追及のために環境にあまりにも大きな負荷をかけ続けたこと，それらを指摘されつつも排水の停止までに期間があったこと。このような切り口で考えると企業の犯罪的行為として，「水俣病事件」と言わざるを得ない状況である。

　また，その社会的な状況，高度経済成長という時代による要請は一企業の過失を助長させるものになったが，その間の行政の対応や，公式認定後の支援のあり方，裁判の経過などを鑑みると国家的規模の事件と言っても過言ではないはずである。

　「水俣病」という言葉は，一般的には有機水銀による中毒性中枢神経系疾患のことを指すが，同様の症状を発症した際には「第二水俣病」や「カナダやブラジルでの水俣病」という言葉の運用例につながる。つまりは，地域の名前がついた病名は水俣地域での症例の総称であるにも関わらず，転用されていくことで，地域に対してのイメージが拡がり二次被害のような状況も生じた。また，有機水銀中毒の被害に遭っているにも関わらず，「認定」「未認定」の区別も生じる。軽度の症状であれば「未認定」になってしまい，有機水銀中毒の被害に苦しんでいるにも関わらず，一定の線が引かれてしまう。これらのことも，そしてこの「水俣病」という名称自体もまた水俣病事件の一側面であろう。

　なので患者の病状などに対しては「水俣病

の影響」，今なお生じる差別的発言などの文脈に対しては「水俣病事件の影響」というよう

に言葉を正確に使い分けることが重要なことになる。

水俣病事件の概要

1956年5月，熊本県水俣市のチッソ附属病院で水俣病患者が公式に確認された。すでに沿岸地域では，1950年代初めからネコの異常行動や魚・鳥の大量死といった異変が報告され，ほどなく人間にも，激痛や知覚麻痺・脳障害などのさまざまな症状となって現れていた。しかし，当初は原因不明の「奇病」と恐れられ，患者は地域社会で激しい差別を受けた。

1959年7月，熊本大学医学部の研究班が，チッソ水俣工場（P.52地図★印）からの排水に含まれる有機水銀が原因であると指摘した。チッソ内部でも，細川一医師によってネコ実験が行われ，排水を飲ませたネコが同様の症状を発症することが同年確認された（ネコ400号）。

しかし，チッソは生産工程を変え，石油化学への転換に目処が立つ1968年まで排水を流し続けた。熊大医学部の有機水銀説に対して，当時の技術者や職員などチッソ関係者は，チッソが原因であることが証明されていないと反論し，有毒アミン説や爆薬説など，他の可能性を強調した。チッソ城下町として栄えてきた水俣市や，経済成長を優先する政府・通産省も，チッソを守る側にまわった。また，排水浄化装置と宣伝されて取り付けられたサイクレーターも，もともと水銀除去を想定した設計ではなく，見せかけのものでしかなかった。

この間，汚染された魚を常食とする漁民を中心に被害は拡大し，魚を主な収入源とした漁民は生活難に陥った。1959年11月2日，窮状を訴える漁民たちのデモ隊の一部がチッソ工場に押し入り，器物を破壊したり工具に怪我を負わせたりするなどの事件に発展した（漁民騒動）。新聞はそれを「暴徒」と報じ，被害者である漁民が一転して加害者であるかのような扱いを受けた。同年12月，チッソと漁民の間で結ばれた「見舞金契約」では僅少な補償金に加え，将来，水俣病がチッソの「工場排水に起因することが決定した場合」においても，漁民は「新たな補償金の要求は一切行わないものとする」という悪質な条項が加えられた。

こうして，水俣病は一時「終息宣言」まで出され，被害者は棄民同然に扱われた。石牟礼道子『苦海浄土』は「水俣病公式発生以来十四年，（中略）それはこの地域社会で水俣病が完璧なタブーに育てあげられた年月である」と表現している（文庫本新装版）。その後，事態が動き出すのは，新潟で発生した第2水俣病を告発する動きが水俣市にも波及した1968年からである。患者団体はチッソを提訴すると同時に，株主総会に乗り込んで直訴する一株運動などを開始した。1973年，熊本地裁判決でチッソの加害責任は確定し，その後の補償協定で患者と認定された者への補償額も決定した。さきの見舞金契約の条項も地裁判決で「公序良俗に違反し，無効」とされた。

しかし，問題はこれで解決するわけではなかった。当時の環境庁は1977年，患者の認定基準を厳しく設定し，多くの被害者が患者とは認定されない状況が生まれた。その後，認定基準をめぐる複数の裁判が提訴されたが，現在にいたるまで未認定患者の問題は解決していない。また，地域社会に刻印された分断も深刻である。チッソ関係者と被害者の対立や地域社会での患者差別に加え，被害者のなかにもさまざまな対立が刻まれた。1990年代から水俣市が取り組む「もやいなおし」は，そうした地域社会を再生させる試みの1つである[*1]。

---

3 水俣病事件の背景

水俣病事件がおきた背景の1つに，1950年代から始まる日本の高度経済成長がある。この時期，チッソが生産するオクタノールや塩化ビニールは，大量消費社会を支える花形商品だった。1959年当時，通産省の官僚は「日本は貿易立国でいく」「沿岸は汚してもしよう

がない」と語ったという[*2]。閣議でも，通産大臣の池田勇人が，原因を有機水銀と特定するのは時期尚早だと発言し，軽工業局長の秋山武夫は各省連絡会議で非水銀説を強調した[*3]。また，通産省から経済企画庁水質保全課に出向していた汲田卓蔵も，通産省に毎週のように呼び出され，「これだけの産業が止まったら日本の高度成長はありえない。ストップなんてことにならんようにせい」と指示を受けていたという[*4]。水俣病事件が深刻化した背景には，このように加害企業のみならず，経済成長を優先させる政府の非人道的な姿勢があった。

　背景のもう1つとして忘れてはならないのは，日常的な人間の弱さである。後から見れば，これだけの巨悪がなぜ放置されたのか，理解できない児童も多いだろう。しかし，チッソの職員や技術者は，決して悪魔的な犯罪者だったのではない。そこには，ごくふつうの人々の日常があった。そのなかで，小さな悪事や怠惰・諦めの積み重ねが，巨大な悪を生み出してしまうことに注意したい[*5]。

　白か黒かはっきりしない"グレーゾーン"は，児童の日常にも散見される。自分が悪いかもしれない。でも謝れない・やめられない・捨てられない・諦められない。そうした迷いは多くの児童が経験しているにちがいない。白でもないが黒でもない，しかし，黒は白とは言えない。白に引き返せる地点は，一体どこだったのだろうか。

　水俣病事件の場合，少なくとも1959年の時点で積極的な検証作業を行っていれば，被害の拡大を防げた可能性は高い。しかし，加害企業であるチッソの対応はそれに逆行するものであったし，行政もそれを助長した。

　他方で，工場排水が有機水銀を発生させるメカニズムの全容が完全に解明されるのは，

2000年代になってからのことである[*6]。加害企業チッソにとって，他の時期・他の企業でも同様に流されている排水が，なぜあの時期・あの工場でだけ水俣病を発生させたのか。疑問は解消されないまま21世紀を迎えた。その限りで，黒に近いとはいえ，長らくグレーな状態が続いたともいえるだろう。

　結果的に多くの人命が失われ，いまなお，その症状に苦しむ人々がいる。それを，現代社会における「海からのジェノサイド」（＝大量虐殺）と表現する論者もいる[*7]。白に引き返せる地点はどこだったのか。日常的な次元から丁寧に考えなくてはならないテーマである。

4 人権教育の視点

　経済成長にともなう犠牲をどう見るか。自己利益中心の功利主義的な発想は今も根強い。そこには，多数の幸福のために少数の犠牲はやむをえないとする認識がある。「人権」の観点からは許容しがたい認識だが，この認識は児童だけでなく教師のなかにも共有されがちだ。「人権」とは総合的で不可分・不可譲な全体性を有する概念であり，取り引きされたり切り売りされたりする権利（例えば「所有権」）とは次元を異にする点を，ここでは改めて確認しておきたい。人権擁護と経済発展とを天秤にかける発想そのものが，本来，解体されるべき発想なのであり，その点はブレない姿勢で臨みたい。

　医師として長年患者に寄り添ってきた原田正純は，水俣病の本質を「「人を人と想わない状況」すなわち「差別」と述べている」[*8]。人命を軽視する企業体質はその核心だ。創業者の野口遵が言い放った「職工を牛馬の如く使え」という言葉は，チッソの社訓になってい

たとも伝えられる（裁判証言）[9]。また，1930年代から日本の敗戦にいたるまで，植民地経営に便乗して巨万の富を築いたチッソは，差別的な賃金体系を常態としていた。戦後も，労務管理に役立てるため，地域社会に古くからある差別を再生産し助長した。

そうした企業体質に行政も加担した。経済成長のためなら，少しくらいの犠牲はやむを得ないといった発想は，前述した通産省に限らず，高度成長期以後の日本社会に根深い。また，地域社会の差別も深刻である。企業城下町として栄えてきた水俣市は，市民の多くがチッソ関係者であり，もと工場長（橋本彦七）が市長を勤めた時期も長い（1950～58，62～70年）。税収入を含め，チッソの存在は水俣市にとって巨大であり，その分，被害者の犠牲は軽視された。また，結婚差別や就職差別など，水俣市全体が日本社会で差別されるといった側面もあり，水俣病をめぐる差別は幾重にも折り重なって社会に広がっている。

そのなかで，差別と闘う視点が確実に育まれてきたことも重要である。なかでも，かつて漁民騒動に対してそれを「暴徒」と非難したチッソ労働組合の中から，1968年に「恥宣言」が出されたことは画期的だ。組合は，チッソとの労働争議を闘うなかで「会社の労働者に対する仕うちは，水俣病に対する仕うちそのもの」であると気付き，「今まで水俣病と斗い得なかったことは，正に人間として，労働者として恥しいことであり，心から反省しなければならない」と宣言した[10]。

また，患者や支援者のなかで「宝子」と呼ばれる存在があることも銘記しておきたい。1956年に重度の障害を負って生まれた上村智子は22歳で世を去るが，弟妹や母親が浴びたかもしれない毒素をすべてその身に引き受けてくれたとして「宝子」と呼ばれ家族に慈しまれた[11]。このように，水俣病事件には，人と人とのつながりの何たるかを考えさせてくれるさまざまな経験がある。

胎児性水俣病患者の生

1977年1月，成人式を迎えた患者たちが公会堂の前にあつまり，支援者とともにビラ配りを行った。そのビラには以下のような訴えが綴られている。

「若い水俣病患者にとっては何もない。補償金では何も救われていない。私達が，一人前になれるように仕事がしたい。異性を求める年頃になって恋をして結婚したいと思っても「その身体でおって…，水俣病でおって…」と他人には笑われるだけである」[12]。

労働と性（ここでは異性愛中心の視点が内面化されている）。これらは，人間の生にとって根源的な要求である。それは水俣病に罹患し障害を負った患者にとっても同じだ。

母親の胎内で罹患した胎児性水俣病患者や，生後罹患した小児性水俣病患者など，1950～60年代に生まれた患者は1970年代には青年期に達していた。石牟礼道子『苦海浄土』で描かれる杢太郎少年は，半永一光をモデルとしたものだが，彼も1976年には20歳になっていた。若い患者の多くは，1972年に水俣市が設置した福祉施設「明水園」で生活し職業訓練を受けてきたが，施設に隔離された生ではなく，地域社会で共生する人間らしい生を求めて町に出たのである。

1977年2月，若い患者たちはさらに「東京行動」に出る。行程は2月12日出発，「14日横浜の寿町」「17日チッソ東京本社交渉」「18日青い芝の会全国事務所での話し合い」「21日帰水」[13]。ビラ配りのときと同様，働くことを求める患者たちの要求をチッソはにべもなく拒絶するが，横浜市寿町の日雇い労働者とは「俺たちと同じだ，仕事がしたいんだ」といった共感も生まれている。また，障害者の解放を訴える青い芝の会では，次のような問題提起を受けている[14]。

「「もとの身体に返せ」というのは、そもそも我々は存在するべきではなかったんだ、ということであり、(中略) 自分を否定することになるのやないか。しかし我々の運動は、"障害者であって何がワルインダ"という開き直りからはじまる。我々障害者は患者ではないのだ、病人ではないのだという基盤に立って、そこから施設解体というのも、"障害者解放"というのも出てくる。水俣病患者が、そこをどう克服するか」

　これは、被害者のなかにすら内面化された否定的な価値観を鋭く問い質す指摘であり、経済成長を優先した自己利益中心の功利主義的な発想を批判し、隔離社会を解体するインクルーシヴな視座を与えてくれる。

5 新学習指導要領における見方・考え方から見る水俣病

　新学習指導要領では、小学校から中学校への系統的な資質能力の接続が掲げられ、キーワードとして「社会的な見方・考え方」が挙げられている。具体的には、地理的な見方・歴史的な見方・考え方、事象や人々の繋がりや相互関係などを指すが、それらの切り口から見えてくる事実を重ね合わせることで、水俣病事件の全貌に迫っていくことができる。

　例えば水俣市の周辺地図を見ると、工場のある「★印」の百間排水溝から南西方向（⟵）に有機水銀を含む排水を流していたので、湯堂地区、茂道地区などではいち早く問題が顕在化し100人以上の規模で劇症型と呼ばれる重度の患者が出た。海流によるところも大きいかも知れないが、チッソ水俣工場が、排水に含まれる有機水銀が原因だと疑われつつも、排水の向きを水俣川の方角である北西（‥‥▶）に変更したことにより、八代付近さらには不知火海（八代海）を挟んだ天草諸島まで水俣病患者が発生した。地図上で工場の位置と排水溝の方位に着目することで水俣病の広がりとその理由も理解できる。

　さらに、チッソの工場がどのように水俣病発生という事実に向き合い、隠蔽も含めた対応をしようとしていたのかという歴史的な見方と重ね合わせることから企業の反社会的な生産活動が生んだ水俣病の背景を理解するこ

水俣市周辺の様子

とができる。そこでは利権や企業城下町としての土地柄に起因する、地域住民さらには行政やマスコミなどの人々の貧しい漁村民へのまなざしという人と人との関係性に関する見方ついても考えざるを得なくなる。

　上記のような教材研究を踏まえて、ここでは子どもたちに水俣市の地理的特色を読み取らせる部分に絞ってその方法と内容を検討してみたい。本単元で地理的特色を理解するには、地形図で高低差や河川との位置関係をつなげたり、凡例と結び付けて記号を具体的な

意味とつなげたりする学習経験が重要になる。国土の単元や食糧生産の単元でそうした経験を基に地図を読み取る力がついているなら学級全体で地形図を読み取り，水俣川が侵食した地形であることや，沿岸部に平らな土地が拡がっていること，そしてそこに大きな工場を建設して近くに労働力を確保するための居住地区を設けたことなどを確認できる。一方劇症型の患者が多く発生した湯堂地区・茂道地区は，この発達した市街地とは少し離れた少し地形に起伏がある地域で，山から川によって運ばれる養分と入り組んだ湾で「魚（いお）わく海」と言われるほど豊富な漁場を有していた。ただ貧しい漁村でもあったがため高濃度の有機水銀に汚染された魚を多量に摂取して生活をしていたので，被害が拡大の一

途をたどったことは，地形図の読み取りに加えて補足説明が必要であろう。そこでは教師の地形図に基づく説明を聞きながら，子どもが地図情報に新たな事実を加えることから地理的な見方・考え方を深めていくことが重要である。それまで児童が育んできた資質や能力を活用する場を開くと共に，目的と状況に応じてそうした資質・能力の深化・充実を支えるのも教師の大きな役割である。

水俣病の患者の言葉や取り組みについて教材化すると，必然的に人権的な視点に立ち向かわざるを得なくなる。前項でも患者が自己の内面を見つめる様子を記したが，このような姿は，水俣病資料館語り部の緒方正実氏の「人間は正直に生きなければならないということを，水俣病は教えてくれました。人間社会

●単元計画例（前後の授業展開は割愛）

学習内容例	教材例	評価例
「<u>なぜ水俣病の被害は拡大したのだろうか</u>」 ・工場と劇症型患者の発生地域から拡大の理由を予想する ・地図や地形図をもとに水俣市の地形的特色を読み取る	・水俣市の位置を示す地図 ・水俣市周辺の地形図 ・各地区の患者数 　　　　　　　　　　など	・水俣市の地理的特色と工場の立地および患者の発生地域を結び付けて考え，被害拡大の背景を理解する
「<u>なぜ排水を流し続けるのをやめなかったのだろう</u>」 ・原因がわかった後，どのような対応をしたか予想する ・排水を流し続けたことによる被害の拡大を読み取る ・排水を止めるきっかけがなかったか考える	・年表 ・ネコ400号実験 ・不知火海沿岸の地図 ・「漁民騒動」の新聞記事（見出し，要約，写真）可能なら 　　　　　　　　　　など	・年表から事実のつながりを考え，排水を止めるきっかけはどこにあったのか自分なりの考えを持つことができる
「<u>排水は"止めなかった"のか，"止められなかった"のか</u>」 ・チッソの社員の言葉，患者の言葉を考える ・当時の日本全体におけるチッソ製品の重要性を読み取る ・問いに対しての考えを全体で交流する	・社員の立場 ・患者の立場 ・戦後の復興から高度経済成長に入っていく日本社会の様子（写真） ・チッソの製品の普及の様子 　　　　　　　　　　など	・当時の日本全体の風潮とチッソの製品の重要性，それぞれの立場の人の思いをつなげて考え，交流することにより水俣病事件から何を学べるのか自分の意見を持つことができる

のなかで差別だけは起こしてはならん。水俣病事件は，世の中の人たちすべてが正直に生きなかったために起こしてしまった悲劇だと思っています。」[15]という言葉や同語り部である杉本栄子氏の「不治の病である水俣病すらも，天から授かった〈のさり〉と受け入れることで，日々繰り返される痛苦を前向きに捉まえ，憎しみも悲しみも心の底に収めてきたのだ」[16]という生き方からも水俣病が発覚してからの内面の変化を感じる。そこに共通するのは，罹患の経験を契機にして，病気や障害に向けられる差別や偏見に気付き自ら行動を起こしていくということである。つまり被害者とか会社の二元論をこえて一体化しようとする動きであり，例えば水俣病の語り部として事実や心情を語ったり，例えば水俣ハイヤ節といった患者もそうでない人も一体となって踊れる民舞を考案したりという形として現れている。「もやいなおし」という言葉の本質は，患者と患者でない人間のつながり直しではなく，海や川や山と言った自然，犠牲になった魚や猫や鳥，そして人間とのつながりを見直すところにある。この自然の前の「ひと」の在り方の考え方には，この地方特有の風土や文化も色濃く反映されているが，授業を進める際には授業者も学習者もこの水俣病患者の言葉や取り組みをじっくりと見つめ，自分自身の差別や偏見の種や「あちら—こちら」と線を引いてしまうような感覚を今一度内省的に捉え直すことが重要であろう。水俣病の授業はまさに今インクルーシヴな視座を与えてくれる，学ばれるべき事例であろう。

6 おわりに
—「ひと」を通して事実を見つめる重要性—

　水俣病事件や水俣に起きた事実にはあまりにも多くの立場の人が関係しており，事実をもとに個別具体的な思惑を抱いている。その人々の思惑や立場を理解したり共感したり寄り添ったりすることなくしては，教材化への一歩は踏み出すことはできないであろう。

　本来的には，現場に赴き水俣特有の空気感や自然，文化といった風土やそれに導かれる人々の精神性を目の当たりにすることが一番の教材研究であり，「ひと」に迫る手立てだと思う。しかし，それを実現することができる人間は一握りである。残念ながら現地に足を運べない立場であるならば，行ったことがある人間と徹底的に対話をして価値観を擦り合わせたり，デジタルデバイスを活用して生々しい情報を集めたり，実践先行研究にあたらなければ「ひと」を通して水俣を考えていくことは到底できない。先にも述べたように一般論に終始してしまっては，水俣に生じた社会問題の問題構造を再生産してしまうことにつながりかねないからである。

　水俣の「ひと」に出会うたびに，自己の水俣への眼差しは揺さぶられる。社会問題への向き合い方を相対的なものにさせられる。自己の社会科教育へのアプローチ，教材研究と教材化が正しいのかどうかの問い直しを余儀なくされる。とりもなおさず過去と現在，そして未来を考えさせる水俣には，そのような社会科教育の本質性を見つめる必然性が内在しているように感じられる。

　（本稿は，小項目1，2，5，6を宮田浩行，小項目3，4，コラムを及川英二郎が担当した）

〈注〉

＊1 本コラムの記述は，高峰武編『水俣病小史』（水俣学ブックレット No.6，熊本日日新聞社，2008年），宮澤信雄『水俣病事件と認定制度』（水俣学ブックレット No.4，熊本日日新聞社，2007年），NHK取材班『NHKスペシャル戦後50年　その時日本は　第3巻』（NHK出版，1995年），川本輝夫『水俣病誌』（世織書房，2006年）などを参照した。
　　コラム中，石牟礼道子『苦海浄土』からの引用は，同書（文庫本新装版）p.306。

＊2 NHK取材班『NHKスペシャル戦後50年　その時日本は』（同上）p.158。

＊3 栗原彬編『証言　水俣病』（岩波新書，2000年）pp.14～15。

＊4 NHK取材班『NHKスペシャル戦後50年　その時日本は　第3巻』（前掲）p.159。

＊5 同上。

＊6 西村肇・岡本達明『水俣病の科学［増補版］』（日本評論社，2001年）。

＊7 栗原彬『「存在の現れ」の政治』（以文社，2005年）p.206。

＊8 原田正純『水俣が映す世界』（日本評論社，1989年）p.7。

＊9 例えば，1973年4月11日に開催された第71回国会「公害対策並びに環境保全特別委員会」では，参考人の松本勉が以下のように証言している。「私たちの親たちは，チッソの初代社長野口遵氏の座右の銘であった，職工を人間と思うな，牛馬と思って使えということばのとおり，日曜，祭日も全くなし，十二時間労働で，当時日本の職工の日給の平均賃金が四十銭であったころ，二十五銭という低賃金でまことに牛馬のごとく働いたのであります。」
http://kokkai.ndl.go.jp/SENTAKU/syugiin/071/0623/07104110623013a.html

＊10 『さいれん』1931号・1968年8月31日。

＊11 最首悟・丹波博紀編『水俣五〇年』（作品社，2007年）p.335。

＊12 『水俣』90号・1977年1月25日（水俣病を告発する会編集『縮刷版「水俣」』葦書房，1986年）p.286。

＊13 『水俣』91号・1977年2月25日（同上）p.291。

＊14 同上。

＊15 水俣市立水俣病資料館
　　http://www.minamata195651.jp/list.html#4

＊16 藤崎童士『のさり-水俣漁師，杉本家の記憶より』（新日本出版社，2013年）pp.5～6

〈参考文献〉

○石牟礼道子『新装版　苦海浄土　わが水俣病』（講談社文庫，2004年）

○色川大吉編『水俣の啓示（上）（下）』（筑摩書房，1983年）

○NHK取材班『NHKスペシャル戦後50年　その時日本は　第3巻　チッソ・水俣　工場技術者たちの告白　東大全共闘26年後の証言』（NHK出版，1995年）

○川本輝夫『水俣病誌』（世織書房，2006年）

○栗原彬編『証言　水俣病』（岩波新書，2000年）

○一般財団法人水俣病研究センター相思社『図解　水俣病　―水俣病歴史考証館展示図録―』（一般財団法人水俣病研究センター相思社，2010年）

○高峰武編『水俣病小史』（水俣学ブックレット No.6，熊本日日新聞社，2008年）

○原田正純『水俣が映す世界』（日本評論社，1989年）

○宮澤信雄『水俣病事件と認定制度』（水俣学ブックレット No.4，熊本日日新聞社，2007年）

第7章 社会科授業の評価と省察

1 目指す授業を実現するために

　教師や教師を志す者であれば，誰もが「こんな授業をしたい」という，目指す授業像があるだろう。例えば，「子どもが主体的に問題解決に向けて追究する社会科授業」を目指すとする。では，目指す授業を，どのようにして実現していけば良いか。

　その実現プロセスを表したのが，図1の「PDCAサイクル」である。これは，計画（Plan）→実践（Do）→評価・省察（Check）→改善（Action）を繰り返すことにより，授業実践の課題を発見し，改善することで，質の向上を図るものである。

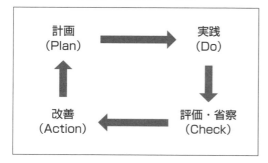

●図1　PDCAサイクル

2 目指す授業を構想する

　基本的に授業は，学習指導要領に示されたねらい及び内容を踏まえ，それに基づいて作成された教科書を活用して行われる。

　これらを十分に吟味・検討しつつ，学級の子どもたちが問題解決的に追究できるように単元の展開を構想し，子どもが「見方・考え方」を働かせて，「知識・技能」「思考・判断・表現力等」「学びに向かう力・人間性等」の資質・能力を身に付けていけるように単元計画を作成する。

　そして，1時間1時間の授業において，どのような問いを，どんな教材や資料から解決し，事実認識や思考・判断・表現につなげていくかをさらに具体化していくのである。

　その際に，「主体的・対話的な深い学び」につながる授業のイメージを，授業者自らが目指す授業像と重ねながら図に表して可視化してみると良い。

　次ページの図2は，筆者が目指した「共生社会の構築に参画する子どもを育てる」社会科授業の構想を表したものである。このように，単元を通して目指す社会科授業とそこで育てたい子どもの姿をイメージ化することで，計画がより明確になる。

　次に，単元の教育内容と子どもたちの生活や意識との関連を把握し，より子どもの実態に即した授業を構想することが求められる。この授業構想を単元の追究過程に位置付けたのが，「どうする？ゴミ」の単元展開計画である（表1参照）。これを，学びに即して，子どもの考えを加筆しながら，展開を修正していくのである。

　PDCAサイクルは，年間等の長期的なレベルから，前時～本時～次時，本時内といった短期のレベルにおいて意識しながら回していく。

3 授業を実践する

本時の授業実践に際しては，前時までの子どもたちの追究を踏まえて，本時の問いや解決のための資料，子どもたちが働かせる「見方・考え方」と予想される「思考・判断・表現」の内容を具体化していく。

毎時間の授業づくりの際に，目指す授業の実現のために大切にしたい視点から検討する取り組みも有効である。

表2「育てたい力を明確にした授業づくりと授業評価のための観点表」（59ページ）は，目指す子どもの姿と授業を学校として共有し，各自の授業づくりの観点として，また事後に授業研究会を実施する際の検討の観点としても活用したものである。

授業者は，観点表を基に本時の授業で特に重視するところを意識して授業づくりができる。事後には，その点から評価・省察することで課題が明確になり，より深く評価・省察することができるのである。

従って，この観点表は計画と実践及び評価・省察をつなぐものとして機能していると言える。

●図2　共生社会の構築に参画する子どもを育てる社会科授業の構想

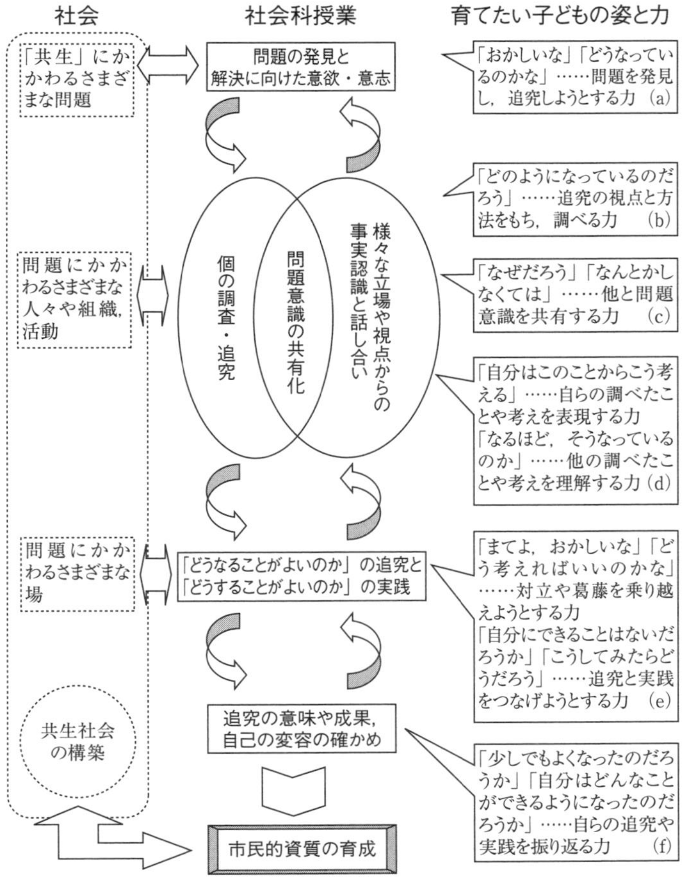

●表1　単元展開計画

1. 単元名　「どうする？ゴミ」
2. 単元の目標　　学校や家の周りの地域のゴミの処理の様子について，見つけたことや感じたことから問いや疑問をもち，廃棄物の処理の仕組みについて調査・見学を通して調べる。調べて分かったことから廃棄物の減量や資源の有効利用について視点をもって調べ，考えを出し合ってよりよいあり方を追究し，実践することを通して地域の一員としての自らの暮らしを見直す。

3. 評価規準

知識及び技能	思考力・判断力・表現力等	学びに向かう力・人間性等
廃棄物の処理の事業が衛生的に資源を有効に利用にして進められていることや，生活環境の維持と助向上に役立っていることを，見学・調査したり資料で調べたりして理解している。	廃棄物の処理の仕組みや再利用，人々の協力の様子を捉え，その役割について考えるとともに，自分たちはどうすればよいか考え，考えたことを相手に伝わるように表現している。	地域の人々の生活環境の維持と向上に欠かせない廃棄物の処理について関心をもち，その減量や資源の有効な利用について，地域の一員としてできることをしようとしている。

4. 展開計画

学　習　活　動　（○数字は時数）	指導上の留意点（a～fは図1の構想との対応）
私たちの生活から出るゴミはどうなるのだろう ●教室のゴミにはどんなものがあるか見てみる。① 　・紙がすごく多い。まだ使えそうなものがある。 　・燃えるゴミと燃えないゴミが混ざっている。これではまずいのではないか。 　・学校からどれぐらいゴミが出るのだろう。こんなにゴミを出して大丈夫なのだろうか。 ●教室のゴミはどこへ行くのか予想する。① 　・東門の所のゴミ捨て場に集める。　・ゴミ収集車が取りに来るよ。 　・そこからどこに行くのだろう。　・清掃工場に持っていくのでは。 　・埋め立てるのではないかな。　・清掃工場で燃やしていると思う。 　・どうしているのか見てみたい。 ［社会科見学］　中央防波堤外側埋立処分場と清掃工場を見学し，ゴミがどのように処理されているか調べる。	○一人一人の子どもがゴミについてどんな視点をもっているか，自由記述で書いてもらい，単元の展開計画を修正するとともに，個の調査・追究がどのように展開するか予測しておく。→b ○3学期に入ってから子どもたちが出した教室のゴミを取っておく。ゴミを観察することで，自分たちの生活面の課題が浮かび上がる。→a ○月・水・金の朝8:30頃に学校のゴミを業者が収集に来るので，様子を観察し，その後どのように処理されるのか予想する。→a
ゴミをどうしていけばよいのだろうか ●見学して考えたことをもとに，これからどのように学習を進めていけばよいか話し合う。② 　○清掃工場の鈴木さんや飯田さんが言っていたように，リサイクルできる物を考えて行おう。 　　・教室でリサイクルする。　・全校にも呼びかけて集める。 　　・ペットボトル2本でマグカップができるから，集めて出したい。 　　・近所の人や東深沢小，エーダンモール商店街で呼びかけたい。 　　・チラシやポスターを作ってはどうか。 　○燃えるゴミで一番多いのは紙だから，紙を無駄遣いしない。 　○生ゴミを減らしたい。　・給食を残さないようにする。 　○ゴミを減らして埋立処分場を40年より長持ちさせたい。 　○何をどのようにリサイクルすればいいか考えよう。 ●みんなで話し合って決めたことについて，自分は何を調べ，行うか考えて取り組む。② 　○リサイクルできる物について調べよう。 　○何をどうやって集め，どのようにリサイクルすればよいだろう。 　　・サミットでペットボトルやトレイ，牛乳パックを集めていた。 　　・牛乳びんはどうしているのだろう。　・リサイクルプラザにいって調べてくる。 　　・本やインターネット等で調べてみる。　・飯田さんに聞いてみよう。 ●調べたことを発表しながら，「どうすればよいか」「どうなることがよいか」考える。⑥ ［本時2／6］ 　○リサイクルをどのように呼びかければよいだろうか。 　　・どういう方法で呼びかければよいか。　・チラシやポスターで呼びかけよう。 　　・公園でゴミ拾いをしてみよう。　・待ちにどんなゴミが多かったかを見て考えよう。 　　・実際に行ってみて効果を確かめる。 　○紙のゴミは減らせるのだろうか。　○給食の残量が減らせるか取り組んでみよう。	○見学を通してゴミ処理の仕組みに着目し，処理の様子を捉えるとともに，ゴミの減量について問題意識をもてるように，現場の職員の方の言葉をしっかりと受け止める。→c ○「これからの学習の進め方」について考えを出し合い，ゴミの減量やリサイクルについて，互いの考えの重なりや関連を板書で整理していく。そして，追究の柱を可視化し，追究の見通しをもてるようにする。→c ○一人一人の子どもがどんな視点でどのように調査・追究するかを明らかにして取り組む。一人一人の調査・追究を支えながら，調査活動の様子やノートから，資質・能力の育ちを見とる。→b ○多様な調査活動の展開が予想されるが，「みんなで取り組んでみよう」となったものについては計画に位置付けたり，時間を確保したりする。→c ○個々の子どもが調べたことが仲間に伝わるように，発表内容，方法について相談に乗る。また，仲間の発表に聞き方や質問の仕方に気を配る。→d ○互いに調べ，発表し合う中から生まれたズレや疑問を取り上げ，さらなる調査や追究への発展を目指せる。→c
これからどうしていこうか ●追究を振り返り，これからどうしていけばよいか考え，できることを行う。② 　○リサイクルをするだけではないのだろうか。 　　・物の無駄遣いをしないことも大切では。　・買い物には復路を持っていく。 　　・必要でないものを買わないようにする。　・家の人にも教えて家のゴミも減らす。	○自分たちが実践したことの成果や，地域の人々の生活環境の変化について，子どもたちが自ら問う動きを支える。→f ○追究の振り返りから，さらに発展が生まれれば，総合学習につなげる。

58

●表2　育てたい力を明確にした授業づくりと授業評価のための観点表

単元名（教材）名　どうする？ゴミ　　　指導者　内山　隆　　　　　日時　　　年　　　月　　　日（　　　）

対象　3年1組39名（男19名　女20名）　　　記録者

■子どもとともにつくる授業づくりに向けて（共通項目）　　　　　　　評価の目安：◎…認められた　△…認められなかった

			評価	コメント欄
指導案	実態	1. 前時までの子どもの思考や活動の足取りをノート，作品，行動からとらえていたか。（実態把握）		
	教材	2. 子どもたちが本気で追究し，力を発揮できるものだったか。（教材）		
	目標	3. 「何を追究しどうなって欲しいのか」「本時で育てたい力は何か」が明確に記されていたか。（目標の明確化）		
授業中	導入	4. 子どもたちにとって必然性や切実感のある学習活動が設定されていたか。		
	展開	5. 問題解決のための支援や，育てたい力を身につけるための支援が見られたか。		
	終末	6. 本時の活動結果を子どもたち自らが意識でき，育てたい力が身に付いていくように構想されていたか。		

■社会科部仕様　　　　　記録の目安：◎…認められた　△…認められなかった　　　★評価の記号は全ての項目につけてください。記述は自由です。

育てたい姿	評価	具体的な子どもの姿が見られたらお書きください
①ゴミ拾いの体験や調べたことををもとに，自分の考えを持ち，発言していたか。		
②仲間と問題意識を共有し，追究する姿が見られたか。		
③「どうすることがよいのか」を考え，実践しようとしていたか。		

■自由記述欄■

（出典：平成15年度　東京学芸大学附属世田谷小学校研究発表会資料をもとに作成）

4 授業を評価・省察する

（1）毎時間の授業評価

　授業の評価は，毎時間の子どもたちの学びと教師の働きかけについて行われる。この際の手がかりは，授業中の子どもたちの発言や様子，板書の記録やノートである。

　授業中の子どもたちの発言や様子は，白紙の座席表を用意しておき，そこに記録していくことで評価資料を蓄積できる。

　板書には，1時間の協働追究のプロセスと構造が構成される。子どもたちは，板書を見ながら本時の展開と自らの考えの位置付けを把握し考えていく。ネームプレートを使って板書していけば，子どもたちは自らの考えの位置付けだけでなく，友達との考えの関連についても捉えることができる。

　ノートには，子どもたちが毎時間の問いに対する自らの考えを記し，追究の足跡を残していく（60ページ図3参照）。自らが調べたことや資料から気付いたことを書いたり，授業で配布された資料を添付したりする。それによって，子ども自身が自らの追究を振り返ったり，これからの見通しを持ったりするポートフォリオとなる。

　教師にとっても，毎時間全員の子どもが発言するわけではないので，一人一人の子どもが何を考えていたかを捉えることができる。つまずきを見とることができれば，アドバイスを書き込んだり個別に指導したりすることもできる。

　他の子どもが気付いていない視点を持っていたり，問題解決を深める考えを持っていたりする子どもには，次時での発言を促したり，発言のタイミングを相談したりできる。これを学級の子どもたち全員について行えば，本

●図3　愛子のノート

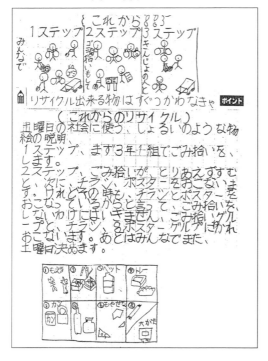

時に向けた前時の評価と改善を個と全体において行っていることになる。

　さらに、これを1時間の授業内において行うのが机間指導である。子どもたちが資料から読み取ったことや本時の問いに対する考えを書いている時に、教師は机間指導によって個々の子どもの学習状況を把握する。そして、子どもたちの考えの状況を捉え、子どもの実際の姿から本時以降の展開を考え、必要に応じて学習指導案を修正する。

　こうした学習支援や改善のための評価を「形成的評価」と言う（二宮、2015）が、PDCAサイクルによる毎時間の授業評価は、子どもにとっては形成的評価として機能していると言える。

（2）本時の授業の計画と実践、省察
①本時の学習指導案を作成する

　愛子や子どもたちの前時の発言やノートの考えを踏まえて作成したのが、61ページの図4である。

　一人一人の子どものこれまでの追究を踏まえて、本時の動きを予想し、教師の育てたい方向も重ねながら座席表に記入する。そして、中央に子どもたちの問題解決がどのように展開するか、一人一人の子どもを位置付けながら予想し記入していくのである。

　単元計画に基づきながら、前時までの子どもたちの学びをもとに授業評価・省察を行い、本時の計画を指導案として表したものである。

②本時の授業記録を作成する

　59ページ表2の観点表を活用して、自己評価及び協働の授業研究における相互評価を行う際に、評価の根拠となるのが授業記録である。評価欄に◎や△をつけた根拠として、教師の指導や子どもの学びを互いに検討し、解釈を出し合うことで、授業に対する見方や考え方を広げ、深めていくのである。

　62ページに示したのは、本時の学習指導案の展開2「これからどうしていこうか」についての授業記録である。愛子が前時の授業をもとに再提案を書いてきたノートを印刷し配付したところからのやりとりである。

　学校や地域のごみ処理の仕組みを調べてきた子どもたちは、「ゴミをどうしていけばよいか」という問題意識を共有し、ごみを減らすためにリサイクルやごみの減量の呼びかけを、ゴミ拾いなどの活動を地域の人と一緒に行うことから広げていこうと考えた。本時では、ゴミ拾いをしてみて感じたことや気付いたことをもとに、これからどうしていくか3人の子どものアイデアをもとに考え合っている。

●図4 本時の学習指導案

3年1組　社会科学習指導案　座席表

平成16年2月27日(土)
3年1組39名(男子19、女子20)
授業者　内山　隆

<本時の目標>
リサイクルの呼びかけについて、ゴミ拾いの体験を通して感じたこと、気になったことを出し合って、これからどうしていけばよいか考えることができる。

〈予想される本時の展開〉
1. 水曜日にゴミ拾いをしてどうだったか話し合う。

2. これからどうしていこうか について話し合う。

3. 学習感想を書く。

[指導上の留意点]
・普段発言の少ない子が、できるだけ率先的にゴミ拾いの体験としてを感じたこと気づいたことを発表できるようにしたい。
・まずゴミ拾いをすることにねらいがあるので、ここをふまえた話し合いが展開できるよう声かけをする。
・資料や友だちの調べたことをもとにして、友だちの考えと自分の考えとの関連で意味づけしたり、相違点を意識させたりする。
・子どもたちはゴミ拾いの体験をふまえ、いろいろな問題意識をもっている。その問題意識に基づきつつ話し合いを展開していくだろう。板書で友達の考えとの関連や地域の人々との関連を多角的に意識できるようにする。
・話し合いが、「グループごとに考えて実行に移すにはどうしたらいいか」というようになったら、8の考えや34、28の気づきをゆさぶりながら、彼らが自分がではなければ、学習感想への注目や発言の促しをする。

<本時の評価>
・ゴミ拾いの体験や調べたことをふまえて発言することができたか。
・リサイクルの呼びかけのしかたについて、これからどうしていくか自分の考えを持つことができたか。

*座席表内の記号は立場を表す
コ…ゴミ拾い　新…新聞
ゴ…チラシ、広告　通…通信
ボ…ポスター　HP…ホームページ

このグループは実際には教室中央

ゴ チ ボ 新

③授業記録をもとに省察する

　授業記録をもとにした省察は，授業者個人としても，校内や研究会での協働でも行われる。ここでは，研究授業後の協働検討を経た授業者の省察について，表3と関連する部分のみ3点述べる。授業評価の観点を踏まえて，子どもたちと授業者のズレに着目したものと，個の資質・能力の育ちに関わるものである。

　1つは，「これからどうしていこうか」ということについて，子どもたちが考えを出し合い話し合う場面についてである。前時に出された愛子，博，誠の提案を検討する際，前時の印象では，授業者は博の3つの方法毎に分

かれて実行する方向に行くと予想していた。前日に愛子がノートに再提案を書いてきたので，これを検討する展開は想定したが，方向は変わらないと考えていた。ところが，実際には愛子の取組の順序について検討がなされた。これは，子どもたちなりの「これからどうしていこうか」の追究なので，本時のねらいからはズレていない。従って，軌道修正はしなかった。むしろ，なぜ彼らが順序を出したか，それを授業者が予測できなかったかである。ゴミ拾いをすることで，子どもたちなりに「まちや商店街の人たちと関係を深める」ことを意識するようになったが，授業者が捉

●表3　本時の授業記録（抜粋）

66	愛子	（配布したノートを読む）
67	T	（板書　愛子これからのリサイクルをどう進めるか）
68	T	火曜日の提案をもとに，また少し考えてきたのね（前時2/3に出された3人の考えの図を黒板に貼る）
69	T	反応がないですね。こんな提案だけどどうですか。
70	博	この提案を誠君のと一緒にしてやる。
71	愛子	それとはまた違うよ。誠君のと一緒にって言ったけど違う。誠君のはポスター貼ったりリヤカーを持ってきてゴミ拾い。愛子はゴミ拾いに行ってからポスターを貼って近所の人に広める。
72	博	ぼくが言っているのは，リヤカーとステップ1のゴミ拾いを合体する。
73	愛子	愛子はこの間ゴミ拾いやったから，今度はゴミ拾いとチラシ。
74	T	これは2。
75	誠	愛子さんのステップ1と2を組み合わせた。1，2をやって3をする。
76	愛子	1ステップと2ステップ足して3ステップ。3＋3で6ステップ。
77	T	博君はいいのかな？博君，つなげてくれた。
78	博	1＋2＝3が納得できない。
79	早紀	ステップ1と2は分かるけど，この2つを合わせたら3というのはどこから出てくるのか。順番がこの3つならゴミ拾いで関係を深めてからポスターをやる。
80	T	早紀ちゃんは1から3に行って2。
81	愛子	2のステップはポスターに掃除している人がいるでしょ。要するに2つともやる。
82	T	ポスター，チラシとゴミ拾いは両方入っている。

84	愛子	ゴミ拾いもチラシもポスターもやらずに関係を深めるのは，耕介とかはできるかもしれないけど，愛子は遠くに
83	博	早紀さんが言っていたのは，1→3→2。ぼくは3→2→3，いや3→2→1だ。住んでいるからできない。
85	博	3→2→1はまちがっていたから，2→3→1。ポスターを貼って一緒にやりませんかと言って関係を深めて。
86	愛子	1はもうやったんだよ。
87	T	じゃあ，同じこと。
88	愛子	愛子は終わったから2，3。
89	博	だから一緒のことだって。
90	T	愛子ちゃん，同じだって喜ばないと。
91	杏奈	まだ少ししかやっていないから。
92	T	ゴミ拾いは必要ということだね。
93	愛子	それに対して（前に出る）。ここはゴミ拾いだけど，ここは知らせているから。
94	T	袋持っている人がゴミ拾い。愛子さんが言っているのは，杏奈さんと同じということだね。
95	誠	ぼくも杏奈さんに通じる。ポイ捨てする人は必ずいるから，チラシに何曜日に一緒にしようと書いて，挨拶とか関係を深めて一緒にやる。落ちていたら拾うといい。
96	T	誠君は一緒に。
97	誠	1，2と3の半分。
98	T	3→1→3→1。
99	愛子	2は。確かに出番少ないけど。
100	T	早紀ちゃんは。
101	早紀	1はやっちゃったから，博君のでもいい。どんな順番でもできる。

62

●図5　前時に出された3人の考え

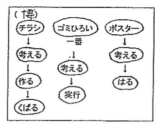
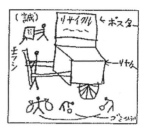

えられていなかったのではないかと考える。

2つは，個々の子どもの学びについてである。博は，これまでの様子から本時でも自分の考えを主張すると考えていた。だが，彼は愛子と誠の提案をつなげる出方をした。多面的な見方・考え方により関連付けを図り，お互いを生かそうという姿が見てとれた。

愛子は，授業と授業の間に考えを練り直し，ノートにまとめてくるという動きを見せた。これは，学びに向かう意欲的な姿勢，態度と捉えられる。本時で，彼女の考えがみんなに検討されることで，よさとして生きればと考えた。ところが，話し合いでは博が上記の発言をしたにもかかわらず，愛子は違いにこだわった発言をしている。本時の授業感想でも，内容についての自己評価は低い。ただ，楽しさややる気の面では肯定的な評価をしている。

こうした省察を積み重ねることで，子どもの見とりをより確かなものにするとともに，授業の質を向上させていくのである。

5　目指す授業の実現を子どもの姿で

これまで，目指す授業の実現に向けた，授業の構想から計画の作成，実践と評価・省察のサイクルの実際について述べてきた（図6参照）。

これを，日常の授業実践に位置付け，継続

●図6　授業の評価・省察と子どもの育ち

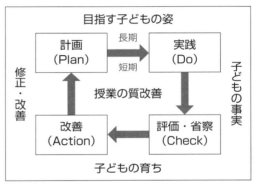

していく。また，同じ学校の同僚を始めとする教師たちに開き，多様な視点から検討し合うことで，学び続ける教師としての授業実践サイクルができるのである。　　（内山　隆）

〈参考文献〉
○二宮衆一「教育評価の機能」，西岡加名恵・石井英信・田中耕治編『新しい教育評価入門　人を育てる評価のために』（有斐閣，2015年）
○田島薫『授業改善のための授業分析の手順と考え方』（黎明書房，2001年）
○日本教育方法学会編『日本の授業研究　下巻　授業研究の方法と形態』（学文社，2009年）
○峯秀明「知識の構造・推論の組織化を図る授業PDCA　社会の見方・考え方を探求する社会科」『社会認識教育学研究25巻　掲載論文』（鳴門社会科教育学会，2010年）

第8章

3年生の授業づくりと学習

「市（渋谷区）の様子の移り変わり」を扱う開発の学習
―なんで「広尾橋」なんだろう？―

1 単元の概要

（1）新設単元の内容について

「市（区町村）の様子の移り変わり」は、2017年版学習指導要領第3学年の内容（4）に基づく単元である。2017年版学習指導要領の（4）イには、「交通や公共施設、土地利用や人口、生活の道具などの時期による違いに着目して、市や人々の生活の様子を捉え、それらの変化を考え、表現する」と記されている。

2008年版学習指導要領の第3学年及び第4学年の内容（5）においても、「地域の人々の生活について、次のこと（「古くから残る暮らしにかかわる道具、それらを使っていたころの暮らしの様子」）を見学、調査したり年表にまとめたりして調べ、人々の生活の変化や……考えるようにする（関連部分のみ抜粋）」と記されていたことから、類似した単元が第3学年で設定されたことになる。

両者には、道具や生活の変化への着目等類似点も見られるが、これまでは道具から見た生活の変化を考え、理解することが意図されていたのに対して、今次改訂では、道具による生活の変化、交通や公共施設の変化、土地利用や人口の変化を考えることから、生活のみならず市の様子の移り変わりまでを理解することが求められている。そうした意味で、本単元は新設単元と捉えるべきものであろう。

本稿は、新設である「市の移り変わり」の単元の計画作成に重点をおいた試みである。

（2）変化を捉える着目点と内容の取扱い

これまでは、昔の道具を使う体験学習をしたり、その道具を使っていた頃の人々にインタビューをしたりして、昔の暮らしの様子を学んできた。新設単元では、市や暮らしの変化を、「交通」「公共施設」「土地利用」「人口」「生活の道具」の5項目に着目して学習する。例えば、「市の移り変わりとともに、交通機関が増えて、暮らしが便利になった」「学校や図書館等が市の移り変わりとともに、こんな変化をしてきた」等ということを子どもたちが調べ学習をしながら学んでいくことになる。こんなに多くの内容項目を、所定の時間内で扱うためには、地域に即した教材の選択や学習活動の工夫が不可欠となってくる。

なお、変化を示すには、現在と過去の写真、土地利用図、分布図、グラフ等が学習の資料として考えられる。これまでの3年生は、インタビュー等をして、人から学んだり、体験をして学んだりしてきたが、この単元では資料から学ぶことを要求されていることを踏まえ、資料の適切なアレンジが期待される。

さらに、学習指導要領（4）の内容の取扱いには、次のように書かれており、公共施設の整備と租税の役割、人口の変化と少子高齢化・国際化等をどのように取り上げるかも大きな課題となる。

・アの（イ）の「年表などにまとめる」際には、時期の区分について、昭和、平成などの元号を用いた言い表し方などがあることを取り上

第2部　小学校社会科の授業づくり —学習指導の専門性（基礎編）—

げること。
・イの（ア）の「公共施設」については，市が公共施設の整備を進めてきたことを取り上げること。その際，租税の役割に触れること。
・イの（ア）の「人口」を取り上げる際には，少子高齢化，国際化などに触れ，これからの市の発展について考えることができるように配慮すること。

　子どもたちが関心を持って本単元で学び続けるためには，取り上げる素材が，より身近であったり，子どもたちの世界に存在したりすることを重視して選択し，教材化する必要がある。

（3）教育内容の整理

　学習指導要領では，子どもが社会的事象の見方・考え方を働かせて学ぶことと記述されている。◎位置や空間的な広がりの視点，◎時期や時間の経過の視点，◎事象や人々の相互関係の視点の3つである。本単元における社会的事象とは，「市の様子の移り変わり」である。そして，「交通」や「土地利用」等，5項目の移り変わりである。そこで，「追究の視点や方法（WG資料）」にある視点の例から考えてみる。「時期や時間の経過の視点」からは，「変化」「発展」「継承」「計画」「持続可能性」等が考えられる。また，「事象や人々の相互関係の視点」からは，「願い」「対策」「影響」「多様性と共生」等の視点が考えられる。これらの視点を追究することによって，生きて働く知識・技能を育みたい。特に，市に対する時間的な見方に関しては，これまで3年生では扱ってこなかった内容であり，理解するには難しさもあるだろう。3年生にとって無理のない学習が期待される。なお，「位置や空間的な広がりの視点」に関しては，4〜5月に「身近な地域や市の様子」の単元で学んでいるので，その経験を活かすようにしたい。

2　単元計画作成のポイント

（1）先行事例を参考にした単元作り（試案）

　ためしに，すでに実践を始めているいくつかの先行研究事例を参考にして，大まかに学習の流れを考えてみた。
　例えば，
① 昔使われていた「生活の道具」調べをして，生活の移り変わりについて調べる。
② 残りの4つの項目のうちのどれかに注目して，過去の写真や資料を持ってくる。例えば，昔の駅の写真（「交通」）等。
③ それらにみんなが興味を持つことによって，学習問題をつくる。例「市や人々の生活の様子はどのように移り変わったのだろう。」
④ 残りの項目をグループに分かれて調べてくる。
⑤ 市役所の方に話を聞く。
⑥ 年表にまとめる。
⑦ これからの市について考える。

（2）課題と求められる工夫や留意点

　課題となるのは，以下の（A）から（D）の4点である。
　（A）子どもたちの発想の中に，調べる視点として，「交通」「公共施設」「土地利用」「人口」「生活の道具」がもれなく出てくるかである。おそらく，そこは教師が誘導していくのだろう。もれなく出てこない時には，3年生の4〜5月に行っている「身近な地域や市の様子」の単元を振り返り，既習事項から導き出すような工夫が必要となる。そもそも，子どもは，網羅的に知識を学ぶのではなく，直線的に，かつ，いもづる式に学んでいくものである。これを調べたら，これも分かった。これが分かったら，こんな疑問が出てきた。その疑問を調べたら，こんなことまで分かった！

65

こんな風に学んでいけたらと思う。学習が一段落した時に，足りなかった網羅的項目は教師が付け足すとよい。自分たちで学んだという達成感があれば，教師の付け足しにも，よっぽど興味を持って食いついてくるだろう。

（B）また，それぞれに調べると言っても，実際には，そんなにたくさんのインタビューは出来ないし，こちらが思うような資料を手にしてくるわけではない。そうなると，教師としては，一か所くらいはインタビューするかもしれないが，教師が用意した資料が学習の中心となる。ただそれだと，どこまで興味を持続できるのかが課題となる。気になるのは，「社会的事象に主体的に関わろうとする態度」が評価項目となる訳だが，最後まで主体的に関われるのだろうか。そのために留意する点としては，やはり出来るだけ「人」から学ぶことが大切になってくるであろう。

（C）いざ，子どもたちが調べるということになった時に，あるグループは，「市の交通の変化」を調べることになり，別のグループは，「市の土地利用」ということになる。つまり，交通にしろ，土地利用にしろ，調べる対象は「市」である。調べる対象が「市」であるということが，子どもにとって身近なものかということである。調べたり，構想したりする上で，抽象的な「市（区）」が相手では難しい。具体的に，子どもが自分の目で見て分かるものを調べる対象にしてはどうであろうか。そのための工夫としては，例えば，対象を「市」ではなく，子どもに身近な「公園」とすることである。普段遊んでいる「公園」の未来を考えることは3年生でも出来る。子どもが「お年寄りが多いから，ベンチを多くしたい」と発言すれば，「それを少子高齢化社会といいます。お年寄りが助かりますね」とか，「外国人にも分かりやすいように使い方を英語で書い

た説明版を設置してはどうか」という発言を引き出して，「それを国際化といいますね」とその発言を支え，生かしていくような話し合いの指導と教材の準備をしたい。

（D）おそらく，身近な素材から学習をしたいと思う教師の願いが，「生活の道具」を学習指導要領に残すことになったのだろう。まさに，「生活の道具」は，この単元を身近に感じさせるアイテムのようなものである。「生活の道具」を調べるのは，おじいさんやおばあさん，お父さんお母さんを相手に調べることになり，一番身近な相手に調べ学習が展開される。こうした昔の生活の道具調べによって，子どもたちが「移り変わり」を学びたいと思わせる意欲で満たしてあげたいと思う。ここでも気になる課題がある。それは，生活の道具の移り変わりをいくら調べてみたところで，市の移り変わりにつながっていかないということである。それに応える工夫としては，学習問題を段階的に2つ設定することで改善したい。そもそも学習問題は，1つの単元に1つに設定することが望ましいが，今回の単元では1つに設定はしないで，2つの学習問題を段階的に設置したい。1つめの学習問題は，「子どもたちにとって身近なもの」＝「生活の道具」を調べる活動に設定して，自ら調べる活動を行う。そして，そこから新たな疑問を導き出し，2つめの学習問題として，「身近なもの」から「市のレベル」＝抽象的に対象へと学習の対象を一段引き上げた感じに設定する。そこは，自ら調べる活動は難しいので，市役所の方にインタビューすることで調べ学習とする。まとめると次のようになる。

「導入⇒学習問題作り⇒調べる⇒まとめる⇒新たな疑問（新たな学習問題）⇒調べる⇒まとめる」

（3）子どもの興味を喚起する素材探し

　では，具体的にどんな素材を使って学習を展開すれば，子どもの興味や関心を持続させられるのだろうか。一例を挙げてみたい。

　導入では，時の流れを感じてもらうための素材が必要だ。さらに，子どもに身近なものがよい。それなら，子どもの通学路を歩いて探してみよう……。見つけた！ バス停に「広尾橋」と書いてある。その周辺に「橋」はない。子どもたちは，なぜだろうと疑問に思い，不思議に思って，学習のスイッチを入れてくれることだろう。

　ましてや，子どもたちが「なぜ広尾橋なのか」を予想することは，さほど難しくはない。子どもたちが自分の予想が当たった時の嬉しい気持ちは，もっと調べたいと思うエネルギーとなるだろう。「もっと昔のことを知りたい」ここから1つめの学習問題まで作れそうである。

　難しいのは，2つめの学習問題のための素材である。1つめの学習問題では，「町や区が変わる中で，人々の暮らしはどのように変化してきたのだろうか。」となるだろう。調べ方としては，3年生なので，一番身近なおじいさんやおばあさん，お父さんやお母さんにインタビューして，学習を楽しく進めたい。そうなると，おじいさんたちのインタビューの中に素材を見つけたい。では，そもそも子どもたちが聞きたいことは何だろう。もちろん，自分の生活や自分の経験している世界と比較することに興味や関心が一番あるだろう。ならば，子どもたちが今の自分と比較したいことは何かと考えると，「遊び」が一番聞きたいことに違いない。見つけた！ 遊びから「公園」を導きだそう。公共施設である「公園」を調べることで，「市の移り変わり」がいもづる式に見えてこないだろうか。

　子どもにさせているように，教師自身も予想を立ててみる。「公園の数や姿に変化はあるのだろうか。」「公園から，市の移り変わりが見えてくるだろうか。」それに対する予想は，

①自分自身の経験や伝聞としては，子どもが公園で遊ばなくなったと聞いている。親世代（自分も含めて）は，遊び場と言えば，公園だった。祖父母世代では，遊び場は道や空き地だと聞いている。つまり，公園は増えてきていて，かつ，用途を変えてきているのではないか。②子ども用の遊具からベンチや花を飾る等お年寄りにも優しい公園に変化してきているのではないか。③お年寄りが休めるように，空き地を小さい公園として整備しているので数は増加しているのではないか。④会社員等が喫煙スペースとして使われる公園もあるのではないか。

　以上のように予想が立てられた。これだけ予想が出るなら，子どもからもたくさん予想が立てられるに違いない。

　このように考えると，公園は，誰が利用しているか（土地利用と生活の様子）や，少子高齢化や人口推移等，そこに暮らしている人が利用しているわけだから，そこの市の移り変わりを反映していることになるだろう。

　実際に渋谷区のHPで調べてみる。すると，「祖父母の代に比べると30倍の数の公園が増

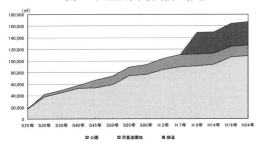

●図1　区立公園等面積の推移

「渋谷区の土地と建物」（渋谷区）より

えている。」との記述があった。

　また，港区のHPには，「公園等の整備状況，人口，土地利用，まちづくりの動向等の地区特性を考慮し，公園等と公衆トイレの今後の整備や維持管理運営の方向性を示す」とある。（ちなみに筆者の勤務校は，グラウンドの中央に港区と渋谷区の区界があるので，どちらにも属していると言える）

　また，港区のまちづくり計画の中の「みんなでつくろう！ にぎわい公園」では，公園の姿として4つあげており，「遊び・集う公園」「くつろぎ・やすらぐ公園」「自然・文化歴史に親しむ公園」「健康づくりに役立つ公園」と

公園の姿を分類している。つまり，使う人のニーズに合わせた公園作りを目指しているということである。

　まとめると，「今と昔の身近な遊び調べ⇒遊び場（公園）調べ⇒公園の姿の変化⇒市の移り変わりを反映している⇒公園の未来を考える」となる。公園の未来を考えることは，市の未来と生活の変化を関連的に考えることにつながる。

　以上のように，子どもの興味を喚起する素材を考えて，小項目2であげた試案を次のような単元計画に作り直してみた。

3 単元計画

（1）目標

社会的事象についての知識・技能	・市の人々の生活の様子は，時間の経過に伴い，移り変わってきたことを理解すること。 ・聞き取り調査をしたり地図等の資料で調べたりして，年表等にまとめること。
社会的事象についての思考・判断・表現	・交通や公共施設，土地利用や人口，生活の道具等の時期による違いに着目して，市や人々の生活の様子や高齢化等を捉え，それらの変化を考え，表現すること。
社会的事象に主体的に関わろうとする態度	・社会的事象から，学習問題を見い出し，主体的に調べて解決しようとしている。 ・よりより社会を考え学習したことを社会生活に活かそうとしている。

（2）学習指導計画（全11時間扱い）

	ねらい	主な学習活動
1〜2	「バス停の名前や地名から昔の土地の様子を想像してみよう」 　バス停の名前や地名には昔の土地の様子を表したものがあることに気づき，昔と今では土地の様子が変化してきていることを理解し，暮らしの変化に関心を持つ。	①学校の前のバス停「広尾橋」の写真を見る（周囲に橋がないことに気付き，疑問を持つ）。 ②江戸の古地図を見て調べる（学校の前の道路はかつて川だったことを知る）。 ③広重の絵（広尾を描いたもの）を見て話し合う（江戸の様子を見て，現在との違い〈かつては広尾原という湿原だったこと〉に気付く）。 ④昭和30年頃の学校の前の写真を見て話し合う（今とは違い，交差点には馬がいて，都バスが走っている）。 ⑤当時の様子を知る先生に話を聞く（都電は昭和44年まで。都電に変わって，都バスが走る。さらに，昭和39年には日比谷線「広尾駅」が開設され，交通が発達して暮らしが便利になった）。 ⑥学習問題を話し合う。 ⑦予想を立ててノートに書く。
	学習問題　市（または区）が変わる中で，人々の暮らしはどのように変化してきたのだろうか。	

3	「調べたいことをまとめよう」 インタビューする際に，調べたいことや調べ方等を整理することが出来る。	①調べ方を話し合う（昔の暮らしを知っている人にインタビューしよう）。 ②誰にインタビューするのかを話し合う（祖父母の世代の人々と父母の世代の人々に，子どもの頃の様子をインタビューしよう）。 ③両世代を比較できるように，質問したいことを整理する（遊びと食事⇒遊び道具，遊び場，食事のメニュー，炊事の道具等に着目する）。
4	「おじいさん，おばあさんが子どもの頃の暮らしは，どんな様子だったのだろう。」 祖父母の世代が子どもの頃の暮らしや道具の変化をとらえることができる。	①知りたいことをインタビューする（遊びと食事⇒遊び道具，遊び場，食事のメニュー，炊事の道具等）。 ②インタビューをもとに，今と昔の暮らしの違いについてノートにまとめる。 ＊交通や土地利用（まちの景観）の変化は，既に導入時にも出ているので，質問事項に入れなくてもよいだろう。また，後半に学習につながる質問として，「当時，子どもはたくさんいましたか？」と言った「高齢化」の視点に繋がる質問があってもよい。
5	「お父さん，お母さんが子どもの頃の暮らしは，どんな様子だったのだろう。」 父母の世代が子どもの頃の暮らしや道具の変化を捉えることができる。	①知りたいことをインタビューする。 　（遊びと食事⇒遊び道具，遊び場，食事のメニュー，炊事の道具等） ②インタビューをもとに，今と昔の暮らしの違いについてノートにまとめる。
6 〜 7	「暮らしや道具の移り変わりを，表にまとめると，どんなことがわかるだろう。」 作成した絵カードを活用し，表にまとめることができるようにする。	①これまでに調べてきたことを絵カードにまとめる。 ②絵カードを順番に並べ，必要なことを書き加えて表を作成する。〜その際，『祖父母（昭和40年頃）』のように元号を用いて表記する。〜 ③年表を見てわかったこと（変化）や考えたことについて話し合う。（遊びと食事について） ④遊び場の変化への疑問から次の学習問題を話し合う。 ⑤予想を立てて，ノートに書く。

学習問題	昔と今では公園はどのように変化してきたのだろうか。

8 〜 9	「昔と今の公園はどのように変化しているのだろう。」 市役所の担当者にインタビューをして，公園の数が変化しただけではなく，少子高齢化等の社会変化に合わせ，多様なニーズに応えられるように，使われ方が変化してきていることを理解する。	①市役所の人に公園の変化について話を聞く。 ・祖父母の頃に比べると30倍の数の公園が増えている。（渋谷区） ・子ども用の遊具だけではなく，自然を楽しむ公園が増えてきている。 ・お年寄りが休めるように，空き地を小さい公園としてベンチや花を飾る等の整備している。 ・喫煙スペースとして使われる公園もあるようだ。 　⇒人口の年齢バランスやどのような土地利用をされているのかで，公園の姿を変えてきている。（公園の4つの姿：遊び，休息，自然，健康） ②話をキーワードとしてまとめる。（人口，土地利用，少子高齢化・まちづくり。） ・こうした公園の整備は，みんなの願いを市役所が聞いて，みんなで出し合ったお金で作っている（税金）ことを聞く。
10 〜 11	「私たちの未来の公園がどのようになっているか，ポスターを作って発表会をしよう。」 市役所の方の話から未来の公園の様子を想像する。それをポスターに表現して，発表したり，聞いたりすることが出来る。	①これからの公園についてグループで考える。 ②公園を作る地域（市や区）の未来を想像する。キーワードにあげた，「人口のバランス，少子高齢化，土地利用（住宅地なのか商業地なのか等），まちづくり」といった項目についてそれぞれ考える。 ③未来の市や区の姿から未来の公園を考えて，そのポスターを作る。 ④ポスターを発表する

4 指導・評価のポイント

　何から学ぶかということを考えた時に，資料のみから学ぶのではなく，最終的には「人」から学ばせてあげたい。3年生は「人から学ぶ」ことが，より深い理解を得るだろう。

　今回の単元では，その学習内容が難しいことは明らかである。そうであるからこそ，人から学んで欲しいと思う。特に市役所の方の話は，今回の単元の肝である。難しい内容であるということもあるが，さらに学習のまとめとして，いくつかの「人口」や「土地利用」等の項目を関連付けて説明してもらう必要がある。そのインタビューの中で公園の変化（公共施設）についても話してもらい，子どもとの対話により公園の変化は「人口」や「土地利用」によって変化しているという気づきが生まれることが望ましい。つまり，難しいことを優しくかみ砕いて説明し，仲間や説明者との対話を通して理解を深めるようにしたい。市役所の方と十分に打ち合わせをして，インタビューの内容を検討する必要がある。

　人の話を調べ活動の中心に据え，関連的に資料も効果的に活用して，抽象的な「市の移り変わり」を学んでほしい。多様な「人」から学んだ力を意識化させ，4年の学ぶ力へと発展させていくことが本単元の評価の要点といえよう。

5 授業の山場（1〜2時間目）

　以上のように，3年生という発達段階を念頭に置き，子どもたちがどのような素材に出会うことで学習に興味を持つかを十分に吟味して，学習計画を作成したい。また，難しい内容は，それをそのまま子どもに与えるのではなく，話し合いの中で発言を引き出し，それを生かして対話的に学んでいくように工夫や配慮が求められるだろう。

　さて，授業の山場であるが，本来なら最後にあると良い。学習の最後が盛り上がれば，次の学習への意欲に繋がるからだ。例えば，区役所に「ぼくらがつくった　にぎわい公園」として「未来の公園への夢や願い」を自分たちの学習の成果として提出するなら，過去・現在のまちや暮らしを知ることから，今後の政治に参画することもできよう。もしも，区役所のロビー等に展示してもらうことが出来たら理想的だ。それが難しければ，保護者や低学年生に発表が出来たらいい。

　しかし，教師としての腕の見せ所は，導入でいかに子どもたちの意欲を高めるかだろう。導入で子どもたちの興味・関心を高めて，新しい単元のロケットスタートを切りたい。今回の導入は，2時間扱いで次のようになっている。

① 「なんで広尾橋なんだろう」の問いかけに，バス停や交差点の名前が「広尾橋」であることに気付き，そこに「橋」がないのに「橋」と言う名前が付いていることに疑問を持つ（写真1）。

●写真1
交差点

●広重の絵「広尾ふる川」（港区立郷土歴史館蔵）

●写真2　現在の学校前

●現在の地図

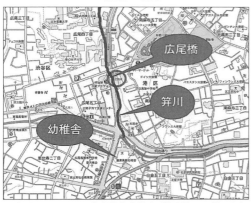

※地図については、慶應義塾幼稚舎『仔馬』372号より転載した。

●写真3　昭和30年頃の学校前

②古地図（略）と現在の地図を比べる。昔は川だったことを理解する。

③広尾が昔どんな様子だったのか広重の絵を見て想像する。昔は「広尾ヶ原」と呼ばれ、湿地帯であったことを理解する。

④学校の前の道路の2枚の写真（写真2と3）（現在の写真と昭和30年頃の写真）を比べる。都電が走ってることに気付く。川が道路になり、その道路に都電が走るという変化に気付く。

⑤当時の様子を知っている校長先生に話を聞く。「交通の変化⇒都電は昭和44まで走り、その後都バスに変わった。一方、昭和39年に日比谷線が開通すると、一気に便利になる。さらに、東急線との接続でもっと暮らしが便利に！」

⑥学習問題を考える

3年生なので、出来るだけ子どもの世界で学んでもらいたい。今回の単元の導入では、「交差点」「バス停」「川」「道路」という子どもたちが普段目にしている世界から学習が始まっている。この学習が終わったら、改めて自分たちが毎日通っている道路の上に立ち、「ここは川だったんだね。」と学習したことを思い出してくれることだろう。

（大野　俊一）

第9章 4年生の授業づくりと学習Ⅰ

学習活動から生まれる子どもの問いを大切にした水の学習
―自分と水とのつながりを実感していくことから―

1 単元の概要

水は私たちの生活に欠かせないものであり，日常的に利用しているものである。しかし当たり前であるが故に，水が誰によってどこからどのように供給されているのかについて理解している子どもはほとんど見られない。そこで，本単元では様々な学習活動を通して子どもが無意識のままに毎日使っている水を見つめ直し，問いを追究していくことを大切にしようと考えた。

2017年版学習指導要領では，「(2) 人々の健康や生活環境を支える事業…」の内容として，次のような点が記されている。

> ア(ア) 飲料水，電気，ガスを供給する事業は，安全で安定的に供給できるよう進められていることや，地域の人々の健康な生活の維持と向上に役立っていることを理解すること。
> イ(ア) 供給の仕組みや経路，県内外の人々の協力などに着目して，飲料水，電気，ガスの供給のための事業の様子を捉え，それらの事業が果たす役割を考え，表現すること。

ここにもあるように，安全で安定的に供給される水の背景には，様々な人が協力し計画的に事業に取り組んでいることを調べ，考えていくようにすることが大切である。そして社会的事象としての水を追究していくには，日々の生活における自分と水のつながりを調べ，水が生活に欠かせないことを実感していけるようにすることがポイントとなる。そこ

で本実践では，子どもが自分と水とのつながりを見つめ直しながら問いを生み出していく単元の入り口の部分，すなわち学習問題を子どもとともに創り上げていく学習過程に重点を置いて，検討していくこととする。

2 単元計画作成のポイント

本実践では，次の3点に留意しながら単元計画を作成した[*1]。

(1) 子どもが自分と社会的事象とのつながりを実感できるようにする。
(教材・活動選択)

水に関しては，蛇口をひねればいくらでも出てくるという理解をしている子どもが多いという実態が見られた。そこで，日頃当たり前に使っている水がどのようにして確保・安定供給されているかを具体的に理解できるようにするために，一般的な水ではなく，"目の前のこの水"にこだわって追究していくようにした。そのために，子どもたちが共通して利用している学校の水が，どこからどのように来ているかを調査し，実際に水源から学校までの道のりを教師自身が歩いて辿る教材研究に取り組んだ。そして，その中で出会った水の確保・安定供給に携わる人を単元で取り上げるとともに，教師が水を辿る取材の様子も動画などの資料として提示していくようにした。

また，学習活動の工夫として，自分がいつ・どんな用途で水を使用しているかを調べる「水

日記」，学校では誰が・どこで水を使っているかを調べる「水MAP」の活動に取り組むようにした。このように，まずは教材研究と活動研究の両面を充実させることを大切にしたい。

● 図1　自分と水のつながりを見つめ直す水日記

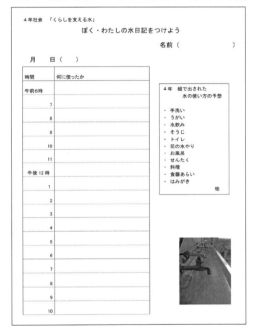

(2) 数や量の実感を伴う学習活動をもとに，子どもが問いを生み出せるようにする。
　　　　　　　　　　　　　　（学習過程）

　学習問題の成立は，子どもの主体的な学びの姿勢と密接につながっている。学習問題をつくっていくには，社会的事象について子ども一人ひとりが問いを持つことが大切である。一方で，本単元の社会的事象である水に関わる内容では様々な数値が出てくるが，実際にその数値を具体的に捉えることは子どもにとって実は難しい。

　そこで，水に関わる数や量を実感的に捉え，子どもが自ら問いを生み出していけるよう，学習活動と資料提示を工夫した。具体的には，次の2点である。第1に，一人ひとりが水日記で調べてきた水の使用用途をシールを使って集計し，「クラスの水日記」という共通資料作りをする学習活動。第2に，水の使用用途として一番多く利用されていた，手洗い1回の水の使用量を計測する体験的な学習活動。この2つの手だてをもとに，子どもが数や量の実感を持ち，「どのくらい〜？」「どうして〜？」などの問いを生み出していけるようにした。

(3) 学習活動を通して見つけたことを振り返り，子どもが思いや考えを十分に表現できるようにする。　　　　（授業づくり）

　学習活動に取り組む中で見つけた気付きや問いは，可視化して表現しないとその場限りのものとなってしまうことも少なくない。そこで，その時間の学びを表現できるようにするために，振り返る視点を明確にしながら書いて表現する時間を毎時間確保するようにした。その際には，振り返りを表現しやすくする工夫をした振り返りシートを使用して，子どもたちが意欲的に表現に向かうことができるように留意した。

3　単元計画

(1) 単元目標

　自分や学校全体が使う水の用途や量について調べることをきっかけに，水が送られてくる経路や水源を確保するための取り組みを具体的に調べることを通して，自分たちのくらしと水が密接に結び付いていることや安全な水を安定供給するための取り組みが広い地域の人々の協力によって計画的に行われていることを理解し，水の使い方について考えることができるようにする。

（2）単元計画（全12時間）

	学習活動（○）　　　内容（・）	資料（資）　手だて（◇）　評価（◆）
1	┌ぼく・わたしはどんな時に水を使っているだろう。┐ ○水をどんな時に使っているか出し合う。 ・自分の生活と水のつながり ○3日間の水日記に取り組む見通しを持つ。 ・水日記の取り組み方	（資）水を使っている時の写真 ◇水をどんな時に使っているかを想起できるよう出された意見を分類しながら板書するようにしていく。 ◆【知】自分が使う水の用途について関心を持ち，どんな時に水を使うか分かっている。
2	┌3日間の水日記に取り組んでみて…。┐ ○グループごとにホワイトボードに書きながら調べてきたことを聞き合う。 ・いつ，どんな場面で水を使っているかの実際 ○学校全体では，誰がどんな時に使っているのか調べる見通しを持つ。 ・インタビュー調査の方法，役割分担	（資）一日の時間の流れと水の使用の表 　　　　　　　　　（子どもとともに作成） （資）校内地図 ◇子どもが自らインタビュー調査をできるよう，事前に給食室・事務室などにお願いをしておく。 ◆【態】学校全体の水の量を予想し，調べていこうとしている。
3	┌学校ではどんなことに水を使っているのだろう。水マップをつくろう。┐ ○学校全体での水の使い方について調べてきたことを水マップにまとめる。 ・いつ，どんな場面で水を使っているかの実際	（資）校内地図 ◇担当場所を決め，協力して水マップを作ることができるようにする。 ◆【技】学校の水の使用箇所を協力して調べ，校内地図に正確に書き込んでいる。
4 本時	○学校の水マップを完成させ，気付いたことを出し合う。 ・学校における水の使用用途 ・水と生活のかかわり ┌一回の手洗いで水をどのくらい使っているのだろうか。┐ ○手洗い体験を通して，水をどれくらい使っているかを計測し，さらに話し合う。 ・一回の手洗いに使う水の量 ・クラス，学校全体の児童が一回の手洗いに使う量	（資）自分たちでつくった学校水マップ （資）手洗い一回で使う水の量（ペットボトル） ◇水マップの中で一番多い手洗いに着目することで，用途から水の使用量の視点へと自然に移ることができるようにする。 ◇活動経験や資料をもとにして自分の気になることを表現させ，それをもとにクラスの学習問題をつくる学び方も学ぶようにする。 ◆【思】水の使用量と生活とのつながりを理解しながら，問いを表現し，学習問題を考えている。
5	┌くらしを支えるこの水はどこからくるか調べよう。┐ ○資料をもとに，大まかな水の経路を調べ，はっきりしない部分を見つける。 ・水道管，導水管は地下に埋まっていること ・水は，高いところから低いところへ流れること ・横浜市の水源経路 ・平楽配水池，西谷浄水場の役割	（資）横浜市にくる水の経路地図 （資）給水管，導水管の太さ （資）学区の水道管地図 ◇水道管や導水管の大きさ，埋設を具体的にイメージできるようにしながら，資料を読み取るようにする。 ◆【技】学校の水が送られてくる経路を資料をもとに読み取っている。
6	┌西谷浄水場では，どのように水をつくっているか。┐ ○浄水場の働きについて調べる。 ・給水と浄水の働き ・24時間体制での管理	（資）西谷浄水場の様子 （資）副読本「よこはまの水道」 ◆【知】西谷浄水場の働きについて，安心な水を安定的に供給するために計画的に進められていることが分かっている。

7	横浜市水道局による出張授業。 ○【出前授業】浄水場の働きについて水質実験を通して理解する。 ・浄水場の働き，水質検査と働く人のこだわり	（資）水源涵養林の働き（実験） 　　　沈でん池における凝固作用（実験） ◇実験の様子や結果と，実際の浄水や凝固の様子とをつなげてとらえられるようにする。 ◆【技】実験を通して調べたことから必要な情報を選んで，ノートにまとめている。
8	安全で安心な水はどのような人たちのどんな働きによって支えられているのだろう。 ○それぞれの場所で水の安定供給を支える人の働きとくらしのつながりについて関連付けて考える。 ・ダムによる水量の調整，台風時の対応 ・道志水源林を守る取り組み	（資）水源涵養林のＡさん，沈でん池のＢさん ◇広い地域において様々な人が協力しながら水を確保していることを捉えるようにする。 ◆【思】水の確保にかかわる取組が地域の人々の健康な生活や良好な生活環境の維持と向上に役立っていることを，自分たちの生活と関連付けて考え，適切に表現している。
9	でも，水が地震で止まったらどうなるのだろう。 ○熊本地震の上水道に関する記事をもとに，災害時の水の確保について予想し，調べる見通しを持つ。 ○横浜では緊急給水栓，災害用地下給水タンクの整備が進んでいることを調べる。 ・横浜市内の災害対策 ・小学校にある災害用地下給水タンク	（資）熊本地震の新聞記事 （資）中区の災害時給水マップ （資）地下給水タンクの使い方マニュアル ◇水が止まってしまうことはあり得ると実感できるようにする。また，断水時における人々の悩みや困窮を共感的に捉えるようにする。 ◆【態】地域社会の一員として水の節水や災害時の水の確保などの取組への協力の大切さについて考えようとしている。
10	横浜市水道局による出張授業。 ○地下給水タンクを開栓する実際を観察する。 ・災害時には，地域住民が操作する必要があること ・給水タンクの水だけでは不足すること ・一人３日間で９リットルが必要。保護者にインタビューしてくること	（資）水道局Ｃさんの話 ◇横浜市としての対策とともに，市民として一人ひとりが災害に備える大切さを一日に必要な水の量をもとにしながら考えるようにする。 ◆【知】災害時における水の確保に関わる対策や，事業が横浜市によって計画的に進められていることが分かっている。
11	では，実際に３日間で一人９リットルの備えはなされているのだろうか。 ○調べてきたことを聞き合い，さらなる調査が必要か話し合う。 ・必要な水はほとんど準備されていないという事実 ・学校の先生や地域の人にインタビューすること ・９リットルを準備することは，水道局の仕事を復旧に専念させることにつながること。	（資）水道局Ｃさんの話 ◇聞き取り調査してきたことの結果から，次なる動きを生み出していけるようにする（追加調査の必要性，もしくは自分たちにできること）。 ◆【技】調べたことから必要な情報を選び，表にまとめ，さらに調べたいことや考えたいことを見つけている。
12	いざという時の水をみんなが備えるために，自分たちに今行動できることを考えよう。 ○災害時の水の確保について考え，自分たちにできることを考え話し合う。 ・日頃から節水する生活を心がけること ・災害時に備えること	◇自分のくらしを見つめ直し，一人ひとりの選択・判断につなげるようにする。 ◆【態】地域社会の一員として水の節水や災害時の水の確保などの取組への協力の大切さについて自分にできることを考えている。

4 指導・評価のポイント

単元計画作成のポイントにあげた3点が実際どのような様相であったか、学習指導の実際、子どもたちの姿をもとに指導・評価のポイントを抽出して記述する。

(1) 水日記の活動を通して、暮らしの中の"この水"と自分のつながりを実感する

第1時では、まずはどんな時に水を使っているか出し合うところから単元を始めた。自分たちの生活場面は想起しやすく、多くの発言が見られた。

そして、実際のところはどうか調べるために水日記の活動に取り組むこととなった。子どもたちは、水日記の活動を通して「一日の中でこんなに使っているんだ。」と、水を様々な用途で使用する自分に気付くことができたようである。ここでは、学習活動を通して、水を視点に生活と向き合うように展開したことがポイントである。

(2) 調査活動をもとに作った「自分たちの資料」を通して問いを生み出す

第2時では、それぞれが水日記で調べてきたことをクラス全員で集め、「クラスの水日記（5月31日）」として資料作りに取り組んだ。ここでは、使用用途をシールで色分けするなど集計の仕方を学級で確認し、切り分けた模造紙シートにグループごとに貼っていくようにした。これにより、自分たちの資料「クラスの水日記（5月31日）」を作り上げることができた。「わたしたちのクラスでは、一番手洗いに水を使っているね。」「じゃあ、学校全体ではどうなのかな。」など、子どもたちは自分たちで作った資料を読み取ることを通して、水についての問いをさらに広げていった。

このように、資料は自分たちの調査活動を通して創り上げていくことも大切なポイントである。その後、子どもたちはさらにどこで誰が水を使っているのかを調べようと、学校の「水MAP」という資料作りにも取り組んでいった。

(3) 振り返りの積み重ねが主体的な学習者としての自覚と多様な表現を育む

毎時間の学習活動の後には、振り返りの時間を確保するようにした。そこでは、振り返る視点を教師が投げかけたり、子どもが自分で選んだりしながら振り返りシートに書いていった。図2は、使用した振り返りシートの実際である[*2]。

●図2　振り返りカードで問いを表現する

中央上には、「考えたこと」「気になること」「〇〇さんの～という意見で」など、振り返りの際の言葉を例示している。実際、子どもが問いを持つことを主眼とする第3時には、「今日の振り返りは、気になることを中心に書いてみよう。」などと声をかけ、視点を例示するようにした。学習内容と振り返りを適切につなげることにより、子どもは振り返りが書きやすくなり、教師は学習状況を評価しやすくなるので、連続的で発展性のある次時の学習指導を想定することができる。また、第7時以降では、水の安定供給を支える人々の営み（水源涵養林を守るAさん、沈殿池のBさん、水道局のCさん）に学んだが、そこでは働く人の具体的な言葉から考えたことを書くようにした。例えば、第10時では水道局のCさんによる「水道水は命の水。水道管を管理し、

水を十分届けたいが，特に災害時には足りなくなる。市民の皆様にも備えてもらいたい。」という言葉をもとに，考えたことを書くようにしていった。それにより，安定供給を支える人々の仕事に焦点化できたと同時に，自然な流れで水の使い道や水の備えについて，子どもたちは，自分たちにもできることはないかと選択・判断していこうとする姿にもつながっていた。

5 授業の山場

（1）本時（第4時）の目標

学校の人々が使う水の用途について調べてきたことを聞き合い，一回の手洗いにどれくらいの水の量を使っているかさらに調べることを通して，量を実感しながら生活の様々な場面で水がたくさん使われていることを考え，これから追究していきたいことの見通しを持つことができるようにする（79ページ参照）。

（2）本時の展開

本単元における授業の山場は，学習問題をつくり上げる第4時である。この時間は，前時に自分たちで調査し資料化した学校の水マップを見ながら，自分の考えを発表するところから始まっていった。「4年2組は手洗い・水飲み・トイレが多かったけど，学校全体で見ても多い。」

「私たちは，給食室の水道の数を昨日調べてきました。水道の数は全部で43個で，水の水道が32個，お湯の水道が11個でした。」授業冒頭は，このような「水MAP」の資料を読解しての発言や，授業と授業の間に調べてきたことについての発言が続いていった。これは，第3時まで敢えて話し合う活動をせず，振り返りシートに自分の気付きや考えをためていくようにしていたので，子どもたちは学習活動を通して生まれた気付きや考えを早く発表したいと心待ちにしていたからであった。話し合いの場面を単元の中で明確にすることは大切なポイントである。

次に，A児とB児による個人調べの調査結果の共有へと進んだ。二人は，一回の手洗いにおいて水がどれだけ使用されているかについて疑問を持ち，授業前に水を計測する調査活動に教師の支援を受けながら取り組んでいた。この時間には，A児とB児による手洗いの様子を事前撮影した動画で見るようにし，実際に使った水を教室へと持ってくるようにした。また，たらいに残った手洗い使用水を漏斗を使って2Lペットボトルに移し替えていくようにした。「どれくらい使っているか，まずは予想してみよう。」と教師が投げかけると，「300ml！」「いや700mlだよ！」など，子どもたちは口々に予想した。予想をしてから調査結果を明らかにしていくことで，子どもたちの注目がより高まっているのである。

実際に手洗いの水を計量していくと，予想とは大きく違って約2L，3Lという二つの結果となり，「ええ！こんなに！」と驚きの声があがった。

そこで，このタイミングをとらえ，気付いたことを話し合うようにした。写真1は本時の板書である。

● 写真1 子どもの問いを板書で見えるようにし，学習問題につなげる

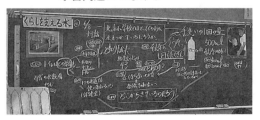

「一人分でこんなに使うのはすごいけど，でも水の量がなくなったりしないの。」

「なくなるよ！」

「いや，なくならないよ！」

「そもそも，学校の全部の階の蛇口を合わせたら，一人分で約2L使うから，いろんな人が一斉にやるとどのぐらい水が使われるのだろう。」

このように，二人の調査活動の発表を受けて，子どもたちは様々な問いを生み出し，話し合いがさらに活発化した。ここでは，子どものつぶやきまでを含めた発言を聴くこと，そしてそれを情意面も含めて板書することに徹するようにした。本時までに取り組んできた水日記や水MAPの学習活動，そして二人の手洗い水の調査結果の共有を通して，いよいよ問いがあふれてくる時間であると判断したからである。実際，子どもたちの思いが多様な形で表れていた。そして問いをつなぎ合い，クラスの学習問題へと結んでいくようにしていった。

この後，「水はどうしてなくならないのかなという意見につながって，水はどこから来ているの，ではないかなと思う。」という発言を受けて，「この水はどこからどのようにきているのだろう。」という，クラスで追究していく学習問題を創り上げることができた。

このように，教師は安易に学習課題を与えるのではなく，学習活動を通して子どもの問いが醸成され学習問題が生まれていくように支えることが大切である。勿論，このような展開は毎単元では難しいかもしれないが，「学習問題は生まれるもの」という信念を教師が持ち続けることが大切なのではないだろうか。

（3）おわりに

本実践では，目の前の"この水"にこだわりながら，水日記や学校の水MAPなど，自分と水とのかかわりを見つめ直す学習活動に取り組むことで，子どもが社会的事象としての水について様々な問いを持てるようにしていった。そして，調査活動の結果を共有し話し合う中で，さらに問いが生まれ，クラスの学習問題を創り上げることができた。子どもたちの追究意欲は学習問題をつくった後も続き，水の安定供給を支える仕組みや人の営みにも具体的に迫ることにもつながった[3]。このように，子どもが社会的事象と自分とのつながりを実感し，問いを自ら生み出していくことができるようにすることが問題解決的な学びを創る上で大切になる。今後も，さらなる実践研究に取り組みたい。

（近藤　真）

79ページ「座席表指導案」に関して

個が生きる授業展開に向けて，座席表指導案を作成して授業を実践した。「この子がこの場面で力を発揮するために…」と，個の学び，つながり，授業展開を総合的に構想することを大切にしている。

〈注〉

[1]　本実践は前任の横浜市公立小学校でのものである。

[2]　詳しくは，拙稿「学びの自覚につなぐ社会科学習ノートの実践」『小学社会通信「まなびと」2018年秋号』教育出版

[3]　本稿で描ききれなかった部分は，横浜市小学校社会科研究会研究紀要（平成28年度）に，より詳細な分析記録が記載されている。

座席表指導案（当日案）

指導者：近藤　真

本時目標　学校の人々が使う水の用途について調べてきたことを発表し、手洗いにどれくらいの水の量を使っているかをさらに調べることを通して、量を実感しながら生活とのつながりを理解し、問いを表現し、学習問題を考えて様々な場面で水がたくさん使われていることに追究していくことの見通しをもつことができるようにする。

評価規準
◆水の量を実感し生活とのつながりを理解している。[思・判・表]

○北方小学校では、どこでどのように水を使っているだろう

○学校の水マップから気付いたことを出し合う。
・1年生と6年生を比べると、絵の具や家庭科など水の使い方が違う。
・給食室のこと、気になって調べてきたよ。資料も、もらったよ。
・手洗いそうじのパスなど、みんな一緒だね。
※水マップの中で一番手洗いに着目することで、用途からの水の量の視点へと自然に移ることができるようにする。

★学校の水マップ（自分たちで作成）

○2児の手洗い調べについての発言をきっかけとして、手洗いの水の量をペットボトルに移しかえて計測する。
映像視聴し、手洗いの映像資料を視聴し、手洗いの水の量をペットボトルに移しかえて計測する。
・一回の手洗いに水をどれくらい使っているのか多い!
・一回の手洗いで2リットル。思ったより多い!
・クラスみんなの量を足してみると、60リットル!
・えー!じゃあ、学校では……計算してみたい!
・一回の手洗いでたくさん。水バケツにあるようにもらうとく……

★2児の手洗い（映像、実際の水）
★クラス全体の手洗い　水の量

※学級全体の水の量を子ども計算したくなると考えられる。その際、60リットルは目に見えづらいので、実物の2リットルペットボトル（印刷したもの）を準備しておき、紙に貼ってながら確認する。

○手洗いの水の量をもとに考えたことを書いて、さらに話し合いながら次時の追究の見通しをもつ。
・こんなにたくさん水を使って、なくならないのかな。
・こんなにたくさんの水は、どこから来ているのかな。
・たぶん、地下から来ているんじゃないかな。
・こんなにたくさんの水はどこから来ているのかを調べてみたい。

○次時のたしかめをする。

座席表について
①前時までの姿で
②教師の願い
③本時の手だて

第10章 4年生の授業づくりと学習Ⅱ

相互関係に着目して
県内の地域の特色を考える学習
—歴史的なまち並みを守り，活かしているまち「香取市佐原」を取り上げて—

1 単元の概要

　私たちの生活は，目に見えているものだけで成り立っているわけではない。目には見えなくとも，人と人との関係の中で成り立っているということは少なくない。

　2017年版学習指導要領には，第4学年の内容（5）で身に付けるべき知識及び技能，思考力・判断力・表現力が次のように示されている。

> ア−（ア）　県内の特色ある地域では，人々が協力し，特色あるまちづくりや観光などの産業の発展に努めていることを理解すること。
> イ−（ア）　特色ある地域の位置や自然環境，人々の活動や産業の歴史的背景，人々の協力関係などに着目して，地域の様子を捉え，それらの特色を考え，表現すること。

　この内容については，『学習指導要領解説・社会編』に示されているように県内の特色ある地域を学習する。自分の住んでいる地域と比べ，県内には色々な特色のある地域があるということを理解するとともに，第4学年の目標（3）を踏まえ，自分の住んでいる県に愛着や誇りをもたせられるようにすることが大切である。4年生にとって，県内の特色ある地域を学んでいく中で，「地域にあるものを大切にしてまちづくりをしている」ということは容易に想像がつくであろう。しかし，まちづくりには立場の異なる人々がそれぞれの思いで，それに伴う工夫をしながら相互に関わ

っている。地域の資源の保護・活用を取り上げる本単元では，「特色ある地域の位置や自然環境，人々の活動や産業の歴史的背景，人々の協力関係などに着目して……表現する」ことが求められる。県内の地域の特色を考えていく際には，特にどのようなつながりがあるかなど，協力や関連といった相互関係を問う視点から学習問題を設定して調べていくことが大切な単元である。

　解説によると，内容（5）の取扱いでは，地域の資源を保護・活用している地域について，自然環境，伝統的な文化のいずれかを選択するとあり，具体的には，自然の風景や歴史的景観，文化財や年中行事などを指している。

　本単元では，香取市の佐原地区の歴史的景観を中心に扱う。この地区は平成8年12月に国から重要伝統的建造物群保存地区に指定され，一見すると，この地域には歴史ある建造物やまち並み，祭りなどが脈々と受け継がれてきたように見える。

　しかし，佐原で古いまち並みを大切にしていこうと人々が動き始めたのは平成元年になってからである。それまでの佐原は，地域の経済活動の変化や交通網の発達などにより，商業は衰退の一途をたどっていた。

　そこで，地域の景観や祭りなどを保護・活用しながら特色あるまちづくりを行い，地域経済の活性化を図る1つの取り組みとして観光に力を入れるようになってきた。観光のまちとして認識されるようになった香取市佐原のまちだが，伝統的なまち並みを活用しよう

と考えたのは，佐原のまちに誇りをもってほしいという人づくりへの願いがきっかけであった。市や地域の方々が活動を続けていく中で，それぞれの願いが一致していき，異なる立場の方々が協力して，地域の資源である歴史的景観を保護・活用してきた姿を中心に取り上げ，追究していく単元づくりをめざす。

2 単元計画作成のポイント

本単元では，香取市佐原の歴史あるまち並みを教材として，人と人とのつながりが捉えられるように，次のような手立てを講じて学習を進めていくようにした。

（1）インタビュー記録を活かした調べ学習

本単元では，伝統的な文化を保護・活用する活動に取り組んでいる具体的な人の姿を通して，様々な立場の人々が，まち並みの保護・活用に向けて協力してきたことを理解できる

ようにする。そこで，保護・活用するための活動に取り組んでいる人々の顔写真などを見せることで，児童の興味関心を高めていく。

また，インタビュー映像や電話，メールなどによる回答を記録し，資料として提示するようにした。

実際に活動している人々の顔を見たり，声を聞いたりすることで，文字資料と見聞きしたことがつながり，「この人の言っていたことはこういうことだったんだ」という実感を伴った理解につながっていくと考えた。

（2）相互関係を意識した活動年表の作成

まちづくりは一朝一夕でできるものではない。下に示した年表を読み取っていくことで，立場の違う人々がそれぞれの活動に取り組んできた様子を理解する。その後，伝統的な文化を保護・活用する取り組みを行ってきた人々の活動を年表にまとめることで，時間の経過に着目し，市役所が始めた取り組みに市民（関

●年表　市や町の人々の取り組み

年	町の人のできごと
1973年	国による町並み調査が行われる
1991年	・町の人によって「小野川と佐原の町並みを考える会」ができる ・町の人による建物調査をする ・古い建物を残すための勉強会を開く
1992年	『町並み保存計画書』を市長に提出する
1996年	国から「重要伝統的建造物群保存地区」に指定される
2005年	佐原の町並みを観光客が見られるように公開する
2006年	・佐原町並み交流館の管理を「小野川と佐原の町並みを考える会」がするようになる ・『小江戸佐原の骨とう市』を始める
2008年	観光に便利なボンネットバスを始める
2009年	・全国町並みゼミ佐原・成田大会を開く ・DVD『町はぼくらの宝物』を制作する
2014年	三菱銀行佐原支店旧本館100周年・佐原町並み交流館10周年記念事業をする

年	市のできごと
1973年	国による町並み調査が行われる
1989年	古いまちなみのシンボル：三菱銀行佐原支店旧本館が市にゆずられる 市役所の人によって、『地域づくり研究会』ができる
1990年	市役所の人とまちの人によって、『まちづくりを語り合う場』ができる
1992年	市の「佐原地区町並み形成基本計画」ができ、町並みについて方針が決まる
1994年	市の「佐原市歴史的景観条例」ができ、町並みについて決まりができる
1996年	国から「重要伝統的建造物群保存地区」に指定される
2006年	観光客が来る佐原町並み交流館の管理をまちの人でつくった「小野川と佐原の町並みを考える会」にお願いする
2014年	三菱銀行佐原支店旧本館100周年・佐原町並み交流館10周年記念事業をする

係団体）が協力するようになってきたこと，今では市民と市役所がともに取り組んでいることなど，取り組みへの姿勢がそれぞれの立場で変化していったことを読み取ることができるようにする。

また，協力関係・関連に着目し，市と町の人々の2つの年表をまとめていくことで，活動の開始時期が違うことや，活動が進むにつれて香取市の願いと市民の願いが一致してきたことを読み取るとともに，人々の協力・関わりが香取市のまちづくりに大きな影響を与えていることに気付くことができるようにする。

（3）児童の住む地域と比較する場面の設定

児童の住む我孫子市は，現在ベッドタウンとなっているが，まちとしての歴史は古い。しかし，市と住民が歴史的景観を積極的に保護・活用しているとは言えない。香取市と比較すると，同じ県北部に位置し，利根川沿いには田畑が広がっており，共通点もある両市だが，まち並みは大いに異なる。学習を進め，相互関係に着目していく中で，自分たちの住む我孫子市の特色や将来に目を向けられるようにしていく。

3 単元計画

（1）単元の目標

◎歴史的景観などを保護・活用している香取市について，市の位置やまちの変化とその背景，人々の協力関係などに着目して，聞き取り調査をしたり地図などの資料を活用したりして調べる。調査内容を年表などに表現して，地域の資源を生かした香取市のまちづくりと人々の願いや活動を関連付けて考える。

◯歴史あるまち並みを保護・活用している香取市について学習問題を意欲的に追究し，県内の特色あるまちづくりや観光などの産業の発展の様子について考えている。

（2）指導計画（9時間扱い）

	主な学習活動・児童の反応	◇指導支援 ※評価の観点 ■主な資料
〈第一次〉2時間	千葉県には，古い建物がどのようなところに広がっているだろうか。	
	◯写真や地図を基に，千葉県内を概観し，歴史のある建物や史跡が残る地域を調べる。 ・県内に歴史のある建物や史跡は多くあることがわかった。 ◯成田市と香取市の歴史のある建物やその様子について比べる。 ・香取市にはとくに古い建物がまち並みとして残っている。	■地図：千葉県全図 ■写真：県内の歴史のある建物や史跡（館山市・成田市・流山市・佐倉市等） ◇自分たちのくらす我孫子市と比べながら，歴史のある建物や史跡が残る地域の位置やその様子をおさえる。 ■写真：香取市のまち並みの様子（重要伝統的建造物群保存地区） ※歴史のあるまち並みについて進んで調べようとしている。
	香取市には，どのように古い建物が広がっているのだろうか。	
	◯香取市のまち並みの様子に着目し，今と昔のまち並みを比べて気付いたことを発表する。 ・佐原地区の広い範囲に広がっている。	■写真：昭和50年代の香取市のまち並み ◇資料を読み取る観点を示し，時間の経過とともにまち並みの様子が変化していることをつかませる。

・昔は建物の雰囲気がそろっていないけれど，今はきれいにそろっている。	■写真：香取市のまち並みと観光客 （観光客が小野川を船で遊覧する様子）
香取市佐原では，だれがどのようにまち並みを守り，活用してきたのだろう。	
○学習問題に対する予想を基に学習計画を立てる。 ・まちの人　・市長（市役所） ・税金で直しているのではないか。	※香取市佐原のまち並みについて調べる学習計画を立てようとしている。

〈第二次〉5時間	市役所では，どのようにまち並みを守り，活用してきたのだろうか。	
	○香取市役所都市整備課の活動を調べる。 ・香取市には，古いまち並みを守るためのルールがある。	■年表：市役所の活動年表 ■文章：香取市景観条例 ※市役所の方が活動してきた様子を理解することができる。
	市役所の方は，どのような思いでまち並みを守り，活用してきたのだろうか。	
	○香取市役所都市整備課の方のインタビューを聞く。 ・都市整備課まち並み班の方は，まちを元気にしたいという思いで活動している。	■動画：香取市役所都市整備課住宅・まちなみ班の方 ※市役所の方のまちづくりへの思いを理解することができる。
	まちの方は，どのようにまち並みを守り，活用してきたのだろうか。	
	○NPO法人小野川と佐原のまち並みを考える会の活動を調べる。 ・まちの方は観光に力を入れて活動に取り組んできた。	■年表：NPO法人小野川と佐原のまち並みを考える会活動年表 ■写真：小野川清掃や観光ガイド ※まちの方が活動してきた様子を理解することができる。
	まちの方は，どのような思いでまち並みを守り，活用してきたのだろうか。	
	○NPO法人小野川と佐原のまち並みを考える会の方のインタビューを聞く。 ・まちを元気にしていきたいという気持ちがあった。	■動画：NPO法人小野川と佐原のまち並みを考える会の方 ※まちの方のまちづくりへの思いを理解することができる。
	まちの方は，どのような思いでDVDを作ったのだろうか。	
	○NPO法人小野川と佐原のまち並みを考える会が作成したDVDを見る。 ・貴重なまち並みだからこそ，きれいに整備して守ってきた。	■動画：DVD「町はぼくらの宝物」 ※まちの方のまちづくりへの思いを理解することができる。
〈第三次〉2時間	香取市佐原では，だれがどのようにまち並みを守り，活用してきたのだろうか。	
	○香取市や市民がまち並みを保存するために取り組んできたことを，年表にまとめる。	■年表：市民と市役所の活動年表 ※市民と市役所の活動を年表にまとめることができる。
	○香取市のまちづくりの特色について話し合い，学習問題に対する自分の考えをまとめる。（本時） ・まとめた年表から，香取市と市民が一緒になって，まち並みを活かしたまちづくりに取り組んできたことがわかった。	◇それぞれの立場で，香取市を元気にしたいという願いは一緒であり，まちづくりに協力して取り組んできたことに気付かせる。 ※まち並みの保護・活用に取り組んできた方たちの思いを基に，香取市のまちづくりの特色を考えることができる。

4 指導・評価のポイント

　第1時では，千葉県全体を概観する。写真などの資料を提示し，古い建物を保存している地域はいくつか見られるものの，香取市はまち並み全体を保護していることに気付くことができるようにする。この際，建物や通り，人の様子などの資料を見るポイントを整理することで，第2時以降でも資料を見るポイントを捉えやすくした。県内には古い建物をとても大切にしているところがある，特に佐原には多く残っているということを理解するとともに，自分たちの住んでいる地域のまち並みと比較することで「なぜ佐原に古いまち並みが残っているのか」という問いをもたせることが大切である。

　そして，第2時は香取市佐原でまち並みが整備されていない頃と現在の写真などを比較することで，古く見えるまち並みが単純に古いものではないことを理解し，「だれがどうやって整備したりガイドをしたりしているのか」という問いをもったり，「佐原を知らない人に残してみせたいんじゃないか」「今の人にすごさを知ってもらいたいんじゃないか」という予想を立てたりして，人と人とのつながりが捉えられるように学習計画を立てる。

　第3～7時には，市や町の人々がそれぞれ取り組んできたことを資料から調べることで，「だれがどうやって整備したりガイドをしたりしているのか」という問いを追究していく。

　「市役所や町の方が取り組んでいるのではないか」と予想を立てていたので，香取市役所の方や，NPO小野川と佐原の町並みを考える会の方のインタビュー資料や写真などの資料を中心に調べた。市役所と町の人の取り組みを調べていく際は，インタビュー（動画）資料から市役所や町の方がまち並みを守ってきた経緯を捉えられるようにした。

　実際に活動し始めた当初から関わっている方の話から，まちづくりへの取り組みの変化や佐原の町に対する誇りや愛着の深化，さらに，活動年表を調べることで，長い時間をかけてまち並みを整備してきたことや町の人がまちを守る取り組みを続けてきたことなどを時間の経過に着目して理解できるようにした。

　また，それぞれの取り組みを調べていく中で，児童は徐々に「市役所の方と町の方が協力しないとこのような取り組みはできないのではないか」という予想に近い疑問を持つようになっていく。この疑問を持っている状態で異なる立場の取り組みを調べていくことで，市役所や市民などの協力関係に着目して年表を読み取れるようにすることが大切である。

●写真　佐原のまち並み
　　　（景観整備前（上）と整備後（下））

（香取市役所提供）

第2部　小学校社会科の授業づくり —学習指導の専門性（基礎編）—

第8時では，市役所と町の方それぞれの年表を1つの年表にまとめさせることで，それぞれの活動の経緯や協力関係を理解しているか評価する。まとめ終わった児童から，活動内容の共通点や相違点，市と町の方との関わりに着目し，年表を見直させる。立場の異なる方々が相互に関わり合ってきたことや協力して活動を続けてきたことに気付けるようにすることがねらいである。

5　授業の山場

（1）本時（9／9）の目標

歴史的なまち並みの保護・活用に取り組んできた方たちの思いを基に，香取市のまちづくりにはどのような特色があるかを考えることができる。

（2）授業の展開

まず，前時に作成した年表を学級全体で整理した。この時，授業者が留意したのは，協力や関わりといった相互関係の視点に着目させることである。完成した年表から，児童か

● 第9時の展開案

主な学習活動・児童の反応	◇指導支援　※評価の観点　■主な資料
香取市佐原では，だれがどのようにまち並みを守り，活用してきたのだろうか。	
○作成した二つの年表から，市や人々の取り組みを整理する。 ・年表にまとめると，香取市と市民とが一緒になって，まち並みをいかしたまちづくりに取り組んできたことがわかる。 ・活動を始めた時期が違います。市役所の方は，早くから話し合っていた。 ・まち並み交流館の管理は，市からまちの方にかわっている。 ・計画を立てるのは，まちをよりよくしたいからだったと思う。 ○インタビュー資料から読み取ったことをふり返る。 ・市役所の方もまちの方も，まちを守りたい，まちを元気にしたいという思いは一緒だった。 ・まち並みを直すことで観光客が増え，まちが元気になると思う。観光客が増えれば，お店を開く方もいるから，まちの人が増え，元気になると思う。 ○香取市佐原のまちづくりについて「だれが」「どのように」取り組んでいたかを中心に，ノートに自分の考えを書く。	■年表：市民と市役所の活動年表（子どもの作品） ◇年表をもとに，市やまちの方のそれぞれの活動を見比べ，相違点や共通点から整理させる。 ◇掲示物を用意しておき，どのような活動だったかふり返ることができるようにする。 ◇発言を整理して，全体からどのようなことが言えるのか考えられるように，グループやペアで話す時間を確保する。 ■写真：香取市役所都市整備課住宅・まち並み班の方，NPO法人小野川と佐原のまち並みを考える会の方 ◇市やまちの方のそれぞれの思いを，相違点や共通点から整理する。 ◇「元気にしたい」などの思いがどのような活動とつながっているのか関連付けられるような発言を促す。 ◇学習問題に対する自分の考えのほかに，学習を通してわかったこと・感じたこと・疑問に思ったことなどを書くように伝える。 ※まち並みの保護・活用に取り組んできた方たちの思いと活動を関連付け，香取市のまちづくりの特色について記述することができる。
香取市では，市役所と市民などがそれぞれの立場から協力して活動し，歴史あるまち並みを守ってきた。守ってきたまち並みを多くの観光客に見に来てもらい，町を元気にしていこうという思いでまちづくりをしている。	

85

らは「話し合う場が，市役所の方が開いた会から市役所や市民の方々に変わって，町の方の会になった」「市がお願いして町の方が交流館を管理するようになった」「100周年を一緒にお祝いしている」と発言があった。市とまちの方々が協力しているということに気付いていることがわかる。

　発表されたことに言葉としては気づいているが知識として相互関係が理解できていない児童がいた。そこで，関係する知識の意味や背景について子ども達に切り返し，詳しく説明させた。すると，「語り合う場や考える会などはまちづくりについて意見を言う会なので，町の方が中心になっていった」「まち並みを守ってきた記念の会だから市の方も町の方も一緒にお祝いしている」といった発言があがった。このような発言から，時間の経過に着目しつつ，市と町の方の関わりが変化してきたことや，協力してきたからこそ記念事業を迎えられていることを捉えていることがわかる。また，視覚的に捉えやすい年表に表したことや前時に市と町の方々の活動について共通点や相違点を意識させたことで，市役所や町の方が一緒に活動していることに気付くことはもちろん，相互に計画を立て，それぞれの立場で実行してきたことに気付くことができた。

　市と町の方々とが互いに関わりを持ったり，協力してきたりしたからこそ歴史のあるまち並みが守られてきた。さらに守られてきたからこそ活用することができてきたことに共感的に迫れるように，どんな思いからこのように活動してきたのかと発問し，児童がインタビュー資料から読み取ったことに立ち返らせることにした。この段階で，活動の相互関係は概ね捉えられているが，それぞれ異なる立場の方の思いが一致し，活動につながっているという関わりについての視点が不十分だと考えたからである。児童には，インタビュー資料を読み取った際のノート記述から，市役所の方・町の方それぞれがどんな思いで活動に取り組んできたかを発表させた。

　発表された意見から，共通点や相違点に目を向けさせた。児童は「まちを元気にしたい」という言葉から，まとめた活動年表を見直した。まちを元気にするためにまち並みに沿って流れる小野川を市と町の方々が一緒に清掃したり，市と町の方々が歩み寄って歴史のある建物を直したりしてまちづくりに取り組んできたことを改めて理解することができた。

　インタビュー資料を通して，「思いが似ている」「思いは一緒」という発言があがった。さらに，まちを元気にするために，まちづくりをしてきたことで人が増え，市役所の方から伺った「人づくり」にもつながっていると考

●時間の経過の中で，市とまちの人々の関わりが変化していることに気付かせる

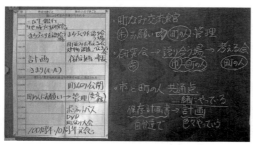

●インタビュー資料に立ち戻り，まちづくりに関わる人々の思いの共通点を捉えさせる

えた児童もいた。協力という視点から，思いと行動とが関連している様子を捉えることができた。

これらの学習活動を通して，最後に本単元でわかったことを学習問題に照らし合わせて，「だれが」「どのようにして」まち並みを守り，活用してきたのかということをノートにまとめさせた。その際，学習を通して自分が考えたこと，感じたことも記述させた。

> A児のノート記述
> 　市の人とまちの人は一緒に協力していろいろなことをしている。さらに佐原を守りたい，まちを元気にしたいという思いでやっている。
> 　この学習を通して，佐原は，市の人，そして，まちの人に支えられているということがわかった。

A児は，相互関係に着目してきたことで，市の方とまちの方について，佐原に対する同じ思いが活動につながっていることに気付き，佐原のまちづくりの特色である協力関係についてまとめることができた。

> B児のノート記述
> 　私は，この学習で市の人，まちの人（考える会，まち並みボランティア）は，みんな佐原の町のことで思っていることは同じ。市の人は，観光客に佐原のまち並みをもっと知ってほしい，まちを元気にしたい，それにまちを守りたいととてもいいことを考えているなと思い，まちの人は，住みやすいまちにしたい，理解してもらえるまちにしたい，まちを守りたいとすごくいい発言をしていて，それに市の人とまちの人は，まちを守りたいという同じことを言っているので，この町はすごいなと思いました。

さらに，B児は，市やまちの方がそれぞれ同じことを発言していたことや，校外学習で佐原のまちを訪れた経験から，人と人との強いつながりを感じ，佐原のまちづくりに価値を見出している。B児は，人々が協力して特色あるまちづくりを行ってきたことを自分なりに評価している。また，「佐原の人たちは古い建物を残したいという思いがとっても強くなっている」と記述した児童もいた。時間の経過の中で，思いが変化してきたと考えた児童がいた。

また，「自分の市も，自分たちでみがきあげたいなと思った」「我孫子でもこんな工夫をしてどこよりもいいまちにしたいと思った」といった内容の記述も多く見られた。着目する視点を明確に示したり，学習活動の中で比較したり，関連付けたりして考えさせてきたことで，自分たちの住むまちについて考えることができた。このことにより，千葉県や自分達の住む地域社会に対する誇りや愛着，地域社会の一員としての自覚が養われたと考えられる。

（3）授業を終えて

今回，本単元を歴史的なまち並みに特化して実践してきた。児童の実態を鑑み，市役所と町の方々の協力関係が捉えやすいと考えたからである。しかし，多岐にわたる協力関係を捉えられる機会を設定することができなかった。香取市佐原には，香取神宮や佐原の大祭，日本遺産などの文化財や年中行事が多くある。これらの伝統文化に関わる素材から市役所と町の方々の協力関係だけでなく，地域の方々の協力関係が捉えやすいものもあると感じている。人と人のつながり，協力関係は一筋ではない。多岐にわたる人と人とのつながり，協力関係を捉えられるように実践の改善を図っていきたい。

（神野　智尚）

第11章 5年生の授業づくりと学習

子どもが情報受信者としての「責任」を考える情報産業の学習
―仲間と聴き合い，語り合う社会科の授業を目指して―

1 単元の概要

　本単元は，2017年版小学校学習指導要領第5学年の内容（4）「我が国の産業と情報との関わりについて，…」に関する内容で構成したものである。「ア（ア）放送，新聞などの産業は，国民生活に大きな影響を及ぼしていることを理解すること。」「イ（ア）情報を集め発信するまでの工夫や努力などに着目して，放送，新聞などの産業の様子を捉え，それらの産業が国民生活に果たす役割を表現すること。」の事項を身に付けるように指導することとある。内容の取扱い（4）のアでは，「…その際，情報を有効に活用することについて，情報の送り手と受け手の立場から多角的に考え，受け手として正しく判断することや送り手として責任をもつことが大切であることに気付くようにすること。」とある。

　また，学習指導要領解説社会編では「情報は放送，新聞などの産業が目的をもって発信していること，情報媒体にはそれぞれ伝え方・伝わり方に特徴があること，情報の中には不確かなものや誤ったものもあることなどを踏まえ，情報の受け手として，確かな情報を収集・選択し，様々な観点から比較して適切に判断することの大切さに気付くようにする。なお，不確かな情報や誤った情報が広がることによって，風評被害などが生じ，関係者の人権等が著しく侵害されることがあることにも触れるようにする。」*1とある。

　私たちは，テレビ，ラジオ，インターネッ

ト，新聞，雑誌，本，SNSなどから発信され続けている膨大な情報を意識的にも，無意識的にも受信している。また，情報産業に携わる者だけではなく，携帯電話，電子メール，ツイッターなどを使い，多くの人々が情報を発信している。そこでは，いろいろな立場の人が様々な価値を持ち，情報を発信し続けている。子どもたちも，その情報社会の中で暮らしている。教室は，異なった経験をし，いろいろな思いや価値を持った子どもが集まっている。だからこそ，一人一人が自分の思いや価値を語り合い，仲間と聴き合うなかで，「情報を有効に活用するためには，どうすればいいか」を子どもたちと追究していくことを大切にして単元を構成していく。

2 単元計画作成のポイント

（1）一つ一つの言葉をしっかり受け止める子どもを目指す→じっくり読むことができる新聞

　子どもたちには，仲間の言葉をじっくりと受け止めてほしいと願っている。話し合いの中で，仲間の言葉の一部だけをとらえて判断してしまう場面もあるのではないだろうか。仲間の言葉を表面的に捉えるのではなく，一つ一つの言葉を吟味して，思いを受け止めていってほしい。新聞は，情報の受け取り手が自分のペースで，自分の時間で読むことができるメディアである。

　また，実践をした学級では，仲間の書いた作文や学習感想を読むことに多く取り組んで

きている。新聞の記事を何度も読み返し，記事に書かれていることの背景を仲間と追究する活動を通して，多くの情報が飛び交う社会で，どのように情報を受け取り，活用していけばいいのかを考える機会とする。

（2）事実と考えを読み取る

　新聞を読むということに対して鎌田和宏（2007）は，「新聞も同様ですが，ニュースも人の目で捉えられ，書かれ，表現されているわけですから，事実をそのまま伝えているようであっても，それは事実の一部をある意味で切り取ったものですし，制作した人々の意見が含まれています。それを，意識して読みとれるようにしていくことも大変重要です」[*2]と述べている。情報社会では，発信された情報を比較したり，批判的に読んだりすることが求められる。そのために，新聞記事を丁寧に読み，事実と記者の考えを整理する活動を行っていく。

（3）新聞作りを通した取材される経験→自分を取材して作られた新聞への違和感

　新聞に書かれていることは，事実を全て伝えるわけではなく，記者や編集者がその一部を切り取り，意見を含んで作られているものである。新聞の作り方を理解し，新聞を含めたメディアを批判的に読み取る力を作るために，「友達紹介新聞」を作る活動を行っていく。クラスの友達からインタビューを受けて，自分のことをまとめた新聞を読む。その中で，「自分は，こんな風に話していないな」，「このことが1番伝えたいことではなかったな」という違和感からメディアの特性をつかみ，情報メディアを批判的に読み取る力につなげていくことができるのではないかと考える。

（4）情報を批判的に受け取る子どもを目指す→松本サリン事件の新聞記事を通して

　子どもたちの周りにも様々な情報が飛び交っている。新聞の「上野公園の桜が見頃です」

という記事を見て，実際に美しい桜を見に行くように，情報を有効に活用することにより，生活を楽しくしたり，豊かにしたりすることができる。しかし，テレビや新聞から発せられる情報を多くの人が信用し，人権が傷つけられる事象も起きている。その一つが，1994年に発生した松本サリン事件における河野義行氏であろう。そのような報道により，苦しく悲しい思いをした人の姿を学ぶことにより，情報を批判的に受け取っていく必要性を子どもたちと考えていきたい。また，松本サリン事件の新聞記事を読むと，文末に「～と言われている」「～らしい」という表現が用いられている個所がある。「記者の人もはっきりした情報をつかまないで書いたのではないか」というように，不確かな情報が新聞に書かれている場合があることを子どもたち自身で気付くことができるのではないかと考えた。

（5）調べることを明確にして，調べる。そして，調べたことを基に考え，また調べる

　現代の子どもたちは，「何か調べよう」となると，インターネットを使って情報を集めることが多い。キーワードを入力して，"検索"のボタンをクリックすれば，一枚の新聞をつくるのに十分な情報を手にすることができる。しかし，大切なのは集まった情報の量ではなく，「情報を集めて，何を明らかにするのか」という問題意識である。「どんなことを疑問に感じたのか」「どんなことを明らかにしたいのか」という意識を，一人ひとりの子どもに明確に持たせてから，調べ活動に入らせていきたい。調べて終わり，ではなく，調べたことを持ち寄り，仲間と考え，話し合う時間を設けていく。自分が調べたことを聞いてくれる仲間がいる，調べたことを基に仲間と考える時間がある。そうすることにより，子どもたちに調べる意欲を持たせていく。

3 単元計画

（1）単元の目標

・自分の家族や私たち自身が毎日の生活の中で，情報をどのように受け取ったり，利用したりしているのかを調べ，情報産業に携わる人々が，情報を伝えるために工夫や努力をしていることを理解する。

・放送，新聞などの情報産業と私たちの生活とのかかわりに関心を持って意欲的に調べ，これらの産業が国民の生活に大きな影響を及ぼしていることや，情報産業を通した情報の有効な活用が大切であることを理解するとともに，情報を有効に活用しようとする。

・我が国の情報産業の様子から学習問題を見い出し，資料や新聞記事，インターネットを活用するなどして必要な情報を集めて読み取ったことを図表や作品にまとめるとともに，放送や新聞などの情報産業と国民生活とを関連付けて考えたことを適切に表現する。

（2）評価規準

社会的事象についての知識及び技能	・情報産業に携わる人々の工夫や努力，情報発信の際に気を付けていることなどを理解している。 ・新聞やテレビ，インターネットなど各メディアの特色を理解している。 ・教科書や資料集，インターネットなどの各種資料を活用し，我が国の情報産業について必要な情報を集め，正確に読み取っている。
社会的事象についての思考力，判断力，表現力等	・新聞やテレビなどのマスメディアの情報発信における影響の大きさや，責任について考え，適切に表現している。 ・情報を受信した私たちの責任について考え，適切に表現している。
社会的事象に主体的に関わろうとする態度	・多くの情報に囲まれた生活をふり返り，その利点や問題点，活用方法などについて意欲的に調べようとしている。 ・情報が多くの人に，短時間に，正確に届けられる仕組みについて興味を持ち，意欲的に調べようとしている。

（3）学習指導計画

次	時	これまでの学習の流れと今後の展開の予想	○教師の手立て及び留意点 ＊評価
1	1	●「私たちは，実際に行ったことのない場所のことを知っているのはなぜだろう。」 ・両親が行ったことを話してくれた。 ・世界遺産のテレビ番組で見たことがある。 ・本や図鑑，インターネットで調べた。	○子どもたちが，一度は目にしたことがあると思われる名所の写真（金閣，ピサの斜塔，ピラミッドなど）を見せ，どのような場所であるか，その建物がある場所のイメージを発表する。 ○直接見たことがないのに，名前やどんな建物なのかを知っている理由を考える中で，いろいろな方法で情報を受信していることを意識させていく。 ○情報を受信する方法は，いろいろとあるが，今後，新聞を手掛かりに学習していくことを提示する。 ＊毎日の生活の中で受信している情報について関心を持ち，意欲的に自分の生活をふり返り，話し合おうとしている。【態】

	2	●新聞を実際に読んで，どんなことが書かれているのかを理解する。 ・広告の量が思っていたより多い。 ・アームレスリングや囲碁の記事など誰が読むのかな。 ・株価の情報が細かく載っている。	○4分の1の子どもの家庭が新聞の配達を受けていないことから，新聞を取り寄せるようにした。その新聞をじっくり読み，どのようなことが書かれているか確認した。 ○政治や経済，社会のニュースだけでなく，多くのことが載っていることに気付かせていく。 ＊新聞によって，大量の情報が多くの人に，素早く届けられる仕組みに興味を持ち，意欲的に調べようとしている。【態】
	3 〜 4	●新聞を読んで気になったことを話し合う。 ・昨日起きた出来事を次の日の朝には，新聞になっている。その速さに驚いた。 ・1面とか2面には大事なことがくると思うが，どのように載せることが決まってくるのかな。	○次の日に朝までに新聞を作られる過程，新聞づくりに携わる人に子どもたちに興味を持たせていく。 ○新聞社ごとに，記事の一面や使用している写真が違うことを比較できるように，朝日，毎日，読売新聞の一面を教室の壁面に掲示した。 ＊新聞が届けられ仕組みや，新聞によって伝えられる情報が自分たちの生活に与える影響について学習問題を考え，表現している。【思】
	5 〜 6	●新聞社のホームページや本，資料集を使って，新聞の制作過程を調べ，新聞にまとめる。	○新聞社で働く人たちが，分かりやすく伝えるために工夫していることや，早く伝えるために努力していることに気付かせていく。 ＊新聞が届けられるまでの流れや新聞社の人々が大切にしていることなどを資料から適切に読み取り新聞にまとめている。【知・技】
国語	① ②	★友達に冬休みの思い出などをインタビューして「友達紹介新聞」を作る。	○インタビューのポイントを事前に確認し，友達から多くの情報を引き出し，その中から選んで新聞を作成するように促す。
2	7	●「友達紹介新聞」を作ったり，読んだりした経験を話し合う。 ・自分が1番楽しいと思ったことが，1番の記事に書かれていない。 ・書いてほしいことと，実際に書いてくれたことが違った。	○「違和感」からメディアの特性をつかみ，情報メディアを批判的に読み取る力につなげていく。 ＊情報の発信者が変わってくると伝えられる内容や表現方法も変わってくることを捉えている。【知・技】
	8	●「新聞をどのように読んでいけばいいのだろうか」"松本サリン事件"の記事を読んでみよう。 ●新聞記事の表現に注目して，記事の内容を「事実，推測，考え」に整理する。 ・見出しだけを見ると，犯人だと決めつけている。 ・事実として書かれていることは少ない。 ・救急隊員に言ったというのは，この記事の書き方と本当のことだと思う。	○松本サリン事件（6月28日付版朝刊）を資料として提示し，見出しから受ける印象を話し合うとともに，書き方に注意して読み，憶測に基づいて記事が書かれたことにより，苦しい思いをした人がいることに気付かせていく。 ○記事をじっくり読む中で，憶測で書いてしまっていることに気付かせていく。 ＊情報産業の働きは私達の生活に大きな影響を及ぼしていること考え，適切に表現している。【思】

9〜10 本時	●河野義行さんが，悲しい思いをしたのは新聞社の責任だけだろうか。 ・警察も捜査しているから信じてしまったんじゃないか。 ・新聞は，間違ったことを書いていないという思いがあったと思う。 ・読者が，本当かな？ともう少し調べれば防げた。	○松本サリン事件で間違った記事が出たことにより，河野さんが苦しい思いをしたのは，新聞社だけが原因であったのかを考える中で，情報の受け手である，自分たちの新聞の読み方を見直させていきたい。 ＊情報産業が果たす役割の大切さと情報を受信する者の責任について考え，適切に表現している。【思】
11〜12	●これから，新聞をどのように読んでいけばいいのか考えよう。 ・最初から「全て正しい」とは思わないで読む。 ・おかしいなと思ったら，他の新聞を読んでみたり，テレビのニュースで確かめたりする。	○誤報について学習してきたので，新聞に対して否定的な意見も出ることが予想される。新聞を読んだ経験などをふり返り，有意義な情報を多く受信できることも確認していく。 ＊マスメディアの情報発信における影響の大きさと責任，情報を受信する者の責任について考え，表現している。【思】

4 指導・評価のポイント

一人ひとりの子どもの思いをみとり，学習展開を修正することを大切にする。

子どもたちが，自分たちの生活と情報産業や情報化社会の問題を結び付けて追究していくためには，問題が教師から示されるのではなく，自分たちで追究していく問題を決めていくことが大切である。そのためにも，一人ひとりの子どもが，新聞に代表される多くの情報に囲まれた生活，情報産業に携わる人々に対してどのような考えを持っているのか，どのようなことに疑問を持っているのかを把握する必要がある。そのために，学習感想や子どもが調べてきたことの記述内容を整理し，その子の問題意識や思いをみとろうとすることを大切にしたい。ただ整理するだけでなく，朱書をして子どもの疑問に共感したり，調べる方向性を促したり，時には追究の足りない部分を指摘するような壁となったりする。子どもの思いをみとっていくと，教師が予想したことではないことに子どもたちの問題意識が向いていることもある。子どもたちの疑問は，大きな可能性を秘めていることは間違いないが，子どもたちの意識が向いていることに追究していく"深まり"があるかを見通す必要がある。"深まり"が感じられない場合は，子どもに戻し再考を促していく。

5 授業の山場

（1）本時の目標

松本サリン事件の記事を読んだ読者である私たちがつくり出した世論の影響を考え，新聞への向き合い方を見つめ直す。

（2）前時の子どもの学び

前半は，前時の学習感想をふまえて「新聞はウソを書こうとして書いたのか」を確認した。新聞社はより新しい情報を伝えたいという思いで書いたこと，それを支えたことの一つに，読者も「誰がやったのかという情報を知りたい」「安心したい」という思いがあったことを整理した。しかし，新聞の制作過程の具体的な場面とつなげて発言する子どもが少なかった。記事を書く，という一連の流れの理解が不十分なのかもしれないと考えた。後

半は，Ｉさんの「書き方を間違えた」という発言を基に，改めて新聞を読み直してみて，「間違い」に気付くことはできるかを考えた。文末の表現や見出しと本文のニュアンスの違いなどを指摘する意見が続いた。まだ手を挙げている子どもも多かったが，時間が来たので途中であったが，学習感想を書き終わった。

次の３点を次時の構想の柱にした。

○「間違い」に気付くことができなかったのかを再度考える

前時の最後に新聞を再度読み返し，ここに注目すると「間違い」に気付くことができるかを考えた。前時の板書や学習感想をふり返りながら言えなかった子どもの発言をみんなで聞いていく。発言を板書で整理し，「文末の表現に注意」「見出しに気を付ける」などのポイントを確認していく。

○読者としての責任

子どもたちは，書き手である記者や新聞社の姿勢や思いを考えてきた。私たちは，新聞を読み，判断し，世論を作り出している。松本サリン事件でも，同様であった。Ｓ君は，当日の学習感想に次のように書いている。

「書き方があっていたか間違っていたか，どちらかと言えば，あっていたと思う。なぜなら新聞の中で断定されているのは，発生場所，前々から薬品とのかかわりなどだけ。河野さんが関わっていたとは，どこにも書いていない。疑いが強まっただけ。どんなに可能性が高くても，例え，99.99％だったとしても，残りの0.01％は残っている。だからこれは読者の早とちりと考えてよいと思う。」

Ｓ君だけでなく，読み手のことを考え始めている子どももいる。新聞社が誤った情報を発信することにより，読み手である自分たちが，その情報を信じ社会の世論を作り出してしまっていることを考えさせていきたい。

○学習計画の見直し

「記者が証拠を自分で作っている」と思われる発言をする子どもも依然としている。記者が，記事を書くのにどのような活動をしているのか，新聞がどのように作られているのかを再度調べていく必要がある。また，読み手の責任を考えていく上でも，河野さんの苦しみを知る努力も欠かせないだろう。学習をふり返るとともに学習計画を見直していく。

（3）本時案

予想される子どもの学習活動	＊評価（観点）【評価手段】 ○手立て　◇資料
①前時の板書写真や学習感想を読み，新聞記事を読んで，記事の「間違い」に気付くことができなかったかを再度考える。 ・そもそも河野さんがやったとは書いていない。 ・「関係者」というが，具体的に誰が話したのかは書いていない。 ・河野さんにとって都合の悪い情報しか書かれていない。 ・河野さんがやっていないという情報はなかったのかな。 ・見出しが断定で書かれていることが多いから，そこの印象に私たちは左右されてしまう。	◇前時の学習感想（前時の最後に書いた「改めて読み，間違いに気づくことはできたか」をテーマに書いたものを担任が打ち出し，一覧表にまとめた） ◇前時の板書写真 ◇1994年６月29日の毎日新聞（朝刊） ○自分とは異なった視点で考えている仲間の意見に気付かせ，自分の考えを見直すように促す。

②どのように新聞記事を読んでいけばいいのかを考え，自分の考えをノートにまとめ，話し合う。 ・冷静な気持ちで読めばわかるけれど，警察も調べているから信じてしまうかもな。 ・多数の意見だけでなく，少数の意見がないかを探していく。 ・今は，新聞だけでなくいろいろな情報を入手する方法があるから，一つだけで自分の考えを決めない。 ・ときには，間違ったことを伝えることがあることを自覚する。 ・自分たち読み手の誤った理解により，傷つく人がいることを絶対に忘れない。	○読むときに気を付けていくことを短い言葉でまとめていく。 ○気を付けて読んでも防げないことがある，という意見も大切にしていく。
③なぜ私たちは，新聞を気を付けて読んでいかなくてはいけないのかを自分の考えをノートにまとめ，話し合う。 ・書き方が間違っていたのではなく，私たちが早とちりをすることで勝手に河野さんを犯人にしてしまったから。 ・一人一人の「たぶん河野さんだろう」という気持ちが，社会全体に広がっていったから。 ・新聞記事を受けて，最後に判断するのは私たちだから。	＊新聞を読む私たちがつくりだす世論の影響を考え，新聞への向き合い方を見つめ直すことができる。【思考・判断・表現】（発言・ノート）
④これから考えていくこと，調べていくことを考え，話し合う。 ・読み手の誤った理解により，苦しむ人の気持ちをもっと知る必要があるから，河野さんの苦しみを知ることが大切だと思う。 ・なぜこのような記事が出てしまったのか，もう一度新聞が作られるまでを確認したい。 ・この松本サリン事件の記事を，新聞社はどのように反省しているのか調べたい。	○「気付くのは難しい」という思いから「しょうがないのではないか」という意見も出るかもしれない。その場合は，河野さんの思いに寄り添うことを大切にしていくことを促していく。

（4）授業の展開

　前半は，前時の新聞を再度読んだことをもとに「記事の間違いに気付けるか」をテーマに考えた。見出しと本文の違い，文末表現のあいまいさなどを指摘する意見が続いた。その一方，「記者は，河野さんが犯人だと信じ，河野さんにとって不利な事実だけを記事にしていった」という意見が出されることも多く，子どもたちの中には，「なぜ，河野さんが犯人だと間違われてしまったのか」ということを気にしている子どもも多かったように感じられた。

　授業者から「文末表現とか，みんなが気を付けることで考えたことを気を付けていけば大丈夫？」と投げかけた。しばらくの沈黙の中，Ｙさんが「でもさ」とつぶやき，「新聞を信頼しているから気を付けると言っても難しい」と発言する。「新聞は，正しいことを書いて伝えるというものだから難しい」と，「読者の限界」を考える意見が続く。

そこで，授業者から，前時に読者側の責任について考えを書いていたS君らに発言を促した。「読者の責任」という考え方が示されるが，警察も調べていたことに対し，疑うのも難しいのではないかという意見も出された。最後に，もう少し事実を調べ，考えていくことを確認し学習感想を書いた。

（5）本時をふり返って

「新聞は，分かりやすく情報を流しています。ですが，すべてが正確な情報とは限りません。新聞はこうだから，こうなのだなとすぐに取り入れるのではなく（自分に）本当にそうなのかを考えながら情報を取り入れた方がいいと思います」（Tさん）

Tさんが指摘しているように，子どもたちは，新聞やテレビから多くの情報を取り入れることにより，便利な生活を送ることができることを実感するとともに，情報をどのように受け取っていけばいいのかを考えることができたと思われる。その理由として，社会問題（今回なら松本サリン事件における河野さんをめぐる報道の問題）にじっくり向き合うことにより，情報を受け取る際に気を付けること，情報の受け手の責任について子どもたちが考えたからである。

また，自分が報道される経験という活動も組み込んだ。しかし，報道による被害という大きな問題と，自分たちのことを取材され報道されたことによる違和感は，比べられないことであると子どもたちは感じていたようである。どのようなことで，子どもたちが取材され報道されるかということは再検討する必要があると思われる。

今回，松本サリン事件の報道で学んだ河野さんの姿と，自分たちの日常生活をどのようにつなげていくかを考えていく必要がある。子どもたちの中には，「A君が，B君の悪口

を言っていたらしいよ」というような情報が流れている。時には，そのような情報を自ら発信したり，受信した情報を，その真偽を確かめもせずに再発信したりしている。子どもたちには，教室で生活している今も，自分が情報を発信する立場であるということをどのように自覚させていくかも再検討していきたい。

社会問題を単元後半で学習することは，子どもたちの社会認識を深める上で大切なことであるが，今回の松本サリン事件を自分たちで調べていくのは難しいように感じられた。教師から資料を提示することが多かった。目の前の子どもたちにとって，どのような社会問題を追究することがいいのかを再検討していきたい。

（松本 大介）

〈注〉
＊1　文部科学省「小学校学習指導要領解説　社会編」（2018年）p.90-91
＊2　鎌田和宏「教室・学校図書館で育てる　小学生の情報リテラシー」（少年写真新聞社，2007年）p.143

本稿の指導案は，研究協力者である帝京大学の鎌田和宏氏の「自分たちを取材してつくられた作品への違和感から，情報メディアの特性を象徴的に表した事例を追究することにより，情報メディアを批判的に読み取る力を身に着けることができるのではないか」という仮説をもとに，授業者が指導計画などを作成し実践したものである。

6年生の授業づくりと学習Ⅰ（政治学習）

第12章

国民との関わりを重視した政治の仕組みの学習
―選挙・納税・裁判員制度に焦点をあてて―

1 単元の概要

　2008年版の学習指導要領において，政治の学習は，

内容（2）

> 「我が国の政治の働きについて，次のことを調査したり資料を活用したりして調べ，国民主権と関連付けて政治は国民生活の安定と向上を図るために大切な働きをしていること，現在の我が国の民主政治は日本国憲法の基本的な考え方に基づいていることを考えるようにする。」
> 　ア　国民生活には地方公共団体や国の政治の働きが反映していること。

に設定されている。

　地方公共団体や国の政治の働きは，「社会保障」「災害復旧」「地域の開発」の中からいずれかを取り上げ，その際議会政治や選挙の意味，三権相互の関連などの政治の仕組みについても扱うとされている。

　ここで大きく問題となるのが，「政治の働き（社会保障，災害復旧，地域の開発）」と「政治の仕組み」を同一単元にて展開しようとすると，単元を貫く学習問題を設定することが難しいという点である。政治の働きについては，「（社会保障，災害復旧，地域の開発に対する）市民の願いは，どのように政治の働きによって実現されているか」といった学習問題を設定することが一般的である。例えば社会保障の場合，公民館の建設・設置など，市民の願いが実現されていく具体的な事例を調べてくことになるが，そうした具体的事例の

中で裁判所の働きや三権などの国の政治の仕組みに展開していくことには無理があり，「国の政治の仕組み」が取って付けたような学習になってしまいがちなのが教育現場の現状である。

　そこで，本実践では「政治の働き」と「国の政治の仕組み」を切り離して小単元として独立させ，用語や数字などを覚えるだけの概念的・抽象的な学習になりがちな「国の政治の仕組み」を問題解決的に展開することを試みた。

今次学習指導要領での実践に向けて

　上述のような背景を踏まえてか，2017年版の学習指導要領では，従来の「政治の働き」及び「国の政治の仕組み」から，より親和性の高い「日本国憲法」及び「国の政治の仕組み」に内容が改訂されている。改訂により，単元を貫く学習問題が立てやすくなったと言えるが，憲法から政治の仕組みへの接続には配慮・工夫が必要であろう。場合によっては，本実践のように「日本国憲法」と「国の政治の仕組み」を別の小単元で展開することも考えられる。

　また，2008年版学習指導要領では「歴史→政治→国際」と歴史先習の形をとっていたのに対し，今次学習指導要領では「政治→歴史→国際」と政治単元を先習する形となる。今次学習指導要領が完全実施となる2020年4月以降は，（単元を入れ替えない限り）歴史を未習の状態で政治の学習を行うことにも留意したい。

96

2 単元計画作成のポイント

(1) 興味・関心を高めるための工夫

問題解決的な学習展開を図るには，子どもたちの調べたいことや疑問などから学習問題を立て，追究していくことが大切である。子どもたちが政治の仕組みに対して関心を高め，調べる意欲を持てるような工夫をしたい。

他の内容に比べ，政治に関する学習は子どもたちにとって距離があり，関心を高めにくい傾向がある。そこで，第1時では「明治憲法下での政治体制（天皇主権）」と「日本国憲法での政治体制（国民主権）」の両者を提示し比較することで，子どもたちが現在の政治の在り方について興味・関心を高められるようにした。（下図参照）

また，現在の政治体制の図は，国民と三権との関わりをマスキングにより隠して提示し答えを伝えないままにすることで，「どのようなことをしているのだろう」と国民の政治参加について子どもたちの関心が向くようにした。

(2) 主権者意識を持たせるための工夫

選挙権の年齢が18歳に引き下げられたこともあり，市民教育の充実が求められている。まとめの段階では，ただ単に学習した内容をまとめるだけでなく，「将来，どの政治参加を大切にしたいか」という問いを設定した。政治の仕組みや国民の参加の仕方を学習した上で，自分の考えと根拠をまとめることが，子どもたちの主権者意識を高めることに繋がるのではないかと考えた。

3 単元計画

(1) 大単元名：わたしたちの生活と政治

(2) 単元構成
1. 日本国憲法とわたしたちのくらし
2. 国の政治とわたしたち【本小単元】
3. 市民の願いを実現する政治の働き

(3) 本小単元の目標

○我が国の政治の仕組みについて，日本国憲法の基本的な考え方に着目して，見学・調査したり各種の資料で調べたりしてまとめ，国会，内閣，裁判所と国民との関わりを考え表現することを通して，我が国の政治には立法，行政，司法の三権があり，それぞれの役割を果たしていることを理解できるようにする。

○国の政治における三権の役割や国民との関わりについて，学習問題の解決に向けて意欲的に追究しようとしている。

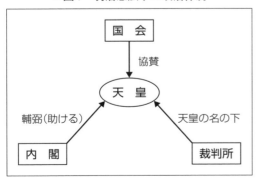

●図1　明治憲法下の政治体制

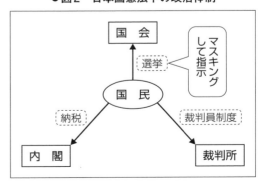

●図2　日本国憲法下の政治体制

（4）観点別評価規準

社会的事象についての知識及び技能	立法，行政，司法の三権相互の関連や役割，国民との関連などについて，見学・調査したり各種の資料を活用したりして調べ，理解したことを図表などに適切に整理してまとめている。
社会的事象についての思考力，判断力，表現力等	現在の政治体制から問いを見い出し，国会，内閣，裁判所と国民との関わりについて考えたことを表現している。
社会的事象に主体的に関わろうとする態度	立法，行政，司法の三権が国民生活に果たす役割の大切さを考え，国民として政治への関わり方について考えようとしている。

（5）指導計画（全5時間）

	本時のねらい	○主な学習活動と学習内容　・予想される児童の反応	□指導上の留意点 ★評価
つかむ ①	学習問題を設定し，学習計画を立てる。	○国が政治を行う上で重要な役割を果たしている機関について確認する。 ・国会，内閣，裁判所 ○明治憲法下の政治体制と現在の政治体制を比較し，疑問や問いから学習問題を設定する。 ・明治憲法では，天皇に主権があって，天皇がいろいろ決めていたんだな。 ・国会，内閣は何をしているのだろう。 ・今は国民に主権があるって言うけど，国民は法律を決めてはいないと思うけどな。 ・国民はどのように参加しているのだろう。 学習問題：国の政治はどのように行われ，国民はどのように参加しているのだろうか。 ○学習問題について予想し，学習計画を立てる。 ①国会の働きと国民の参加 ②内閣の働きと国民の参加 ③裁判所の働きと国民の参加	□簡単にそれぞれの機関について触れる程度にする。 ★思・判・表
調べる ②・③・④	国会・内閣・裁判所の働きや，国民の参加の仕方について調べる。	○学習計画に基づき，調査や資料活用を通して国会・内閣・裁判所の働きや国民の関わりについて追究する。 ①国会の働きと国民の参加 ・国会は法律や予算などを決めているんだ。 ・国民は，選挙で議員を選ぶことで参加しているんだ。 ・選挙権の年齢が引き下げられたんだね。 ○投票率の違い（年代別，国別）について確認する。 ・若い世代の人の投票率が低いんだ。	□選挙権の年齢が18歳に引き下げられた背景に触れる。 ★知識・技能

		・先進国の中でも，日本の投票率は低いんだね。 ・せっかく選挙に参加できるのに，なんで投票に行かないんだろう。		
		②内閣の働きと国民の参加 ・内閣は，予算や法律に基づいて仕事を行っているんだ。 ・国民は税金を納めているから，内閣が仕事をする費用を出していることになるね。	★知識・技能
		③裁判所の働きと国民の参加 ・裁判所は，争いごとを解決して国民の権利を守っているんだね。 ・国民は裁判員制度で直接裁判に関わっているんだね。	★知識・技能
まとめる ⑤	調べてわかったことや考えたことをまとめる。	○三権の相関図を作る。 ○学習問題に対する答えを考える。 ・国会，内閣，裁判所がそれぞれ重要な役割を果たしている。 ・国民が国の政治の中心となり，選挙・納税・裁判員制度などを通して参加している。 ‹国会が立法，内閣が行政，裁判所が司法の役割を果たし，国民は国会・内閣・裁判所に「選挙・納税・裁判員制度」を通して関わっている。› ○将来，自分はどの政治参加を大切にしたいか考える。 ・選挙は全員が参加できるから選挙を大切にしたい。 ・税金が集まらないと困るから納税を大切にしたい。 ・自分たちの感覚を取り入れてもらうことが大事だから裁判員制度を大切にしたい。 ○学習を振り返り，感想を書く。 ・自分たちが政治に参加している実感がなかったけど，大人はみんな政治に参加しているんだと思った。 ・選挙権を持ったら，ちゃんと選挙に行きたい。	★主体的な態度

4 指導・評価のポイント

（1）学習問題の設定

第1時では，子どもたちの疑問をもとに，学習問題を設定する。国会・内閣・裁判所の機能，国民の参加など，様々な視点から疑問を出させるためにも，しっかりと考える時間を確保することが大切である。

個人で考えさせた後，「意見交流の時間」「学習問題を考える時間」「学習問題の答えを予想し，計画を立てる時間」などを設定し，対話を通して「自分たちの疑問から，自分たちが考えた学習問題である」という意識が持てるようにしたい。学習計画を立てることで，単元全体の見通しを持てるようにすることも重要である。

実践の際，子どもたちから出た疑問は以下の通りである。

> **国会**
> ・国会はどのようなことをしているのだろう。
> ・法律は誰がどのように作るのだろう。
> ・法律を作る以外にやることはあるのか。
> ・国民が納得いかない時はどうするのか。
>
> **内閣**
> ・内閣はどのようなことをしているのだろう。
> ・内閣にはどんな人がいるのか。
> ・内閣と国民のつながりは何なのか。
>
> **裁判所**
> ・裁判所は，どのようなことをしているのだろう。
> ・国民だけでやる裁判はあるのか。
> ・国民と裁判所とのつながりは何なのか。
> ・なぜ国民が関わっているのか。
>
> **国民**
> ・国民はどのように政治に参加しているのか。
> ・国会・内閣・裁判所が私たちにしていることはあるのか。
> ・国が決めることを，国民が決めることはできないのか。
> ・国民が意見を出すと，国はどう動く（実行する）のか。
> ・国民の権利と義務を知りたい。
> ・子どももう政治に関係しているのか。
> ・国民はどのような政治がしたいのだろうか。
> ・国民主権になった時の国民の思い。
>
> **その他**
> ・選挙はいつから始まったのか。
> ・他の国の政治のやり方を知りたい。
> ・他にも国民に主権がある国はあるのか。
> ・今の天皇の役目は何か。（政治に参加していないのか）
> ・なぜ天皇主権から国民主権になったのか。（なぜ政治制度が変わったのか）
> ・3つの機関でやりとりはないのか。

（2）学習の見通しを持たせる掲示物

①上記の「みんなの疑問一覧」②第1時で提示した「日本国憲法での政治体制」は教室内に掲示し，常に子どもたちが学習の見通しを持てるようにした。①については学習した項目にチェックを入れ，学習の進行度が確認できるようにした。

また①については全員に配布し，ノートに貼らせていた。学校でも家庭でも学習の見通しがあることで，自分で自主的に調べてくる子どももいた。学習への意欲を継続するためにも有効であると言えよう。

（3）選挙，納税，裁判員制度による参加

教科書などでは，三権に対する国民の関わり方は「選挙，世論，国民審査」としているものが一般的である。しかし，「世論」「国民審査」は子どもたちにとってイメージがわきにくく，「国民が政治に参加している」という認識を持ちにくい。そのため，一般的な「選挙，世論，国民審査」ではなく，「選挙，納税，裁判員制度」によって国民が政治に参加しているという展開を取った。「国民が選挙で国会議員を選んでいる」，「国民が納める税金によって，内閣は仕事を進めている」，「裁判員制度によって，国民が実際に裁判に参加している」という事実は子どもたちにとっても理解しやすく，「国民が政治に参加している」という認識を持たせるのに有効である。

実際に，教科書で「選挙，世論，国民審査」という国民の関わりを見た子どもの中には，「これではわかりにくく，納税・裁判員制度の方が国民が参加していることがイメージできた」と感想を書いている子がいた。

（4）選挙に対する意識を持たせる

投票率の推移のグラフなどを活用し，投票率の低さに対する問題意識を持たせたい。特に，年代別の投票率推移は「若者の投票率の

低さ」，他国との比較は「日本の投票率の低さ」を捉えるのに有効である。

（5）まとめの工夫

調べる段階が終わった後には，第1時で提示した「日本国憲法での政治体制」の図を改めて自分たちで完成させるというまとめを行った。国会・内閣・裁判所の関わり，国民と三権との関わりについて考え，自分でまとめていくことは，学習内容を定着させる上で有効である。まとめの段階で急に「○○にまとめよう」と作品の提示がある場合と比べ，子どもたちがまとめのイメージを持ちやすいという利点もあった。

また，調べる段階から「学習が進む度に図の作成を進めていく」というのも有効な手だてである。新聞などに代表されるまとめの作品作りに時間がかかってしまい，年間時数が圧迫されているということも，現場では大きな課題となっている。このためまとめの段階になって初めて作品作りを始めるのではなく，調べる段階から考えたこと・学んだことを表現させていくことは，時数の確保という点においても有効である。

（6）1時間1項目の評価が原則

評価は，基本的に1時間に1項目行うのが適切である。社会科のみならず，毎時間複数項目の評価を行うという指導案を度々目にするが，現実にはかなり難しいと思われる。項目×クラスの人数分評価を行うことになるので，全教科を担当しているとなると毎日数百の評価をすることになり，現実的であるとは言い難い。

「本時のねらいは何なのか」「ねらいを達成するためには何を評価すべきか」を考えて評価項目を絞り，単元を通して計画的にバランス良く評価していくことが大切である。

（7）学級通信を活用したフィードバック

毎時間，子どもたちに考えを書かせ，交流を通して考えを深めることに取り組んでいるが，全ての時間で子どもたち全員の考えを共有していくことは難しい。そこで，学級通信を活用して授業では取り上げられなかった子どもたちの考えを紹介している。授業以外でも考えが取り上げられる機会があることで子どもたちは意欲を持ち，また家庭で学習内容について保護者と意見を交わすきっかけにもなる。多くの意見・考えに触れることで，子どもたちに学び合いの態度を形成していくことにもつながっている。

（8）「将来，自分はどの政治参加を大切にしたいか」の問いに対する評価

「○○を選んだからA」「○○を選んだらC」など選択に対してではなく，「学んだことをもとに根拠を持って考えることができているか」で評価する。

いわゆる"オープンエンド型"の問いに対しては，選択に対して評価をすると，教師の考えに近いものが高い評価になってしまいがちな傾向がある。予め「何に対してどう評価をするのか」を明確にして評価することが大切である。

5 授業の山場

（1）本時（第5時）の目標

調べる活動を通してわかったことをまとめ，国民の政治参加に対する自分の考えを持つ。

（2）授業の展開

T：選挙・納税・裁判員制度で国民が政治参加をしていることがわかりました。みんなだったら，将来大人なった時に，どの政治参加を大切にしたいですか。なぜそう考えるのか，理由も含めて考えてみましょう。

C：えー，どれだろう。

C：どれも大切だと思うけど，1つ選ぶなら
　ってことだよね。

　　（以下子どもの主な記述。児童数は38名）

[選挙：20名]

・国会には立法権があって，自分たちの未来
　を決めるのと同じだから。

・国民の代表を選ぶ大切な事なので，絶対に
　投票しなければならないと思ったから。

・自分の一票で国の未来が決まると言っても
　過言ではないから。

・（選挙をしないと）国会が一般の人たちの意
　見を聞けないから。

・ちゃんとした人を選ばないと，国がメチャ
　クチャになってしまうから。

・自分がいいと思った人に政治を進めてほし
　いから。

・若い人からお年寄りまで幅広い世代の意見
　を大切にするべきだと思うから。

・自分が思った人が必ず当選するわけではな
　いけど，投票する事が大事だと思うから。

・選挙をするという事は私達が政治を動かす
　人を決めるという事だから。

・選挙をしないで政治への文句を言う事はで
　きないと思うから。納税と迷ったが，税に
　ついて決めるのは選挙で選んだ議員だから
　選挙が大切だと思った。

・納税は強制だし，裁判員制度は参加できる
　かわからない。なので，自分の意思で決め
　られる選挙が大切。

・国会議員は国民の代表として国会で働いて
　国を動かしているので，しっかりやってく
　れそうな人を選びたい。私達は税金を払っ
　ていて，そのお金の使い道を自分の票集め
　をするために使うような議員を当選させな
　いために選挙を大切にしたい。

・国の政治をより良くしていくためには意見

を言う事が最も大切だと思うから。国民と
しての義務を果たすために，私は大人にな
ったら選挙を大切にしたい。

・自分の意見を国会に伝えることができるし，
年々選挙をする人の数が減っているから。
選んだ人がとんでもない人だったら，まち
がっていたと反省して改善したいから。

・国の政治をする内閣を決める国会は，一番
大きく国の政治に関わっていると言えるの
で，各政党の選挙公約を見比べて日本の将
来を見定めるために選挙を行うものだと思
ったから。

・国権の最高機関である国会を動かすことが
重要だと思うから。内閣に圧力をかける世
論やただ金を払うだけで何も変わらない納
税や，ほとんど当たる事の無い裁判員制度
やほとんど罷免されない国民の関心の薄い
最高裁判所裁判官国民審査などよりも，確
実に自分の意見が政治に反映されると思う
から。

[裁判員制度：3人]

・裁判を体験する事で，法律にのっとった正
しい裁判ができる人が増えるから。

・「公正な裁判をする」という目標に貢献し
たいから。当たった人が辞退したと聞いたが，
私はすごくもったいないと思った。

[納税：12人]

・納税をする事で，自分たちがほしい公共施
設ができるから。

・納税がなければ政治が成り立たないから。

・税金が無いと国が豊かにならないから。

・納税によって自分たちが守られているから。

・国民が税金を払わないと政治ができなくな
ってしまうし，色々な事が不便になってし
まうから。自分の払ったお金が病院での薬
や便利な建物になったりするととても嬉し
い。納税をしない人たちもちゃんと納税を

して国の借金をなくして，より便利で平和な国になってほしい。

・私の将来の夢は助産師なので，病院は税で出来ている場合もあるから納税を大切にしたい。

・選挙や裁判員制度は行かなくても捕まらないけど，納税はやらないと捕まるから。学校が建てられなくなるから。

・消費税がなくなるとあった時よりも国民の生活は苦しくなっていくと租税教室で習ったので，他の税金もちゃんと納められていないと大変だと思ったから。

・税金を納めないと，道路が壊れたままになったりゴミだらけになったりするし，警察もいなくなったら犯罪だらけになるから。

・納税しないと国にお金がなくなって，選挙・裁判もできないから。

・何千何万の人が少しのお金を出すだけで国が発展するから。税金がないと私達も困るから（生きていけないかも？）

納税・裁判員制度：1人

・納税がないと不便な事がいっぱいあるし，裁判員制度は自分たちも参加できるから。

全て：2人

・選挙は人を選ぶから責任者をしっかりと決めないといけないし，裁判員制度も国民の意見を反映できるので大切だし，納税も資金として使われるので大切だから全て大切だと思った。

・納税をしないと内閣が動かないし，選挙をしないと色々な人が困るなど，国が動かないから。

学習感想

・最初国会や内閣は何をしているのか全然わからなかったけど，この学習でよくわかった。選挙は大切なものだと思った。

・国民と三権は深く関係していることがわか

った。なぜそうなったのか，歴史とも深く関連させて知りたい。

・政治に関して興味ゼロだったのが変わった。三権分立の仕組みはすごいと思った。過去に犯した過ちを二度と起こさぬようにしているのだと思った。

・政治とは国と国民のつながりがあって成り立っているものなんだと思った。税金や選挙は，よりよい国をつくるためにしていることなんだと思った。

・政治に国民が参加しているシステムはすごく画期的だと思った。でもこれは投票がないと成り立たない。今は若者が投票しない。それなのに政府の考えに反対している。これはどうかと思った。

・今回の学習を通して，どのように政治に自分の意見を反映させるかを学んだ。将来，これを学んだ意味を考えて，選挙などを通して自分たち国民に主権がある事を意識して，積極的に政治に参加したい。

（3）本時をふり返って

　子どもたちは，根拠をもって自分の考えを主張する一方で，友達の意見をよく聞き，改めて考え直す姿が見受けられた。まさに，民主主義に求められる姿勢であると言えよう。感想には，「学習したことで，知りたいとも思わなかった政治に興味がわいてきた」「政治＝堅苦しくてつまらない，と思っていたが，学習すると案外面白かった。これを機にいろいろ調べたいと思った」というものもあった。18歳選挙が始まり，市民教育の必要性が高まっている昨今，学習をきっかけに子どもたちが政治に興味をもつような実践を心がけたい。

（清水　隆志）

第13章

6年生の授業づくりと学習Ⅱ（歴史学習）

体験活動や表現活動を取り入れた 室町文化の学習

―日本の歴史や伝統を大切にする児童を育てる授業―

1 単元の概要

（1）第6学年の目標から

2017年版小学校学習指導要領では，第6学年の「学びに向かう力，人間性等」に関する目標として，次のことが示されている。

（3）社会的事象について，主体的に学習の問題を解決しようとする態度や，よりよい社会を考え学習したことを社会生活に生かそうとする態度を養うとともに，多角的な思考や理解を通して，我が国の歴史や伝統を大切にして国を愛する心情，我が国の将来を担う国民としての自覚や平和を願う日本人として世界の国々の人々と共に生きることの大切さについての自覚を養う。

ここでは，次の5つの資質を養うことが述べられている。

①主体的に学習の問題を解決しようとする態度
②よりよい社会を考え学習したことを社会生活に生かそうとする態度
③我が国の歴史や伝統を大切にして国を愛する心情
④我が国の将来を担う国民としての自覚
⑤平和を願う日本人として世界の国々の人々と共に生きることの大切さについての自覚

「日本の歴史」の単元では，主に①〜③の育成を目指していきたい。そして，小単元によっては，④⑤の資質の育成も視野に入れて指導に当たりたい。

しかし，歴史的事象の中には，現代の生活に大きな関わりを持たないものも少なくない。「②よりよい社会を考え学習したことを社会生活に生かそうとする態度」を育てるための工夫が必要になってくる。学習した知識を深める活動や，学習内容を生かす活動を設定する

ことが効果的だと考えられる。

（2）歴史学習の目標から

第6学年の歴史学習では，我が国の大まかな歴史や関連する先人の業績，優れた文化遺産を理解するとともに，歴史を学ぶ意味を考えることが求められている。

しかし，依然として歴史的事象を理解すること，に重きが置かれ，その価値や意味を考える活動まで行う余裕がないという声が数多く聞かれる。

第6学年の学習内容が非常に多岐にわたっていることも，その要因の一つである。学習指導要領では，歴史的な内容だけでも，（ア）から（シ）までの12項目の知識・技能を身に付けるよう示されている。これだけの内容を，約70時間の授業時数で学習するため，学習した知識を活用して考えて理解を深めるような学習を展開しにくい実態がある。

そのため，学習指導要領解説社会編には，次のように示されている。

指導計画を作成する際には，例えば，（ア）から（サ）までに示された歴史上の事象の中で重点的に扱うものと関連的に扱うものを明確にして授業時間の掛け方に軽重を付けるなど，歴史上の主な事象の取り上げ方を工夫し，小学校の歴史学習に関する目標や内容が一層効果的に実現できるようにすることが大切である。
（解説p.125より）

教科書などの年間指導計画は，軽重を付けることなく作られている。どの内容を軽く取り上げ，どの内容にはじっくり取り組むのか，年度当初に検討してから指導に当たる必要がある。

（3）室町文化の学習内容から

　学習指導要領では，第6学年の内容として次の項目が挙げられている。

> （オ）京都の室町に幕府が置かれた頃の代表的な建造物や絵画を手掛かりに，今日の生活文化につながる室町文化が生まれたことを理解すること。

　ここで注目したいのは，「今日の生活文化につながる室町文化」という表現である。

　6学年の歴史学習の中で，「今日の生活文化につながる」という表現が見られるのは，（ア）から（サ）の学習内容の中で，この項目のみである。

　室町時代に生まれた文化は，現在まで受け継がれているものが多い。銀閣の慈照寺内にある東求堂には，和室の原型と言われる書院造の部屋が現存している。畳を敷き詰め，障子やふすまで部屋を分ける部屋の構造は室町時代に確立し，現代まで受け継がれている。

　また，茶の湯や生け花の文化が広がり始めたのもこの時代である。無駄を省き，質素でありながら静かな美しさを感じさせる禅の文化は，現代の多くの日本人の美意識や価値観のベースになっているといっていいだろう。

　以上のことから，室町文化の学習は，学習指導要領の目指す「我が国の歴史や伝統を大切にして国を愛する心情」や「学習したことを社会生活に生かそうとする態度」を育てるのに適した小単元だということかできる。

　また，今後一段と国際化が進むことが予想される中，自国の文化を理解しておくことは国際交流の見地からも重要である。「〜世界の国々の人々と共に生きることの大切さについての自覚を養う」（1　目標（3））という学習指導要領が示す社会科の目標を達成するためにも，重要な学習だということができる。

　しかし，室町文化の学習は，一般的に軽視される傾向がある。それ以外の学習に多くの時間を費やし，本小単元は，教科書を読むだけで終わりにしてしまうような進め方をする学級が多いと聞く。教科書会社の指導計画でも，3時間程度の授業時数しか取っていないものも見られる。非常にもったいないと言わざるを得ない。

　歴史を学ぶ意味を考え，学んだことを生活に生かしていく資質を育てるためにも，文化の学習をこれまで以上に大切にしていきたい。

　そこで本実践では，授業時数に軽重を付けて，従来よりも多くの学習時間を本小単元に充てることで，日本の歴史や伝統を愛し，大切にする児童を育てていくことを目指した。

2 単元計画作成のポイント

（1）「つながり」を意識させる導入

　「つかむ」段階では，児童の心を動かす工夫が必要である。学習内容が自分に関わりのあるものだと気付かせることができると，児童の興味・関心が高まり，予想を裏切るような意外性のある事実に出会うことで追究意欲は格段に大きくなる。学習指導要領の目指す「主体的に学習の問題を解決しようとする態度」を育むことができる。

　そこで導入では，慈照寺東求堂の書院造と，明治時代につくられた旧内田家住宅（練馬区指定文化財・石神井公園ふるさと文化館）の和室を比較する。時間的な隔たりや地理的な隔たりを超えて，共通する様式を持つ2つの建築物を比較することで，児童の社会的な見方・考え方を揺さぶり，疑問を持たせる。そして，室町文化と現代の生活とのつながりや，遠い昔に生まれた文化が現代にまで大きな影響を与えていることに気付かせていく。

　児童は，昔の文化がなぜ現在まで残っているのか，何かよさがあるだろうかと，問題意

識を持って，主体的に追究に取り組むことが可能であろう。

（2）室町文化のよさを実感する体験活動

調べる段階には，水墨画と茶道の体験活動を取り入れた。体験を通して，室町文化のよさを児童が実感できるようにする。

調べる活動は，資料を使って行うことが一般的である。しかし，文化の学習は体験活動を取り入れることができる。縄文文化を実感するために土器作りや火起こしをしたり，江戸文化では浮世絵を描いたり刷ったりする体験も考えられるが，いずれも手間と時間が多くかかるため，指導計画には入れにくい。

茶道体験を実施するには，授業に協力してくれる指導者がいることや校内に和室があることが必要なため，どの学校でも実施するというわけにはいかないかもしれない。しかし，水墨画体験は少ない準備で行うことができるとともに，1単位時間で行うこともできるので，指導計画に取り入れやすい。具体的な方法はこの章の後段で紹介する。

（3）外国人に室町文化のよさを伝える活動を通して，歴史や伝統を大切にする心情を育てる

本小単元では，学習過程の「まとめる」段階の後に「生かす」段階を設定し，外国人に室町文化のよさを伝えるための表現活動を行った。

「よりよい社会を考え学習したことを社会生活に生かそうとする態度」や「多角的な思考や理解を通して，我が国の歴史や伝統を大切にする態度」を育てるためである。

外国人に室町文化のよさを伝える活動に必然性を持たせ，児童が主体的に学習に取り組めるようにするために，外国人観光客数ランキングの資料を提示する。

近年，日本を訪れる外国人観光客は増加し続けている。2017年に発表された国連観光統計によると，日本を訪れる外国人観光客の数

は世界15位と着実に人数を増やしている。

しかし，イギリスの調査会社が毎年発表している都市別の観光客数では，東京が世界13位，大阪が33位に入っているものの，京都はトップ50に届かず72位にとどまっている。

日本の文化のよさが必ずしも世界の人々には知られていない現実を提示して，児童に課題意識を持たせ，我が国の文化に対する愛情や日本の文化を海外に伝えて社会に貢献していく態度を育てていく。

3 単元計画【単元名　今につながる室町文化】

（1）小単元の目標

室町時代に生まれた文化に関心を持って調べたり体験したりして，そのよさや特徴を理解し，自分たちの生活とのつながりを考えるとともに，社会に広めていこうとする意識を持つことができる。

（2）小単元の評価規準

観点	評価規準
知識及び技能	①室町時代に生まれた，金閣・銀閣，水墨画，能・狂言，生け花などの文化のよさや特徴を理解している。 ②室町文化のよさや特徴を，資料や体験活動を通して調べている。
思考力・判断力・表現力	①室町時代にはどのような文化が生み出されたのかについて，学習問題を考え，表現している。 ②室町文化と現代の暮らしとのつながりについて考え，表現している。 ③室町文化のよさを考え，外国人に伝えるために文章で表現している。
学びに向かう力，人間性	①室町文化に関心や疑問を持ち，当時の文化の様子について進んで調べようとしている。 ②室町時代のよさを伝える活動を通して，歴史や伝統を大切にしながら，世界の人々と理解し合おうとしている。

第2部　小学校社会科の授業づくり —学習指導の専門性（基礎編）—

（3）指導計画

	ねらい	◆主な問い　○主な学習活動	【評価】　●資料
つかむ	①室町時代に生まれた文化と現代の文化の関係に関心を持ち，学習問題を作る。	○室町時代の東求堂と明治時代の書院造を比較して，考えたことを話し合う。 ○学習問題をつくる。 学習問題　室町時代に生まれた文化は，私たちとどのようなかかわりがあるのだろうか。	●慈照寺東求堂の写真 ●旧内田家住宅の写真 【学】室町文化に関心を持っている。
調べる	②室町時代の建築について調べ，その特徴を理解する。	◆室町時代の建築とわたしたちのつながりを調べよう。 ○金閣，銀閣について資料で調べる。 ○共通点を考え，自分たちの生活とのかかわりを考える。	●金閣・銀閣・竜安寺の写真 ●義満・義政の肖像画 ●建築物や禅宗の考え方（自作資料） 【知・技】室町時代の建築について調べ，特徴を理解する。
	③雪舟について調べたり，作品を模写したりすることで水墨画のよさに気付く。	◆水墨画はどのような絵なのだろう。 ○雪舟の業績を資料で調べる。 ○雪舟の絵を墨で模写する。 ○水墨画のよさを考える。	●雪舟の年表，作品（自作資料） ●秋冬山水図，慧可断臂図 【学】すすんで水墨画を体験することができる。
	④茶道の体験を行い，茶道のよさを話し合う。	◆茶道にはどのようなよさがあるのだろう。 ○茶道の作法を学び，体験する。 ○茶道のよさを話し合う。	●茶道の歴史（自作資料） 【思】茶道のよさを考え，表現することができる。
まとめる	⑤能について調べ，室町文化の特徴をまとめる。	◆室町時代の文化の特徴をまとめよう。 ○能の映像を見る。 ○室町文化の特徴や自分達の生活とのかかわりを考える。	●能の映像 【知・技】室町時代の文化の特徴を理解している。
生かす　本時	⑥室町文化のよさを考え，外国人に伝えるために文章で表現する。	○日本を訪れる外国人観光客の数が少ない理由を考える。 ◆外国の人に室町文化のよさを伝えよう。 ○室町文化のよさを考える。 ○よさを伝えるための文章を書く。	●日本の文化に対する外国人の声 ●外国人観光客数都市別ランキング 【思】室町文化のよさを考え，文章に表現することができる。

4 指導・評価のポイント

（1）意外性のある導入で興味・関心を高める

導入では書院造の写真を2枚提示した（108ページ板書写真）。1枚は銀閣にある東求堂だが，もう一つは新しい時代のものだ。1枚の写真をじっくりと見る活動も大切だが，2枚に増やすことで，共通点や違いを「比較」す

る社会的な見方を，自然に引き出すことができる。

写真を見て，気付いたことを児童に発表させていくことで，学習に対する児童の主体性が徐々に高まっていく。

作られた年代などの情報は，「どちらが新しいと思いますか」と考えさせてから伝える。情報は少しずつ知らせた方が，児童の驚きが

107

大きい。400年の時代差に児童は意外性を感じていた。

　終始，発言の多い授業になったことからも，児童の学習意欲が高まったことがうかがえた。

　導入では，児童の実態を踏まえて，興味・関心の高まる資料や展開を用意することが大切である。

(2) 児童の思考の流れを重視した授業展開

　問題解決型の学習展開では，学習問題を作った後に，予想を考え，学習計画を立てることが多い。しかし，予想を考えるためには，何らかの予備知識や先行経験を持っていることが必要になる。もしも，知識や経験がない場合，立てた予想は根拠のないものになってしまう。

　本小単元の場合，学習問題「室町時代に生まれた文化は，私たちとどのようなかかわりがあるのだろうか」に対して根拠のある予想を児童が考えることは難しい。学習問題を「室町時代にはどのような文化が生まれたのだろう」「室町時代の文化はどのようなものだったのでしょう」のように変えたとしても，同様である。

　そういう場合は，学習問題を作ったら，すぐに調べる活動に入ればよい。強い問題意識さえ持っていれば，児童の追究活動は成立する。無理に予想を考えさせる方が，児童の思考の流れを阻害する可能性がある。

　もちろん根拠のある予想や学習計画を考えることが可能な小単元では，それらの活動を取り入れた方がよいことは言うまでもない。

(3) 短時間で体験活動を行うための準備

　体験活動は時間がかかることが多い。準備も必要なため，敬遠されやすい。しかし，体験活動ほど，児童が進んで活動し，資料で調べただけで分からない実感を伴った理解をもたらす活動はない。

　この実践では水墨画体験と茶道体験を行った。水墨画は，自分で考えた絵を描かせるのではなく，雪舟の絵を模写させることにした。水墨画は墨だけで描くため，一見簡単そうに感じてしまう児童がいる。雪舟の絵を模写することで，水墨画の難しさや面白さを実感することができる。

　墨の濃淡を調節しながら描くためには，高い技量が必要になる。そこで，あらかじめ「濃墨」「中墨」「薄墨」の3種類の濃さの墨を作っておき，どの子も短い時間で体験できるようにした。濃墨は墨汁そのまま。薄墨は500mLのペットボトルに，スプーン1杯くらいの墨を入れ，あとは水を加えてよく混ぜた。中墨は，もう少し墨を増やして作ればよい。

　模写する絵は，「秋冬山水図」冬景と「慧可断臂図」の達磨の部分の2枚を用意して選ばせた。「秋冬山水図」は絵の苦手な児童では，1時間で書き終わることが難しいからである。

　「秋冬山水図」は，教科書などにも掲載されることがある有名な絵だが，実際に墨でかいてみると意外に難しい。絵の苦手な児童では1時間の間にかき上がらないだろうと考え，2種類の絵の中から選べるようにした。

　「実際に水墨画をかいてみて，雪舟の気持ちになれたと思います。静かなふんいきの中で

かくことで，きんちょうした気持ちで絵をか
くことができました」「色の濃さを調整したり
するのが，特にむずかしいと思いました。雪舟
はみんなに水墨画で何を伝えたかったのかが
気になりました」といった授業後の感想から，
児童が進んで活動に取り組み，雪舟の立場に
立って考えることができたことが読み取れる。

（4）毎時間の学習状況の見取り方

児童の学習状況を評価することができるの
は，児童の表現したものを通してだけである。
児童の発言，記述，表情，活動の様子，それ
らはすべて学習状況を評価するための材料と
なり得る。

しかし，評価規準に基づいて全ての児童を
評価するためには，書く活動が欠かせない。

そこで，毎時間の終わりには，学習内容を
まとめたり，学習感想を書いたりする時間を
確保した。

第2時に室町時代の建築について学習した
後には，「今でもシンプルな方が良いと言って
いる人がいるので，その人たちは禅宗のえい
きょうを受けているのではないか」「私たちが
普段よく見るような和室はこのときすでにで
きていたものなのだと思い，私たちが次につ
なげられるといいと考えました」といった感
想が見られ，室町文化と現代とのつながりを
意識させたいという授業者のねらいに到達し
ていることが読み取れた。

また，第4時の茶道体験の後には，「30人も
のお茶を点てるのに，先生は一人ずつていね
いにわたしていたことがとても心に残った。
茶道のもてなしの心だったと言われている『一
期一会』という言葉は，先生のことを表して
いると思う」「茶道はとても落ち着く。お茶を
飲むまでには，たくさん大切なことがあり，
とても大変でした」などと，体験したからこ
そ書ける実感の伴った言葉が並んでいた。

これらの文章に対して，毎回短くコメント
を返していく。それが難しい場合は，ABCの
評価を付けるだけでもよい。次の授業の初め
に，A評価の児童の文章を紹介すれば，学級
全体の文章力が次第に高まっていく。

社会科の授業だけでなく，他教科など様々
な場面を通して書く活動を取り入れていけば，
考えたこと，感じたことを的確に表現する力
がさらに育まれていく。

5 授業の山場

（1）授業の構想

授業の山場として，学習過程に「生かす」
段階を設定した。「まとめる」段階までに，室
町文化の特徴やよさを捉えているので，その
まま学習を終えることも可能である。しかし，
児童の認識を揺さぶり，外国人に室町文化の
よさを伝えるという活動を設定することで，
室町文化に対する理解をさらに深めるだけで
なく，日本の歴史や伝統に対する愛情や社会
参画への意欲も高めていきたいと考えた。

しかし，これまでの児童の思考の流れから
すると，この活動はあまりに唐突である。「外
国人に伝える」という活動を，教師にやらさ
れていると児童が感じてしまったら，本気で
深く考えさせることはできない。どうすれば
この活動に必然性を持たせ，積極性を引き出
すことができるのかと考え，目を付けたのが
「観光」である。日本を訪れる外国人観光客は
増加しているが，室町時代の建築が数多く残
る京都を訪れる観光客は，都市別ランキング
を見ると，72位に過ぎない。意外な事実を提
示することで，室町文化のよさを外国の人に
伝えたいという意識を引き出したいと考えた。

（2）本時（第6時）の目標

これまでの学習をもとに，室町文化のよさを考え，外国人に伝えるために文章で表現する。

（3）本時の展開

	○学習活動　・児童の反応	◇指導・支援　◆評価　※資料
つかむ	○前時の児童の考えをふり返る。 ○「もっと日本人にこの文化を教えて広めるべきだ」という考えについて話し合う。 ・そう思う。　・広めていきたい。 ○「外国人観光客数都市別ランキング」を提示し，京都は日本人観光客が多くて，外国人観光客数が少ない理由を考える。 ・日本人は京都が好き。 ・文化のよさが外国には伝わっていない。 ・外国にも室町文化を広めたい。	◇児童の考えを紹介しながら，室町文化の特徴や現代とのかかわりを想起させていく。 ◇「すでに日本人の多くは室町文化のよさを知っているのではないか」とゆさぶりをかける。 ◇「京都の宿泊者数」を示し，毎年多くの観光客が京都を訪れていることに気付かせる。 ※京都宿泊者数1086万人　観光客約4690万人　外国人は5%（51万人）（数値は実践時のもの） ※外国人観光客数　都市別ランキング ◇京都が何位に入っているかを予想させてから，ランキング50位までを見せる。（京都はランク外）
	室町文化のよさを考え，外国の人たちに伝える文章を書こう	
考える・表現する	○外国人に伝えたい室町文化のよさを考える。 ・禅宗の考え方　・無駄を省く ・清らかで静かな文化 ・作法の美しさ ・500年以上受け継がれてきた ○外国人に伝えたい室町文化のよさを各自文章で表現する。 ・京都には，500年以上の間，受け継がれてきた文化があります。銀閣や竜安寺などは，禅の心を生かした建物や庭園が見事です。静けさの中に美しい世界が広がります。体験すると，室町文化のよさがいっそう分かるはずです。ぜひ来てみませんか。 ○自分の書いた文章を発表する。	◇室町文化のよさを短い言葉で表現させる。 ◇金閣，銀閣など個別の事象についてのよさと，室町文化に共通するよさの両方を挙げるよう指示する。 ◇既習内容を活用させる。 ◇文の長さを150字に限定して，簡潔に表現させる。早く書けた児童にはタイトルを考えさせる。 ◇子どもたちが書いた文章は，別の機会にALTの先生に聞いてもらうようにする。 ◆外国人に伝えたい室町文化のよさを考え，文章で表現する。 【思考・判断・表現】（ワークシート） ◇前時に書いた児童の考え「この室町文化が，未来でもすばらしいと思われていたら，すてきだな」を紹介しながら授業を終わる。

（4）児童の考えを活用した導入

前時と本時の学習内容には連続性がない。唐突な印象をなくして滑らかに接続するため，授業の初めに，前時の最後に書いた児童の考えを黒板に貼り出して紹介した（右写真）。全文を紹介するのではなく，文章の一部だけを印刷して見せることで，力強さが増し，強い印象を与えることができた。最後に提示したのは，「500～600年も守られてきたものを私たちがこわす訳にもいかないし，何よりももっと日本

110

第2部　小学校社会科の授業づくり —学習指導の専門性（基礎編）—

人にこの文化を教えて広めるべきだ」という意見。この意見に対する発言を求めると，「外国人にも広めたい」という考えを引き出すことができた。

児童の考えを活用することで，「文化を広める」活動へのきっかけをつくることができた。

(5) 予想外の事実から生まれる問題意識

ここで京都への観光客数を提示した。宿泊していない観光客も含めると4000万人（平成22年京都市観光調査）をはるかに超える数で，実に日本人の3分の1が毎年京都を訪れている計算になる。

では，外国人観光客はどれくらいいるのか，世界何位かを予想させると，多くの児童がトップ10以内と予想した。ここ

で，「外国人観光客都市別ランキング（Euromonitor International's Top City Destinations Ranking 2010）」を順位を隠して提示した。隠すことで児童の注目度を高めることができる。50位まで見せていったが，結局京都は出てこない。児童からは落胆の声が上がった。

さらに，京都の宿泊者数における外国人の割合を示した。先程の京都の宿泊数の資料をはがすと新たな資料が現れるしかけになっている。京都に泊まるのは日本人が多く，外国

人はたったの5％（右図）という事実を知り，児童の問題意識はさらに高まっていった。

「京都を訪れる外国人が少ないのはどうしてだろう」と発問すると，「京都の文化を知らないから」，日本人が多いのは「京都の文化のよさを知っているから」という意見が出た。ここでようやく，本時の課

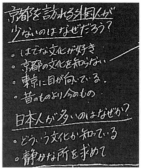

題「外国の人に室町文化のよさを伝えよう」を提示した。

このように丁寧な導入をすることで，児童の思考の流れを分断することなく，より一層主体的に学習に取り組めるようになった。

(6) 児童の表現と評価

> 『室町文化は，心にやすらぎをあたえてくれます。茶道や生け花などは無駄をはぶき，一つ一つの動作が大切です。茶道はたくさんの作法がありますが，その作法が「日本らしさ」を生んでいます。このように外国にはない良さがあることが室町文化の良さだと思います。』
> 『私は室町文化が好きです。なぜなら，今とは一味ちがう静かさがあるからです。派手だけれど，その中に落ち着きがある金閣に，静かな外見の銀閣，美しい動作の茶の湯に，見ていて楽しい能など，色々な魅力があるところも好きです。無駄を省くシンプルな考えも今に伝わる秘訣だと思います。』

児童の書いた文章からは，「外国人に室町文化のよさを伝えたい」という強い思いを読み取ることができた。室町文化の特徴の中から，伝えたいよさを選び，簡潔にまとめているかどうかを評価していった。

（嵐　元秀）

社会科教育の視座 Ⅱ

　1930 年代，教育学者の留岡清男は，Social Studies を社会研究科として訳し，日本に初めて紹介した。1945 年，韓国では社会生活科と訳し，新しい国づくり教育の中心に位置付けた。社会研究科，社会生活科という訳し方は，社会事象・出来事への子どもたちの向き合わせ方に微妙なニュアンスを含ませているが，しかし社会の合理的な分析・解釈に基づき，自らの生活を築いていこうとする，言わば子どもたちの人間成長を支える営みとして見ている点は共通している。科学的な思考の伸張と人間形成という大きな視点で，私たちの社会科の授業づくりを考えていくことが重要であろう。そうした意味で，第 2 部ではさまざまな実践の中にこれらを考えてみた。

　諸実践から学ぶ重要な点は，社会科の授業は子どもたち一人ひとりの個性的な追究を抜きにしては成立しえないということであった。個性的な見方・考え方をいかに引き出し，育てていくかが重要であり，友達や地域の人々との活発な交流，つまり協働の学びが不可欠ということを示していた。個性的な見方・考え方とは，集団や協働の学びの中でこそ意味をもち，発揮されるのである。そして何より重視されるのは，教師自身の授業づくりの過程も子どもたちと同じく個性が重要ということである。協働の中で個性的な存在としての自らを見つめることが，専門家としての教師の育つ道であろう。

第3部
小学校社会科教師の専門性の追究
―学習指導の専門性（発展編）―

第14章 授業の計画と実践に見る社会科教師の専門性
―第8章〜第13章の事例を通して―

1 はじめに

　学習指導における専門性を高める上で，他の教師の計画や実践から学ぶべき点は多い。教材作成や学習展開などについての示唆を得ることはもちろん，自らの授業実践を問い直すための視点をより確かなものにしていく上でも，先行実践・先行研究に敬意を表しつつ，批判的に考察する作業が重要である。

　そうした作業に取り組むことを通して，個々の教師は学習指導の基本的な力量を培うと同時に，めざす授業を具体的にイメージし，自らの授業スタイルを追究していくことができる。独りよがりに陥ることなく，授業改善を着実に進めていくためには，他者の授業から真摯に学ぼうとする姿勢が求められよう。

　本章では，第2部の8章から13章で示された具体的な事例を取り上げ，子どもたちの確かな学びを支える学習指導の専門性について検討してみる。

2 8章・「市（渋谷区）の様子の移り変わりを扱う開発の学習」（大野俊一）

（1）単元を構想するためのポイント

　2017年版学習指導要領から，3年生の内容（4）に「市の様子の移り変わり」が位置付けられた。そこでの学習は，8章の冒頭で述べられているように，今まで3年生の社会科で長く行われてきた「昔の暮らしの道具とそれらを使った暮らし様子を調べ，まとめることから人々の生活の変化や願いを考える学習」と類似した内容を含むものである。しかし，「交通や公共施設，土地利用や人口」などにも着目し，「市や人々の生活の様子を捉え，それらの変化を考え，表現する」とされたことから，単元としては大きく異なったものになることに留意しなければならない。

　子どもが身近な暮らしの道具などから，生活の様子の変化や願いを捉える学習については，優れた実践の蓄積があるものの，市の様子やその変化をどのように捉えていくか，道具や生活の変化に関する学習をどのように広げ，市の学習につなげていくかが課題となる。これらの課題を踏まえて単元を構想するためのポイントが，「単元の概要」で示された学習指導要領の丁寧な読み取りと新旧学習指導要領の比較などの考察，3年生の発達や子どもの実態に基づく学習の想定とその詳細な検討，そこに生起する問題点への対応などである。

（2）子どもが主体的に取り組む学習の計画

　上記のポイントを踏まえ，子どもたちが主体的に取り組める学習展開についてより具体的に検討したのが，「2　単元計画作成のポイント」の「（2）課題と求められる工夫や留意点」である。授業設計者は，3年生の「子どもは，網羅的に知識を学ぶのではなく，直線的に，かつ，いもづる式に学んでいくものである」という実践経験による子ども理解に基づき，学習指導要領が想定する学習の課題，留意点について検討していく。そして，3年生の特性に合った学習展開を大事にして，彼らの主体性を発揮させながら，「交通や公共施

設，土地利用や人口」をできるだけ無理なく取り上げる展開計画を模索している。

そこでは，既に学習した内容（1）「市の様子」の学習を想起させる，教材を抽象的なものではなく子どもが見られる身近で具体的ものにする，インタビューを活用して暮らしの道具の移り変わりから市の移り変わりへの展開を図るなど，課題に対応した工夫がなされている。特に，「公共施設，土地利用，人口」については，子どももよく知る「公園」を取り上げ，少子高齢化や国際化に気付かせるとともに，「内容の取扱い」に示された「税金の役割」にも触れる展開計画を立案している。公共施設については，学校，図書館，公民館，資料館などが例示されているが，地域の特徴や状況に応じて，魅力的な学習対象を探る教材研究の力量が求められよう。

（3）「人に学ぶ」社会に開かれた社会科学習

本単元を構想し，学習の展開を検討する過程で，繰り返し強調されているのが，「人に学ぶ」ということである。本単元で学ぶ相手として想定されるのは，祖父母，父母，市役所の人，さらには公園を利用する人などであり，いわば生きた社会科教材として学習への支援と協力が期待されている。

人を教材とすることの利点の一つは，インタビューなどをする子どもに合わせて必要な情報を提供してもらえることであろう。例えば，子どものたどたどしい質問でも意図をくみ取って話してもらえる，子どもの様子を見て内容や語り方を変えてくれるなど，他の教材にはない特長をもっている。当然，そうした利点を生かすためには，授業者と協力者による事前の綿密な打ち合わせや対話しやすい環境設定などが必要になり，話して欲しい事項の事前依頼だけでは期待する効果は得られない。保護者に対しては学級通信や保護者会

での活動意図の周知，市役所の方については学習の概要や子どもの状況，当日の段取りなどに関する詳細な説明が不可欠である。

授業設計者が，3年生の学習で「人に学ぶ」ことの大切さを強調しているのは，3年生の発達に配慮したり，今後の調査活動に向けての基礎を習得したりすることが不可欠だからである。ただそれらに加え，社会についての学習を深めるには，市民，住民である人間への理解が必要であり，そのためには教室に閉じ籠もりがちな社会科学習を，本来あるべき社会に開かれたものにしていくことが重要であると，実感しているからであろう。

3 9章・「学習活動から生まれる子どもの問いを大切にした水の学習」（近藤真）

（1）使っていても見ていない「水」の意識化

授業者が述べているように，子どもにとって水道水はいつでも自由に使えるものであり，それだけに身近にありながらも，彼らにとっては見えにくいものでもある。そのため，学習対象であるそうした水を意識化させ，その使用量や供給経路，安全性などに着目させる導入段階での指導が求められる。学習対象の意識化，当事者性の喚起は，学年を問わずすべての単元に求められることであり，学習問題を設定する前提ともなってくる。

本実践の導入では，子どもたち自身がいつ，どんな用途で水を使用しているか調べて記録する「水日記」や，学校では誰が，どこで水を使っているかを調べてまとめる「水マップ」の活動，さらには子どもの疑問に即して手洗いの様子を撮った動画と，水の使用量の記録に基づく話し合いから水への関心を高めていった。そうした過程で生まれた子どもの問いを発表し合い，全体で共有できる単元の学習問題を設定したからこそ，主体的な追究が可

115

能になっている。また，授業者が実際に水源から学校までの水の経路を辿って教材開発したことも，子どもが水の使用者・学習者として意欲的に取り組んだ一因であろう。

（2）問いを引き出す「水」の量的把握

一般的に水の学習では，生活を支える水道水の用途は多様であることから，子どもが自分はどのようなことに水を使っているかを振り返り，毎日の生活における水の役割に気付くことから学習が始まる。それとともに，一人当たりの一日の使用量，さらには多くの人が生活する学校やまちの水の使用量に目を向けさせることから，自分たちが使う大量の水がどこからどのように送られているのかという問いを導き出す。

本実践では，先の「水日記」に記録した個々の水の用途を，「クラスの水日記」にシールで集計し，全体として何に水が使われているのかを一目で見えるようにしている。そして，水の使い方を学校へ広げて，「水マップ」にまとめている。ここまでの調査活動では，水が生活を支えていることやその使われ方で何が多いのかはわかるが，まだ使用量には目が向いていない。そこで授業者は，一番多い使われ方である手洗いでの使用量を計測し，一人が1回に約2ℓ使うこととその量を実際に確認して，子どもたちから水の使用量に着目した問いが出てくるのを待つ。手洗いの事例で使用量に目を向けた子どもは，学校で使う使用量を想像して驚き，その供給に対する疑問が共有されていく。手洗いの2ℓという量は，ペットボトルの姿で，この後の学習に出てくる様々な水量を捉える際の目安ともなる。

教科書などで単元の一般的な展開を知ったとしても，それを子どもたちの実態に即した具体的な計画に仕立て直し，魅力的な教材や楽しい学習活動として具現化できなければ，子どもが主体的に問いを生み出す学習を実現するのは難しい。

（3）学習の振り返りを促すカードと指導

教師が「何を教えたか」ではなく，子どもが「何を学んだか」を重視するなら，評価の継続的な改善は不可欠であり，特に子ども自身が自らの学習を振り返る自己評価を充実させていくことが重要である。この評価に関する取り組みとして，本実践では子どもが学習を振り返り，記録するために振り返りカードを使っていた。このカードを使用するに当たり，実践者は子どもがカードに記述する時間を確保することを大切にしている。ともすると45分に収まらない授業が多いことから，時間の確保は容易ではないが，時間がなければ振り返りはできず，断片的な記述やステレオタイプの文章になってしまうため，評価としてはあまり意味のないものになる。

また，カードには振り返る際の拠り所となる言葉の例示があることや，各時間の学習によって振り返りの視点を教師が示したり，子どもが選んだりできるように配慮されていることも重要な意味をもっている。振り返りとは，子どもの自己内対話であることから，個々の子どもと学習内容の多様性に応じる工夫と柔軟な視点が必要である。さらに個々の記述については，振り返りをしたいという思いを育むための肯定的な助言が期待される。

4 10章・「相互関係に着目して県内の地域の特色を考える学習」（神野智尚）

（1）人と人との関わりを重視した教材開発

学習指導要領の内容（5）アの（ア）では，「特色ある地域では人々が協力し，特色あるまちづくりや観光などの産業の発展に努めていることを理解する」とされている。しかし，地域社会の繋がりが希薄化した現在，4年生

の子どもと地域の人々との関わりは極めて乏しい状況にある。そうした中で，地域の人々の協力を捉え，まちづくりに努めていることを理解させるには指導の工夫が必要となる。

実践者は，古いまち並みの保護・活用を進める佐原地区と，この地区を含む香取市でその活動に関わる人々の姿が，できるだけ具体的に見えるよう教材化を進めた。市役所の人，小野川と佐原の町並みを考える会の人といった関係者の取り組みを，公的な資料で調べるだけでなく，顔が見えるように写真を使ったり，インタビュー映像や電話などによる聞き取りの記録そのものを資料化したりしている。これは，子どもたちにまち並みの保護・活用に取り組む人々の存在をより実感的に意識させた上で，目には見えにくいその人たちの協力・連携の意味を心情的にも理解させる工夫といえる。

まち並みの保護・活用の様子は，見ればわかるものであるが，そこに至る協力・連携，人と人の結び付きは子どもに見えにくいものである。だからこそ，それらを関連的に捉えさせるため，地域社会に生きる人間の理解にもつながるきめ細かい配慮が期待される。

（2）学習資料の有効活用による能力の育成

思考力・判断力・表現力等の育成が求められる今，所定の資料を活用し必要な情報を適切に読み取ることに加え，調査で得た情報を所定の形式でわかりやすく表現することの重要性が指摘されている。こうした課題を踏まえ実践者は，景観の保存に関わる市役所とNPOの活動を端的に示した二つの年表を読み取らせて学習をした後，まとめの段階でその内容を年表に整理して掲示し，古いまち並みを保護・活用したまちづくりの特色を考える資料として活用する。子どもたちは，順次学習してきた市役所とNPOの活動経過を示す二

つの年表を見比べながら，市役所の取り組みとNPOを立ち上げた市民の取り組みを振り返り，まち並みの景観保存の経緯と人々の思いや願いを考え，話し合うことになる。

そうした一連の活動には，三つの意図があると思われる。一番目は，市役所と市民によるNPOの取り組みを調べる際には，両者の活動に関する学習問題に即した読み取りやすい年表の利用により，子どもにわかりやすい調べ学習を行うことである。二番目は，調べ学習で使い，よく知った年表があるので，市役所と市民の取り組みやそこでの出来事を実施年や両者のずれなどに注意しながら，年表にまとめることが容易になる。三番目は，そうして作成した年表だからこそ，まち並みの保存・活用における市役所と市民の協力や連携の経緯を捉え，関係者の思いやこの地域のまちづくりの特色を考える効果的な教材となる。教材は教師が配付するという思い込みを捨て，子どもが表現したものを学習の拠り所として活用できるような工夫が求められる。

（3）市民性の育成をめざす地域学習のまとめ

本単元の終末では前時にまとめた年表を活用して，市役所と市民の取り組みを振り返り，両者の協力やその経過を確認するだけでなく，学習で使用したインタビュー資料などに立ち戻って，歴史的な景観の保存と活用に取り組んできた関係者の思いを想起させ，共通の思いが行動，そして協力に繋がっていることに気付かせている。

この指導は，この地域とこの学級の子どもの学びに即して「特色ある地域では人々が協力し，特色あるまちづくりに努めていることを理解する」を具現化したものといえよう。県内の他市の取り組みを学んだ子どもたちが，自分たちの市を改めて見直していることからもわかるように，ここでの学習は県内の特色

ある地域の学習であると同時に，地域社会の担い手である市民，住民への理解を図るものであり，子どもたちに社会参画に向けた重要な市民性を育むことにもつながっている。

5 11章・「子どもが情報受信者としての『責任』を考える情報産業の学習」（松本大介）

（1）指導要領を生かした情報リテラシー育成

　調査活動や表現活動の充実と密接に結び付いた情報の活用力や発信力の育成は，社会科学習全体に関わるものであり，産業と情報との関わりについて学習する本単元のみで意図するものではない。ただ，本単元ではマスメディアや情報通信技術などを取り上げるとされていることから，情報社会の特性や現実を生かして情報の有効活用に求められる「受け手として正しく判断することや送り手として責任を持つこと」の大切さを，事例に即して具体的に学習することが可能となる。

　本実践では，後半で「松本サリン事件」の新聞報道を取り上げ，主に「受け手として正しく判断すること」について追究している。実践者は，新聞社として誤報道，人権侵害を予防する努力がされているにも関わらず起きてしまった深刻な事態に基づき，新聞記事との向き合い方を追究させていく。本時案などからわかるように，この授業では子どもたちに情報の受け手である自分たちに求められるものは何かを考えさせ，その上でこの事件において情報の送り手となった新聞社に求められるものについても気付かせようとしている。実践者は，今回の事例が子どもには難しかったと述べているが，だからこそ実践研究を重ねながら，この単元だからできる「受け手の判断と送り手の責任」に関する学習の充実をめざす教材の開発が不可欠なのである。

（2）学習活動を充実させる個への見取り

　本実践で意図した情報の受け手として正しく判断する能力や，送り手としての責任に関わる資質を個別に育むことは難しい。そのため授業記録で見たように，事実に即して一人ひとりが自分の考えを語り，仲間と聴き合い，相互に啓発する中で，私たちはどうすることがよいのかを追究し，個々の認識や自覚を深めていくことが期待される。各自の調査内容や意見を吟味し，判断する協働的な力と，論議の結果に対する責任感を育みたい。

　そうした話し合い活動を展開していくためには，各自が話し合う必然性を感じ，課題を自覚していることが必要であろう。実践者はそうした点を考慮して，子どもの学習感想や自主的学習から個々の問題意識や思いを丁寧に読み取ると共に，学習を進めるための助言や子どもの疑問への共感を記している。見取りと助言を通して，子どもの学習状況を理解し，学習の深化・充実に向けた個別指導を行うと同時に，個々の問題意識や思いを生かす次時の授業構想が練られ，単元計画の修正・改善が図られることになる。

　このようにつくられる授業では，個々の子どもの考えが生かされ，仲間と話し合うことに充実感や効力感をもてるため，語り合い聴き合う活動がさらに充実するであろう。当然のことながら，それは話し合いに限ったことではなく，調査活動や作品づくりなどの表現活動でも同様である。個々への理解を大切にした指導により，協働することの充実感や効力感を味わわせるのは，よりよい集団づくりをめざす学級経営の基本でもあろう。

（3）学習状況を見据えた指導による授業展開

　何が疑問なのか，何を明らかにしたいのかという問題意識を明確にして，調べ活動に取り組むことの大切はいうまでもない。しかし，

学習は課題に基づき調べてわかる，といった単純なものはなく，調べて話し合う過程で新たな疑問が生まれたり，理解の曖昧さに気付いたりするものである。実際にはそうした停滞とも見える場面に，学習を発展させる機会が潜んでいることも少なくない。

本実践の９時間目の授業では，期待した既習内容である新聞の制作過程に基づく意見が出ない状況が見られ，10時間目に向けて記事の捏造といった理解をしている子どもへの対応が検討された。10時間目も似た状況が続いていたが，読者側の責任に目を向けさせる授業者の問いがきっかけとなり，新聞への信頼に基づく読者の限界を経て，新聞記事でも本当なのかを考えながら読むという感想に至る。その感想に象徴されるように，子どもたちは情報をいかに読み取るかについて，限界も踏まえつつ考えを深めたものと思われる。

6 12章・「国民との関わりを重視した政治の仕組みの学習」（清水隆志）

（1）学習を支える図の工夫と効果的な活用

学習指導要領の改訂により，歴史学習から政治学習へという順序が逆転したため，これまで歴史学習によって育まれていた政治に関するイメージや理解がない中で，政治に関する学習を展開することになった。そのため政治に関する学習では，子どもたちに関心と見通しをもたせる導入の工夫が一層重要になる。

政治の仕組みを学習する本実践は，「我が国の政治の働き」を構成する「日本国憲法に基づく政治の仕組み」，「国民生活の安定と向上を図る政治の働き」の前者に位置付くものであり，日本国憲法の基本的理念や概要などについて取り上げた後，民主政治を支える立法・行政・司法の三権の役割や働きを学習することを目的としたものである。上記の実態や状況を踏まえ，実践者は明治憲法下の政治体制（天皇主権）の図１と，日本国憲法下の政治体制（国民主権）の図２を提示して，比較することから子どもの感想や疑問を引き出し，学習問題を設定している。

比較する２枚の図で注目すべきは，政治体制の構造と中央に置かれた天皇・国民と三権との関わり（矢印）をどの子にも比較しやすくシンプルに示したこと，学習対象である図２の国民と三権の関わりにマスキングをし，課題を意識させたことである。

そして，図２を掲示して，学習していることを図で確認できるようにし，まとめで三権の相関図を完成させるなど，随時学習の拠り所として活用している点にも留意したい。明治憲法については，日本国憲法以前の憲法であることなど基礎的な説明することになるが，この比較を通して日本の歴史的変化に気付かせ，歴史学習への関心を高めることも可能であろう。

（2）追究力を育む学習問題と学習進度の把握

子どもたちの追究力を喚起するには，問いである学習問題が個々のものになっていることと，どのように取り組むかという見通しや計画がわかっていることが不可欠である。学習問題の設定について，本実践では図の比較から個々の疑問を引き出し，仲間とそれを交流させ，学習問題を練り上げる活動を丁寧に行っている。記録された子どもの疑問からもわかるように個々の疑問は多岐に渡っている。

一般的にこうした個の疑問を集約し，学級の学習問題を設定する過程では，指導の意図に即して要点が整理され，表現が変わることから，完成した学習問題が自分の疑問を反映したものとは感じられない子どもが多く出る。そのため授業者は，学習問題の要素である個々の疑問を「みんなの疑問一覧」として掲示し，

学習で解決した疑問をチェックしていくように
した。これは，全体の学習問題と個々の疑
問を継続的に繋ぎ，自分の疑問と学習との関
わりを意識化させるものといえよう。

　また，子どもが学習に見通しをもてるよう
に，図をもとに学習問題に対する予想を出し
合い，学習計画を立てている。学習に伴いマ
スキングが外れていく図2と，「みんなの疑問
一覧」は，学習の進度を示すと同時に，全体
としてどこまでわかってきたかを確かめ，次
に何を学習するのかという見通しを明示する
役割も果たしている。これらは，学習状況の
モニターを可能にするものであり，6年生の
学び方のモデルを提示しているともいえよう。

（3）子どもにわかりやすい教材へのアレンジ

　社会科学習では，難解な用語やわかりにく
い事柄が出てくることも少なくない。教師が
資料などで説明するのも対応の一つであるが，
子どもにわかりやすいものに置き換えること
も必要であろう。実践者も述べているように，
子どもも知っている選挙に比べ，世論や国民
審査は6年生でも捉えることが難しい。

　そこで，下学年で触れることになった税に
関わる納税，国民と司法との具体的な関わり
が見える裁判員制度に置き換えている。世論
や国民審査は，内閣や裁判所について学習し
たまとめの段階で補足することも可能であろ
う。所定の教材をどのように使うかだけでな
く，子どもにわかる教材づくりも，教材研究
の要点である点に留意したいものである。

7 13章・「体験活動や表現活動を取り入れた室町文化の学習」（嵐元秀）

（1）1年間を見通した特色ある単元づくり

　授業者は，室町文化を取り上げる本単元を
6年生の「学びに向かう力，人間性等」に関
する目標に示された日本の歴史や伝統を大切

にして国を愛する心情や，学習内容を生活に
生かそうする態度を育てるのに適したものと
述べている。その理由として，室町文化は現
在まで受け継がれているものが多く，子ども
に過去から現在に繋がる伝統を意識させるこ
とが可能であり，学習指導要領（2）の歴史
項目においても室町文化にのみ，「今日の生活
文化につながる」という記載があることに着
目している。歴史学習に続く，国際理解の文
化に関する学習においても，自国文化につい
ての理解は重要であることから，授業者は本
小単元を，文化について学習する中核単元と
して位置付けたのであろう。そのため水墨画
や茶道などの文化体験をする時間を確保し，
そこでの気付きを大切にして自分たちの生活
との関わりを考える単元づくりを行った。

　学習指導要領は，子どもが学ぶべき内容を
示したものであり，これに準拠することが求
められる。ただ，各内容項目について学ぶ意
味を吟味しどのような授業を行うかは，教師
の裁量に任されている。そのため教師が学習
指導要領や解説をよく理解し，年間の学習指
導に見通しをもって，各単元で何を重視する
のかを検討することが不可欠である。教科書
に即した授業を行うことの多い高学年でも，
まず全体を読み通し，例えば地域教材などを
活用できる単元では，適時指導計画を変更す
るといった主体的な取り組みが期待される。

（2）比較による社会的な見方の転回と発展

　文章などの比較が難しい小学校の学習では，
まず，写真や図表の一方をじっくり見せてか
らもう一方を並べて比較させる，最初から両
方を並べて見比べさせるという方法が一般的
である。目的や資料の性格・難度によって効
果的な方法を選択することになるが，比較さ
せるものの表現様式や内容などが，比較可能
な状態になっていることが必須条件である。

比較で書院造りの共通点に気付くことを意図した本実践は，同時に2枚の写真を提示し，出てきた子どもからの発言を共有しながら，頃合いを見てどちらが新しいかを問うている。子どもは個々に新旧を予想したであろうが，その結果よりも二つの建造物に400年もの時差があることに驚く。さらにそこでは，現在の自分たちの家や身近なところに未だ似た造りの部屋があることにも驚いたであろう。この中世から近代，現代へとつながってきた書院造りという日本文化への驚きが関心を喚起し，「室町時代に生まれた文化は，私たちとどのようなかかわりがあるのだろうか」という学習問題へと発展していく。ここには，あえて明治と室町の書院造りを比較させることから，書院造りへの見方を自発的に現在へと向けさせる実践者の配慮が読み取れる。

（3）学びの様相を捉える子どもの記述の評価

子どもの「学びの質」を把握しようとすれば，思考や理解の状況を主要な言葉の記憶状況に置き換えて測定する従来のペーパーテストでは限界がある。そのため実践者は，多様な評価資料があることを前提にしつつも，子どもの記述とその解釈に重点を置き，単元の適所で，書く活動を設定している。室町文化と現代との繋がりを意識させるというねらいについても，禅宗や和室など子どもの着目点は様々であり，そうした着目点についてどのような思考や理解がなされているのかを読み取り，適切な助言をすることが重要となる。

子どもの記述を読み取る教師の指標は評価規準であるため，これが具体的になっていなければ目標に準拠した評価は困難である。また，学習指導計画にそれらの規準を適切に位置付けた評価の計画も重要である。本実践では体験活動が三つ設定されているが，それらを体験内容や文化理解の深化を踏まえ，各記述を評価することで形成的評価が充実する。なお，外国の人に室町文化のよさを伝えるというまとめの文章は，既習内容を振り返ると同時に個々の子どもがこれまでの学習内容を取捨選択し，紹介文に再構成するという点で発展的な学習活動でもあることに留意したい。

8 おわりに

ここでは社会科授業の改善という観点から，目標及び学習問題の設定，教材の開発・活用，授業の構成及び学習の展開，学習活動の選択・設定，評価の目的・方法などなどについて，六つの実践事例に関わらせて述べてきた。これ以外に，教科の枠を超えた発問や板書などに関する授業一般の指導技術も学習指導の重要な専門性をなす。

それらを含めて，学習指導の専門性を自らのうちに育んでいこうとする際に留意したいのは，専門性についてわかりやすく語られる内容の多くはあくまで一般化された解説だということである。言い換えれば，専門性を高めていく出発点でそれらの存在を知るための概念的な知識でしかないということである。

学習指導の専門性は，知識として語られた内容を自分の授業に即して考察し，具体的状況に基づいて活用する固有の経験を通して高まっていく。より正確には，そうした一連の思考と対応を随時振り返り，目の前の状況と改善の手だてを継続的に検討していくことで培われる。その継続的な検討の中で生まれる実践的な知識と技能こそが，学習指導における自らの専門性を形づくるのである。

（大澤 克美）

第15章 教材研究・教材開発の専門性

■ はじめに

　教材研究・教材開発の専門性を高める上で，学習指導要領で示されている「内容」について十分に検討することが求められる。その際，「内容」に関する学問領域での基礎研究の概要やそれらが展開されている背景を把握することによって，教材研究・教材開発を行う上での視点を明確にすることができると考える。

　本章では，2017年版小学校学習指導要領で内容が改められた「情報」を事例に取り上げて教材研究・教材開発の専門性について論じていきたい。その際，まずは社会学の立場から「情報」に関する研究や議論，意義について整理を行い，教材研究・教材開発に向けて押さえなければならない視点について説明していく。その上で，学習指導要領で論じられている「情報」に関する「内容」について整理・解釈していき，教材研究・教材開発の進め方，教材化における留意点，実践プラン例について具体的に論じていくことで，教材研究・教材開発の専門性に関する具体的な過程について示していく。

■ 1 「情報」という社会科教材と社会学

　2017年版の小学校学習指導要領には，第5学年に「社会の情報化と産業の関わりについて，国民生活との関連を踏まえて理解する。」とある。つまり，今後第5学年の社会科においては，情報という概念に関わる授業を行っ

ていくことになる。ではどのように取り扱えばいいのだろうか。そのヒントとして，情報化社会に関する社会学の知見を援用し，3つの論点（マスコミュニケーション，ICT，監視社会）について考察してみたい。

（1）マスコミュニケーション

　近代において，大衆社会が出現するとともにマスメディア（新聞，雑誌，ラジオ，テレビ，映画など）が発達した。このマスメディアは一般的に「マスコミ」と呼ばれるのだが，社会学においてマスコミュニケーションとは，このマスメディアによって行われる大量の情報の不特定多数への伝達を意味する。

　このマスコミュニケーションは，日常的に，人々が個別に直接行うパーソナルコミュニケーションとは異なる特徴をもっている。まず，それには基本的に送り手と受け手という役割が設定されていること。第2に，送り手は伝達する情報を生み出すための専門組織であること。第3に，受け手は大衆であり不特定多数であることから，送出される情報は一般的なものになるということ。第4に，情報伝達の機会がある程度定期的なものとなること。このような特徴をもつマスコミュニケーションが，どのような効果をもつのかを研究してきたのが，マスコミュニケーション研究であった。

　このマスコミュニケーション研究において有名な理論モデルとして，「皮下注射モデル（弾丸理論）」と「限定効果モデル」がある。注射を患部に直接打つように，送り手のメッ

セージが受け手に対して直接的かつ即効性の
ある影響を大いに与えると考えるのが，この
皮下注射モデルである。例えば，ナチスによ
るプロパガンダの成功などを念頭において研
究が進められた。

　皮下注射モデルに対して，その効果をより
限定的にとらえるモデルとして現れたのが限
定効果モデルである。限定効果モデルによれ
ば，マスコミュニケーションによる効果は，
それほど一方的なものとはならない。なぜな
らば，所属している集団が持つ規範や，オピ
ニオンリーダーの意見といった，受け手がす
でに持っている傾向を補強するものとしてそ
れは作用すると考えられるからだ。

　しかしながら，1970年代以後，マスコミュ
ニケーションの効果の強さを強調する議論が
再登場した。ここではそのうち，「議題設定
（アジェンダ・セッティング）機能」の議論と
「沈黙の螺旋」理論を紹介しよう。

　議題設定機能は，マスメディアがゲートキー
パーとして何を受け手に伝えるのかを決定
することの重要性を強調する（例えば新聞各
紙の一面を比較すれば理解できる）。それに対
して沈黙の螺旋理論は，マスメディアが社会
的多数派の意見を報道することによって少数
派はその意見表明をしづらくなる，つまり沈
黙への螺旋を下っていくという理論である。
いずれも，送り手であるマスメディアの報道
が受け手である大衆に大きな影響を与えてい
ることを論じている。

　ここまで提示したマスコミュニケーション
の理論モデルは，「一対多」の情報伝達を念頭
に置いてきた。しかしこの原稿を執筆してい
る2018年段階の日本社会において，このよう
なモデルを元にして考えることはかなり困難
になってきているのではないか。それはイン
ターネットの普及と拡大，スマートフォンの

登場によって，もはや誰もが随時にどこにい
たとしても（ユビキタス）情報の送り手にな
ることができる状況だからだ。

　TwitterやFacebookといったいわゆるソー
シャルメディアでは，友達同士の意見交換だ
けではなく，従来のマスメディアの情報とも
一対一で接することが可能になっている。情
報の速報性という観点からも，現在では新聞
や雑誌，テレビといったマスメディアが，
Twitterなどの情報を元にしてほぼ後追いの
形で報道するようになっている。つまり情報
内容の妥当性や信頼性をその専門性によって
これまで保ってきたマスメディアと，大衆に
よる情報提供とが，等価な価値を持つものと
認識されるようになってきたのだ。

　このことは，一方でフェイクニュースやデ
マの流布を止められない状況を生み出してい
る。東日本大震災発生後のデマの流布は，今
後も気にとめておかなければならないであろ
う。しかし他方で，これまでなら一切誰も目
をとめず，従ってその声を上げられなかった
弱者による情報の発信が，多くの人々によっ
て取り上げられるようになったのも確かであ
る。例えば「保育園落ちた。日本死ね」とい
うブログへの書き込みが，待機児童問題を国
会における争点にしたことは記憶に新しい。
だからこそ，情報の適切な取捨選択を可能に
するメディアリテラシーは重要なのである。

（2）ICT

　先ほどこの原稿の執筆時点を，2018年と記
述したのには理由がある。現在の情報をめぐ
る社会の動きが速すぎて，その内容が陳腐化
するのも速いからである。佐藤（2010）は，
現在のような「情報化社会」を考える際の教
訓を三つあげている。第1に「身近で具体的
な技術を扱うこと」。第2に「社会的な文脈に
目を配ること」。第3に「わからないことはわ

からないということ」。つまり情報に関する技術（ICT）については，流行に煩わされず，慎重に接していかなければならないというのである。

例えば2018年の時点で，もてはやされているICTに関するトピックは，AIについてのものだ。AIが自動運転技術を可能にする。将棋や囲碁などの競技でAIが人間に勝利した。もはや万能の技術であるかのようにAIが語られている。

しかし，ではAIとは何なのだろうか。AIという概念の多様性についてアメリカの国家科学技術委員会は，4つの分類を報告している。第1に「人間のように考えるシステム」（ニューラルネットワーク）。第2に「人間のように行為するシステム」（自然言語を通じてチューリングテストをパスする）。第3に「合理的に考えるシステム」（論理的な解法，推論，最適化）。第4に「合理的に行為するシステム」（知的なソフトウェアエージェント）。そして彼らは，AIとAIでないものを区別することは難しいとしている。つまり，AIとは何なのかも規定せずに「AIによって社会は劇的に変わる」とするような現在の状況は，先述した佐藤の教訓に照らせば，空虚であり，単に私たちの欲望にすぎないのではないか。

そこでAIをめぐるその困難さについて，AIが万能のものとなるために超えなければならない問題，いわゆる「フレーム問題」を提示しておく。例えば「コーヒーの入ったカップを別の机に移す」という作業を，AIに実行させようとする。私たちはこの作業を難なくこなせるが，AIは実行できるだろうか。

ここで，この移動変化によって変化するものを考えてみると，コップの位置やその陰影，取っ手の向きが変化するといったことが挙げられるだろう。他方で変化しないものを考え

てみると，コーヒーの量，重さ，所有者などは変化しないと考えられる。しかし，移動の際にこぼせば量は変化する。「君にあげるよ」という発言があれば所有者さえ変わる。人間なら通常無視できる，このような変化する／しないもの（これらを「周縁意識」という）について，AIに予め全て記述しておかなければ，その作業を完遂できないだろうというのがフレーム問題である。すなわち限定された条件を付けなければ，入手できる情報の多さにAIは対応できないということである。

（3）監視社会

AIと同様に，現時点でよく取り上げられている言葉として「ビッグデータ」がある。その定義として，以下の3つの特徴を持っているとされることが多い。第1に，その巨大なデータ量（Volume）。第2に，その発信や更新が頻繁に繰り返される発生頻度（Velocity）。第3に，文字に限定されないそのデータの持つ多様性（Variety）。このような情報の巨大な塊が，拡張された洞察や意志決定，自動的な処理を可能にする，革新的な情報処理をもたらすとされている。

実際にAmazonなどで商品を購入すると，それに関連性があるとされる別の商品が画面上に頻繁に現れるようになる。Facebookの広告には，登録時の年齢に合わせて関連した情報が提示される。こういった現象もビッグデータのなせる技と言える。画面上でのクリックという行為だけではなく，SuicaなどのICカードもその痕跡になり得るし，スマートフォンをただ持ち歩くという行為さえも痕跡になり得る。

このようなビッグデータの活用は，「それなりの正当化をともなう」もので，外面上は「安全」「安心」「利便性」の向上をもたらすとされ，私たちも自発的にそれを受け入れている。

しかしその一方で，私たち個人の様々な「断片的事実」は，デジタル化され，データベースに保存され，照合，修正，処理，売買，流通が行われている。直接的な監視でなくとも，情報を管理することによって，人々の様々な人権が脅かされるような社会の到来に警告を発したのが，ライアン（2002）の「監視社会」論であった。

監視社会における，このようなデータベースを利用した人々の分類は，ある観点からは危険視されてしまうカテゴリーの人々を「安全」「安心」「便利」な空間から排除するのに利用されるかもしれない。例えば，保険業に従事している人々は，どのような地域に，どのような人々が住み，どのようなリスクにさらされている（いない）のか，彼らの持つ顧客データベースによって判断している。彼らが排除を意図していなくても，そのデータベースが他のデータベースと結び付けられ，その情報が権力の側にもたらされれば，具体的な排除は効率的になされるだろう。

ビッグデータは，私たちの興味関心すら，そのデータベースに入力し結び付け，上記のような緩やかな監視社会をさらに補強していく。だとすれば，このような監視社会に対応していくにはどうすればよいのだろうか。不十分であることを承知のうえであえて言うならば，いわゆる「セキュリティ」を強化するのは当然のこととして，自らの情報提示がどのように利用される可能性があるのかをチェックすること，そして自らの情報を与える相手の信頼性を確認することが，今後は必要不可欠なのではないだろうか。

2 学習指導要領の解釈

本稿で扱う第5学年内容（4）「我が国の産業と情報との関わり」は，従前の情報に関する内容のうち，「情報ネットワークの公共利用」を主眼に置いていた学習内容から，「産業における情報活用と国民生活の向上」へと内容が改められた部分である。

2008年版学習指導要領では，情報ネットワークの学習を行う際，国や地方公共団体などが運用している情報ネットワークの事例を通して，公共サービスの向上に努めている様子から，情報化した社会の様子と国民生活との関わりについて学習してきた。しかし，新学習指導要領においては，「公共サービス」から「産業の情報活用」へと主軸が変更されており，それに伴う学習内容へ転換していかなくてはならない。

2017年版学習指導要領における内容構成を読み解くと，「ア　知識・技能」においては，「（イ）大量の情報や情報通信技術の活用は，様々な産業を発展させ，国民生活を向上させていることを理解」することを示している。また，「イ　思考力・判断力・表現力等」においては，「（イ）情報の種類，情報の活用の仕方などに着目して，産業における情報活用の現状を捉え，情報を生かして発展する産業が国民生活に果たす役割を考え，表現する」こととしている。つまり，産業界における情報活用を新聞や映像などの各種資料で調べたり，聞き取り調査をしたりすることを通して，情報化の進展が我が国の産業発展に寄与している様子を捉えるとともに，私たちの生活も便利で豊かになっている様子について事例を取り上げながら理解することが求められている。さらに，内容の取扱いについては，「イ　産業と国民の立場から多角的に考えて，情報化の進展に伴う産業の発展や国民生活の向上について，自分の考えをまとめる」ことが新たに示されており，「産業と国民生活」それぞれの

視点から「情報化」に対する自分の考えを論理的に説明したり，立場や根拠を明確にした議論を重視したりしていくことも，実践化に向けて留意しなければならないポイントとなる。その際，適切な情報活用に向けての在り方や情報化社会の良さや課題についても捉え，自分の考えをまとめるなど，前項で指摘した情報化におけるメディアリテラシーについても単元の終末において学習の中に位置付けることが必要である。

3 教材研究・教材開発の進め方

（1）日本における「情報」を調べる

一言で「情報」と言っても，情報技術や情報通信，情報科学など，多様な「情報」に関する言葉がある。まずは，日本における「情報」の現状について把握するために，統計資料をもとに概観する必要があるだろう。

データブックや官公庁が発行する白書には，様々な統計やグラフ，解説が書かれており，概要を把握するには適しているものと考える。しかし，これらのデータがいつのものかを把握する必要もある。本稿で取り扱う「情報」は，先述のとおり日進月歩が著しい分野であり，データブックなどの数値をそのまま鵜呑みにすることはできない。概要を把握し，ある程度教材研究が進んだところで，出典先のデータにあたるなどして最新の情報をもとに，更なる教材研究を進めていきたい。

ある程度「情報」に関する現状を把握できれば，次に本単元に関わる「情報」に関するキーワードを拾い上げていくことが必要になろう。本単元においては，「産業における情報活用」がキーワードになると考えられるので，その内容に付随したキーワードが求められる。例えば，「インターネット」「クラウド」「ビッ

グデータ」「AI（人工知能）」「IoT」などの言葉が挙げられるであろう。これらの言葉の意味や概要も把握するためには，文献調査についても進めていくことが必要であろう。その際，いきなり専門書からあたるのではなく，概要が掴みやすい解説本のようなものから当たっていくことで，「情報」に関する概観を把握できるように努めていきたい。

（2）教材化の視点

日本における「情報」の現状を把握した後，いよいよ教材化するための社会的事象を選択していくことが必要になる。学習指導要領では「社会の情報化」と書かれているが，このことを捉えるために，私たちはどのような社会的事象を選択して教材研究を進めていけばよいのだろうか。その視点として，まずは学習指導要領に書かれている「内容の取扱い」に注目する必要があるだろう。

学習指導要領において，先述の通り本単元の終末には，「大量の情報を活用して産業をより一層発展させること」を視点として，情報化社会のよさや課題について自分の考えをまとめることとしている。この「大量の情報」に関連する情報通信分野の用語として，「ビッグデータ」がある。「ビッグデータ」とは，大量のデータを蓄積し，そのデータを別のデータと結合させて解析していくことで新しい情報や価値を生み出し，ビジネスなどに活かしていくこととされている。

そもそも「ビッグデータ」と昨今呼ばれるようになった背景には，大量の情報を処理することができるようになった集積回路などの開発による技術革新や情報処理が可能になったことにより，大量のデータが他のデータと関連付けられ可視化することも可能になったことが挙げられる。また，小型センサーの開発により，家電製品などから発信された情報

がインターネット経由で容易に情報が収集されるようになったことにより，情報量が飛躍的に増えたことも挙げられる。「ビッグデータ」そのものは，もともとは各種センサーなどから発信されるごく少量のデータに過ぎず，一つ一つの情報に価値は少ない。しかし，これらの情報が蓄積され，統計処理などによって新たな価値が生み出されることが「ビッグデータ」の姿と言えよう。

　つまり，産業界においてどのような情報を収集し，収集した大量の情報（データ）をどのように活用していることで，私たちの生活がより豊かなものになっているかを探究できる社会的事象を教材化する必要があることが考えられる。その際，学習指導要領において「産業」を「販売，運輸，観光，医療，福祉など」と選択して取り上げることとしており，これらの分野を中心に調査していき，教材化することが求められているのである。

　加えて，児童の実態も踏まえて教材化を進める必要もある。インターネットなど，情報を活用している程度はどの程度か，児童が情報化についてどの程度把握しているのか，実態を捉えることによって，取り上げる産業についても取捨選択する材料が整うと考える。

（3）教材化における留意点

　「情報」を教材研究していく中で，国のICT政策の動向やインターネットを介して巨大な情報がどのように処理されているのかなど，情報通信の詳しい仕組みなどについて触れる機会が多くなると考える。教材研究を進めていくにつれて，このような仕組みも「情報」に関する「知識・理解」をする上で，必要不可欠ではないかと考えることも多いだろう。

　しかし，本単元において中心に扱わなければならないのは，「大量の情報を活用して産業がより一層発展」している社会的事象を追う

ことであり，情報通信技術の仕組みや内容に深入りすることではない。例えば，「様々な電化製品に入っているセンサーからインターネットを介して情報がどのように技術的に収集されているのか」「収集された膨大なデータをどのような技術によって解析・処理されているのか」などが該当するだろう。授業構成を考える際は，この点について深入りしないよう十分に留意していきたい。

　また，授業を実際に進めていく中で，「IoT」や「ビッグデータ」，「ゼタバイト」など，デジタル世代と言われる子供たちでも聞き慣れない情報関連の用語が出てくることが予想される。これらの用語は，極力出すことなく授業を展開できるよう指導計画を立てることが望ましいが，どうしても用語を出さなければならない場合は，子供たちにも分かるように用語を簡潔に説明していくことが必要であろう。例えば，大量の情報がインターネット内部に蓄積されていることを掴むために，情報の量を表す言葉の「ゼタ（zetta）」を取り扱う場面があったとしよう。10の21乗を表す言葉であるが，大量の情報を扱っていることを子供たちに掴ませることをねらいとするならば，0を21個並べてみることで視覚的に捉えさせることで，大量の情報を扱っていることが把握できるのではないかと考えられる。また，「ビッグデータ」についても，「大量なデータ」と言葉を置き換えて理解する道筋も考えられるが，そもそも「ビッグ」には「大きい」といった主観的な意味合いが強い言葉であり，どの程度であれば「大きい」と判断するかは，その人がデータを扱える量を超えているか否かである。そこで，複数のグラフ資料を次々と子供たちに配付し，そこから読み取れる内容を答えさせていく活動を用意したとしよう。ある時を境に資料数が大量になり，

処理することが難しくなった。その時の状態こそが「大量なデータ」を意味する「ビッグデータ」なのである。

本稿で扱う「情報」は，視覚的にすぐ分かるものが多くはなく，用語を一つ取ってみても難解な言葉が多い。指導にあたる際はこの点に留意し，先述のような視覚的，体験的な活動を通して子供たちの理解を図っていくことに留意していきたい。

4 実践プラン例

単元計画を作成するにあたり，次の4つのポイントをあげる。

---

①日常生活の中に見る情報活用事例の把握。
②情報や情報技術の活用により発展する産業を事例に，なぜ産業が情報を活用するのかについて問題意識をもつ。
③事例をもとに，情報を活用し発展する産業と国民生活との関連を調べ，国民生活に果たす役割を考える。
④学習したことをもとに，情報化の進展にともなう産業の発展と国民生活の向上を関連付けながら自分の考えをまとめる。

---

①では，日常生活の中で見られる情報を活用する場面を振り返り，情報を活用することが既に自分たちの生活の一部になっていることを捉えたい。天気予報の視聴やインターネットのニュース記事検索など，普段情報を活用している姿をクラスで共有することで，学習に対する視点を明確にしていきたい。

②では，実際に産業の中で情報を活用している事例について話し合い，産業が行う情報活用について問題意識を高めると共に，産業が行っている情報活用の現状と自分たちの生活との関わりについて調べていきたい。話し

合いの際，既習事項である農業や工業分野から情報活用に努めていた姿を話し合い，「なぜ情報を活用しているのだろう」という疑問から問題意識を高めていきたい。十分に子供たちの「なぜ」が高まったところで，学習指導要領で示されている事例の中から一つを取り上げ，「どのような情報を産業は集め，活用しているのか」を問いに立て，学習を追究していきたい。

③では，実際に活用に取り組む事例を取り上げながら「どのような活用によって，私たちの生活向上のために役割を果たしているのか」について考えていきたい。事例候補には，様々なものがあると考えるが，本稿ではその中から開発が進められている「テレマティクス」を紹介したい。「テレマティクス」とは，自動車などに対する情報提供サービスのことであり，本事例の場合は，自動車に付けられているセンサーから急ブレーキ情報についてインターネットを介して情報を集積し，情報をマッピングすることで安全マップを作成するものである。道路情報など，目に見えない危険を可視化し，マッピングにより新しい地図を作成することで，交通事故などの軽減に努めている事例である。これらの情報はスマートフォンでも活用でき，産業界が大量の情報を活用し，私たちの安全な暮らしの実現のため，つまり国民生活の向上について取り組む事例であると考える。また，産業界ではこのような新しい地図を作成することで，安全向上に向けた取り組みを行い，産業の更なる発展を目指していることが捉えられる事例ではないかと考える。

最後の④では，①から③までに学習してきたことをもとに，情報化の進展に伴う産業の発達や国民生活の向上について，そこでの問題や課題を踏まえて自分の考えをまとめてい

く。その際，「産業」「国民」それぞれの立場から多角的に「情報化」について考えていくことで，情報化による産業の発展と国民生活の向上について立場や根拠を明確した言語活動となるようにしていきたい。

5 結語

　本章で取り扱う「情報」は，社会学における基礎研究からも分かるように，内容が多岐に渡るものであり，実際に教材として取り扱う際には，どの内容に焦点を当てて取り扱うかを十分に吟味することが求められる。また，情報化は現在進行形で私たちの生活の中で形を変えながら進展しており，その功罪を含めた実態把握については常にアンテナを張りながら「情報化」に関する情報を把握することが，教材研究・教材開発の専門性を高める上で必要があると考える。その際，授業者が実際に見たり，調べたりしていきながら「社会がどのように動き，変化しているのか」について考えていき，「なぜ」「どうして」と探究的に「情報」について考えていくことが魅力ある授業づくりへの第一歩となると考える。

　「情報」は日進月歩の技術であり，教材化していきたい「情報・産業・国民生活」が関連する事例も日を追う毎に増えていくことが予想される。絶えず，子供たちにとって最適な事例は何かを考え，吟味していくことによって教材研究・教材開発の専門性を更に高めていけると考える。そのためにも，まずは，身の回りにある「情報」に関連するモノやコトに目を向けたり，書籍やインターネットなどを活用して情報を収集したりしていくことを続けていきたい。そのことによって，まだ世には出ていない教材が研究・開発され，更には実践されていくことで，社会科授業の更な

る改善と発展に期待したい。

　（本稿は，小項目1，2を苫米地伸，小項目はじめに，3，4，5を上野敬弘が担当した）

〈参考文献〉

○Executive Office of the President National Science and Technology Council Committee on Technology：Preparing for the future of Artificial Intelligence. 2016

○Dreyfus, Hubert L：What computers can't do (revised edition)，Harper & Row. 1972（1979）＝黒崎政男・村若修訳『コンピューターは何ができないか』（産業図書，1992年）

○羽生善治・NHKスペシャル取材班『人工知能の核心』（NHK出版，2017年）

○黒崎政男『ミネルヴァのふくろうは世紀末を飛ぶ』（弘文堂，1991年）

○Lyon, David：Surveillance society：Monitoring everyday life, Open University Press. 2001 ＝河村一郎訳『監視社会』（青土社，2002年）

○佐藤俊樹『社会は情報化の夢を見る』（河出書房新社，2010年）

○柴田正良『ロボットの心』（講談社，2001年）

○苫米地伸「大衆化と情報化」星野潔・杉浦郁子編『テキスト社会学』（学文社，2007年），pp.153〜164

○https://www.gartner.com/it-glossary/big-data

○文部科学省「小学校学習指導要領解説　社会編」（日本文教出版，2018年）

○総務省編『平成28年版情報通信白書』（日経印刷株式会社，2016年）

○竹村彰通『データサイエンス入門』（岩波書店，2018年）

○坂内正夫監修『ビッグデータを開拓せよ』（角川インターネット講座07）（KADOKAWA／角川学芸出版，2015年）

○大河原克行『図解ビッグデータ早わかり』（KADOKAWA／中経出版，2013年）

○安野功『平成29年告示新学習指導要領 元文部科学省小学校社会科教科調査官 安野功がズバッと解説！〜学習指導要領解説をわかりやすく読み解きます！〜』（日本文教出版，2018年）

第16章 カリキュラム・マネジメントとカリキュラムづくり

1 カリキュラム・マネジメントとは

2016（平成28）年8月，中教審教育課程企画特別部会が公表した「論点整理」において「カリキュラム・マネジメント」（以下「カリ・マネ」と略記）という言葉が登場し，翌年改訂された新学習指導要領にそれが反映された。「総則」には，次のような記載がある。

第1　小学校（と中学校）教育の基本と教育課程の役割
4　各学校においては，児童（生徒）や学校，地域の実態を適切に把握し，教育の目的や実現に必要な教育の内容等を教科等横断的な視点で組み立てていくこと，教育課程の実施状況を評価してその改善を図っていくこと，教育課程の実施に必要な人的又は物的な体制を確保するとともにその改善を図っていくことなどを通して，教育課程に基づき組織的かつ計画的に各学校の教育活動の質的向上を図っていくこと（以下，「カリキュラム・マネジメント」という。）に努めるものとする。

つまり，学校単位で教育の目的（目標）をはっきりと示し，その実現に向けて総合的学習の時間を中心に，各教科の学びや学校行事での活動などを具体的かつ計画的に統合・再組織化するなどの工夫が各学校に求められるようになったのである。これは到底，教師一人でできることではないのであり，学校全体が協力していく必要がある。教育の目的をどこに置くか次第では，その再編は数年計画になることもあるし，学校種を超え出ること（小中高や特別支援学校との連携）や，学校外の人との連携・協力も求められるかもしれない。

カリ・マネについての考え方が良く分かる事例として，田村知子氏のモデル図（資料1）をここで紹介しておこう。田村氏は，カリ・マネの手順を次のア〜キの7つに実に簡潔にまとめている―ア 教育目標の具現化→イ カリキュラム（そして単元や授業）のPDCA（計画・実施・評価・維持or改善）→ウ 組織構造→エ 組織文化→オ リーダー→カ 家庭・地域社会等，キ 教育課程行政。これはさらに大きくまとめると，第一段階「教育活動としてのカリキュラム計画」，第二段階「経営活動としての教員組織の構築」，第三段階「学校外との連携体制の構築」となる。この流れは一定規模の小売店や企業，病院やNGO組織などの企画・運営手順とある意味同じ流れであり（企画→組織づくり→地域や行政への協力依頼），そうしたものを学校現場に応用したものと考えることができる。ただ，実際はこの順序の通りにならないだろう。例えば，組織構造を整理する前にリーダーが決まるかもしれない。家庭や地域の連携が最初にあって事が始まるかもしれない。

ただ，筆者から見るとこの図は肝心な事が抜けているように思う。それは，顧客のマーケティング。教育に置き換えるなら，社会や生徒のニーズを拾うことである。企業戦略においてもマーケティングは重要な観点であり，これは学校でのカリ・マネでも同じではないか。もしかしたら地域も児童（生徒）も主権

●資料1 「カリキュラムマネジメント・モデル図」（田村，2014）

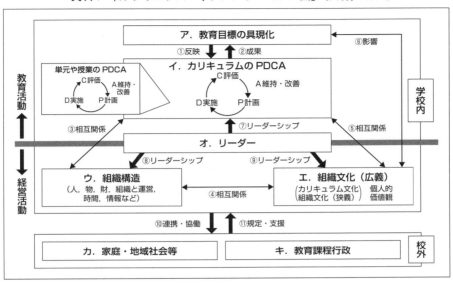

者教育の必要を感じていないかもしれないし，地域や児童（生徒）が思い描くそれと学校のそれとの間には大きな齟齬があるかもしれない。もしそれでも学校が自らの目標やビジョンを押し通したいと考えるのであれば，「ア 教育目標の具現化」「イ カリキュラムのPDCA」のP（計画）の時点で家族・地域・行政との話し合いを持つ必要が生じるだろう。「家庭・地域との連携・協働」や「行政」は図において，もっと早期の段階に位置付けても良いかもしれない。

2 なぜカリ・マネが重視されるのか

新学習指導要領は，これまでにない負担を教師に求めてきている。その背景には，従来の学校教育が指摘されてきた2つの課題，そしてそれへの対策が大きく影響している。

(1) 転移しない教科の知識・技能

一つめは，学校，特に教科で学んだ知識や技能などが実社会でなかなか活用されていない，という指摘である（教育学では「転移されない知識・技能」問題と呼ばれる）。これは実質的に，二つの事を意味している。一つは，学校で学ぶ知識や技能の多くが，そもそも実生活においてほぼ活用されることのない，学校内でしか価値のない「学校知」である，という意味。例えば，数学で学んだ一次変換や歴史で学んだ将軍の名前や年号などがこれに該当するだろう（数学の専門家に尋ねても，一次変換を学ぶことの意義を「頭の体操」以外に説明できる者に筆者は出会ったことがない。将軍の名前や年号はスマートフォンなどで調べればすぐにわかることで，わざわざ覚えておく必要がない）。そしてもう一つは，本当は教科で学んだ知識や技能の中には，必要な時・場面で上手く活用するなら社会生活はより有益なものになる潜在力を持つが，教師や生徒がその時・場面がいつどこであるのか理解できていない，という意味。例えば，中学校の歴史で学ぶ，ホッブス，ルソー，ロックの3人の社会契約の思想は，ちゃんと理解

するならば，政治権力の必要性だとか，大陸法型民主主義と米英法型民主主義の思想的な違い（これは選挙制度の比例代表制と小選挙区制との違いなどに現れる）に関する理解をもたらし，民主主義の在り方を根源的に問い直すのに有益な知識となる。だが，その理解が教師側にないままに児童（生徒）に伝えられることも多く，結果として児童（生徒）はこれらの知識を社会生活で生かせるとは考えなくなる。

このような事態が生じる背景には，教師が教科で教えている知識や技能がいかなる教育の目的（目標）の達成にいかなる貢献をするのかを，教師も学校も問いかけることがない実態がある。「知識（技能）に無駄はない」「何か意味があるから教育課程に入っているんでしょ」という決めつけが，それを助長する。さらには，学校に浸透している二つの神話の存在が，この問題をより深刻なものとしている。一つは，知識や技能は繰り返しドリルさせることで習得させることができ，一度習得されたものは忘却されることなくいつでも発現できる，という神話である。もう一つは，個別的情報よりも概念や理論といった一般的知識，そして批判的思考といった教科を超えた汎用的な技能の方が，論理的に考えてより他事例にも広く応用可能であるので，実生活での活用を促しやすい，という神話である。これらは近年の学習心理学の研究で否定されつつある（ブルーアー，1997）。児童（生徒）は，その知識や技能を使う場面や時について知らなければ，必要な場面や時にその知識や技能を発現するとは限らないし，またその知識や技能に意味を感じていないなら，その知識や技能はやがて捨てられていく。知識が個別的か一般的か汎用的かという知識の性質は，それが実際に活用されるかの問題とは，実は

あまり関係はない。

知識や技能を社会生活で活用するように児童（生徒）に働きかけたいのであれば，児童（生徒）と教師とが共有できる教育の目的（目標）にとってのそれらの知識や技能の意味をまず教師は考えることが求められる。例えば，そうした教育の目的（目標）を主権者の育成に置いたとして，それらの知識や技能が主権者になるのにどのような貢献をするのか，教師はしっかりと問いかけて理解し，そのことが児童（生徒）にも伝わる授業を展開していかなければならない。

（2）活動主義

従来の学校教育に指摘されてきた二つ目の課題は，活動すること自体が目的化して，知識や技能の質が高まらない活動主体の学習が横行していること（教育学では，「活動主義」「はいまわる経験主義」問題と呼ばれる），である。例えば，2015年，総務省と文部科学省は，若者の選挙離れを防止するために，副読本『私たちが拓く日本の未来』を作成して高校現場に配布した。そこでは，模擬投票が有効な手段として強調されていた。ただし，これに対しては，18歳になるまでの間にどれだけ社会の現実や問題について理解しているか，その知的な基盤がなければ，有効な判断は下せずパフォーマンスに留まるのではないか，とか，主権者の行動を投票行為に限定したような議論をするのは，主権者像を狭めてしまうのではないか，との声が，実際に高校で授業をする教師側から出ている。筆者も，いくつか模擬投票の授業やその実践記録を目にして感じたのは，生徒たちは確かに真面目に活動に取り組むのだが，生徒らが投票する先は，どうしても耳触りが良いが実現性などに課題が残る主張をする候補者や政党になりやすい，という事実である。また，選挙報道で扱われ

ることが少ないテーマには関心が低い傾向も
みられる。18歳の模擬投票の前段階までに，
生徒には主権者としてある程度ふさわしい知
識基盤を開発しておく必要性を強く感じると
ころである。

　活動主体の学習が，活動主義に陥らないよ
うにするためには，教師は，前述したように，
主権者になるために有効な知識や技能を，児
童（生徒）たちがそのことを理解できるよう
な形で教えていくことができているかどうか，
という問いに加えて，従来の各教科の教育課
程は，主権者になるために必要な知識や技能
を十分に保障しているのか，についても問わ
なければならない。例えば，主権者になるた
めに児童（生徒）は日本の喫緊の課題である
高齢者福祉・エネルギー・憲法の問題を考察
することが出来るようにならなければならな
いとして，そのために必要な知識や技能を，
従来の学びの中からどの程度児童（生徒）た
ちは学ぶことができているのか。もしこうし
た諸問題を深く考えさせたいのなら，何が不
足しているのか。教育の目的（目標）から逆
向きに問い直していくことが求められる。こ
うした知識基盤が不十分なままで模擬投票を
するなら，模擬投票や学校が主権者の育成と
いう教育の目的（目標）に寄与できる部分は，
極めて小さなものとなる。

3 社会科でなぜカリ・マネが必要か

（1）社会科の教科目標とカリキュラム

　そもそも社会科が果たす大きな役割の一つ
に主権者の育成がある。そのことは，学習指
導要領に定められている教科目標に「社会的
な見方・考え方を働かせ，課題を追究したり
解決したりする活動を通して，広い視野に立
ち，グローバル化する国際社会に主体的に生

きる平和で民主的な国家及び社会の形成者に
必要な公民としての資質・能力の基礎」を育
成することを挙げており，「国家及び社会の形
成者」という形で表現されていることからも
確認できる。そして社会科で育てる主権者像
は，「主体的な…形成者」という表現にも見て
取れるように，選挙で間接的に政治参加をし
ていくことだけではなく，社会問題への議論
への参加や，場合によっては問題解決行動の
とれる市民といった，直接的な行動のところ
まで広がるものであると解するのが一般的で
あろう。当然ながら，こうした社会科の教科
目標を意識するなら，それは知識の習得のみ
で到達することは不可能で，主権者としてふ
さわしい態度や社会分析のための技能，さら
には自らの意思を表現する力も必要となる。
このことは，新学習指導要領の社会科の教科
目標を達成するために下位目標を「知識・理
解」「思考・判断・表現」「態度・人間性」の
3つに分けていることからも確認できる。

　通常，技能や態度といったものは，1度の
授業で育成のできるものではない。繰り返し，
意識的にこうした技能や態度を育成できるよ
うな学習課題を，長期的に繰り返し展開して
いくことが求められる。また，これらの育成
は座学では不可能で，自然と活動中心の学習
形態（いわゆる「アクティブ・ラーニング」）
が求められる。また，技能などは，低次なも
のから高次なものへと段階的な育成が求めら
れるかもしれない。何を低次な技能とし何を
高次な技能とするのかについては意見の分か
れるところであるが，例えば，地形や気候の
影響から説明することは，比較的に低学年で
も可能であるが，同化圧力や自明視といった
社会学の視点からの分析は，一定年齢に達す
るまでは扱いが難しいかもしれない。また，
学校外の人々を外部講師として学校に招聘す

る試みにおいても，そのアプローチは小学校3年生と高校3年生とで大きく性格が異なるものとなるだろう。前者の外部講師は児童（生徒）の質問に答える人といった役割が主になるかもしれないが，後者の外部講師は生徒の論争相手になるかもしれない。

　また，どのような知識・技能・態度が必要となってくるのかについても，その児童（生徒）の置かれている時・場所によって変わる面がある。例えば，主権者になるために，人々は一般に地域への一員としての自覚を持つ必要があるし，その地域はもっと良くできるという期待感を持たねばならないだろう。だが人口流動の多い地域の場合，児童（生徒）が全般に地域の一員としての自覚に欠けていたとしても不思議ではない。また過疎地域など，地域によっては暗い話題が多く，児童（生徒）の多くが地域に希望を持つことができないかもしれない。この場合，地域の歴史を掘り起こして，苦難に立ち向かった／向かっている地域の人々を学ばせることに力点を置いても良いだろう。逆に，強烈な郷土愛と地域への期待感にあふれる地域もあるかもしれない。この場合は，その行き過ぎを防ぐ試みをすべきだろう。

　このように，主権者を育成するためには，地域の特性を生かした教育計画を，中長期的な視点から学校単位で考察していくことが本来求められる。実際，アメリカ合衆国でも日本でも，特に社会科において，学校独自のカリキュラム作りが奨励された過去がある。

（2）教師のカリキュラム作成の歴史

　ただし，カリキュラムについての，こうした複雑な判断の全てを教師がなすべきなのかどうかについては，日米両国で議論があった。アメリカ合衆国の場合，当初は有識者からなる教育課程開発専門委員会を編成してカリキ

ュラム案を提案する形態であった。しかし1920年代にハロルド・ラッグらがこれを思弁的と批判し，教師によるカリキュラムの作成とカリキュラム研究の科学的研究を主張した。そして社会科の研究学会が，教師と専門家の協同でのカリキュラム研究を理想として設立された。このアメリカ合衆国の新しい流れは第二次世界大戦後に日本に導入され，当時の文部省は学校独自の社会科カリキュラムの作成を奨励した。ただ，民主主義の経験も，カリキュラムに関する専門的な知識もない当時の教師たちに，主権者育成などを目的とするカリキュラムを作らせようとした終戦直後の改革はやや急過ぎた嫌いがあり，教師の多くを混乱させた。その後，日本では有識者からなる教育課程開発専門委員会を編成する方式を採用することになり，少なくとも教育政策上，教師はカリキュラムを作る責任から解放されることになった。

　ただ，現在はこうした終戦直後と状況が大きく変わった。現在はどの教師も民主主義を経験している。また大学の教員養成機関を始め，主権者を育成するカリキュラムを具体的に作ることのできる教師を育てることができる環境が整いつつある。その一方で，地方は過疎化が進行し都市は核家族化と分業化が進む中で，人々の連帯感はかつてより弱いものとなり（人々の公共意識の低下を指摘する専門家もおり，若者だけでなく各年代での投票率の低下傾向などにその一端を確認することができる），地域の実情に応じた主権者育成の必要性は，待ったなしの段階に来ている。

（3）社会問題の複雑化

　では，どうして新学習指導要領において，社会科だけでなく広く学校全体でのカリキュラム・マネジメントが求められたのか。これには，2つの理由を指摘できるのではないか。

一つは，現代社会が複雑になり，社会問題も複雑化していることが挙げられる。例えば，原子力発電の是非をめぐる問題や環境保全の問題については，どうしても高度な科学的な知識が必要になる。また，実際に児童（生徒）自らが考えた問題解決案を広く人々にアピールするとして，インターネット上にホームページ（HP）を公開するのも有効な手段の一つとなるが，その際，HPのデザインやイラストなど，広く人々の目を引くようなアピールが出来る必要があり，この際に国語や美術の知識が必要になる。もはや現代の社会問題は，分析するにしても解決を試みるにしても，一教科としての社会科，そして人文・社会諸科学の専門家としての社会科教師の力だけでは対応できないまでに複雑化している。外部から専門家を招聘しないと，十分に問題を理解できないようなテーマも少なくない。ただ，それを可能とするだけの交通網の整備とコミュニケーション技術の進歩も生じている。

もう一つの理由に，学校が担う役割の多様化を指摘できるだろう。一昔前なら地域や家庭が担っていたようなテーマまで，学校が責任をとるべきとされるようになってきている。広田照幸氏は，学校でできることとできないことをしっかり区別することが大切であると指摘し，何でもかんでも学校に責任を負わせようとする現在の流れに警鐘を鳴らしている（広田，2003）。この主張には筆者も頷けるところだが，ただ学校を取り巻く環境の変化を踏まえると，多少やむを得ない面があるのかもしれない。学校は主権者の育成以外にも，職業観の形成，人間関係の構築など，多くの責任を持つようになり，社会科がそれらに果たすことのできる役割も少なくない。

4 カリ・マネの実例

まだカリ・マネは始まったばかり，そのため実例は少ない。ましてや社会科と関係の深い，かつ本書で模範例として紹介することができる程に質の高い事例に，筆者はいまだに出会えていない。この事を最初に断っておきたい。ここでこれから取り上げる事例は，現在進行中の各地域・各学校のカリ・マネにどういった良さや課題があるのかについて読者が議論するきっかけになって欲しいと思って紹介するものである。

資料2は，船橋市教育委員会が2017年に作成した『わたしたちがつくる私たちの社会―主権者教育の手引き―』に示されているカリキュラム構想案である。同手引きには，①船橋市が考える主権者教育の基本理念，②教科横断的な主権者教育カリキュラムの計画，③その実現に向けた具体的な授業事例，④文部科学省関係の資料，が掲載されている。

現在，船橋市教育委員会は，市の公立の小中（高）や特別支援学校全体で連携して主権者教育を進めていくことを目指している。そして同委員会は，小中（高）の各教科の教師を集めて研究会を開催し，各学校が主権者を育成することを教育目標とするカリ・マネを進めやすくするように，カリキュラム構想案を含めた手引書を作成することを決めた。同委員会の主権者教育の考え方は，社会科だけでなく，他教科や生徒会活動など特別活動も含めて包括的に行うものとしている。同委員会は，「主権者としての自覚を培う教育を推進するためには，教科等の学習指導要領の内容について理解を深めるとともに，身に付けた知識・技能を踏まえて，以下の（4つの）資質・能力を育む」必要があるとし，「課題を解決しようとする意欲や態度」「課題を見出し，

協力的に追究し解決（合意形成・意思決定）を図る力」「課題について多面的・多角的に考察し，公正に判断する力」「論理的思考力（とりわけ根拠を持って主張し，他者を説得する力）」の育成を教育目標に挙げている。

同委員会の主権者教育の目標は「資質・能力」の側面に重点が置かれていることもあり，この手引きは，教科内容の検討よりも教育方法の検討の方に話題を重点化している傾向がある。例えば，何を教えるのか，よりも，どう教えるのか，の議論が先に示されている。同委員会は，「問題解決的学習」「主体的協働的学習」「言語活動の展開」が主権者教育を支える3つの教育方法であると主張している。おそらく，先の4つの資質・能力を育むのに必要となるパフォーマンスを，この3つの教育方法なら組み込み易いと同委員会が判断したのだと思われる。

ただ，船橋市教育委員会の主権者教育で最も興味深いと筆者が感じたのは，教育方法の議論に留まらず，既存の教育課程についても多少手を加え，「政治参加教育」「法教育」「消費者教育」「租税教育」「キャリア教育」として再編し，さらに小中間でこの5枠が維持されている点にある。このことは，恐らく，より有効な主権者の育成に向けて既存の教育課程を調整するために，それぞれ「政治参加教育」「消費者教育」などと捉え直し，そのことで探究課題や教授する内容などについて根源的に見直すこと，そして小学校の学習事項と中学校のそれを連続させる事を現場に意識づけようとしたものであろう。

今後，船橋市教育委員会のカリキュラム提案が主権者教育としてより進展していくにはどうすれば良いのだろうか。いくつか筆者なりの提案をして，論考を終えたいと思う。まず，小学校と中学校の差異化をより明確にすることが望まれるだろう。例えば「わたしたちの生活と政治—小6—」を法教育や租税教育に再組織するという発想は面白いのだが，中学の法教育などとどう差異化するのか（系統性を持たせるのか）についての具体的な検討が今後は必要となってくるだろう。

さらに同委員会は，既存の教育課程の主題についてそのまま活用しているため，既存の教育課程内では十分に保証し得ない，主権者として大切になる知識などが欠落する恐れがある。主権者にとって学ぶ必要のあるテーマや問い，知識，技能などを最初に書き記すなどの対応が求められるかもしれない。

加えて，同委員会のカリキュラム構想案には，小中学校学習指導要領「社会」で扱う主題の全てが含まれているわけではない点は気がかりである。特に歴史領域で扱われる主題の多くが含まれていない。本来，社会科は歴史領域であろうと，国家・社会の形成者（主権者）として必要となる知識や技能，資質・能力の育成が求められるはずである。現段階で見れば，意図せざる結果として，歴史教育の潜在力を抑制してしまうことにもなりかねない。今後，各地域でカリキュラム構想案が示され，こうした議論を深めながら改善が図られていくことが期待されている。

（渡部　竜也）

〈参考文献〉
○J. ブルーアー（松田文子他訳）『授業が変わる』（北大路書房，1997年）
○広田照幸『教育には何ができないか』（春秋社，2003年）
○田村知子『カリキュラムマネジメント—学力向上へのアクションプラン—』（日本標準，2014年）

第3部　小学校社会科教師の専門性の追究 ―学習指導の専門性（発展編）―

●資料2　各教科等における主権者教育関連表

【小学校】

	社会	家庭	道徳	特別活動
政治参加教育	学校のまわりのようす―小3― 船橋市のようす―小3― 事故や事件からくらしを守る―小4― 住みよいくらし―小4― わたしたちの生活と政治―小6―	A　家庭生活と家族	C　規則の尊重 　法やきまりの意義を理解した上で進んでそれらを守り，自他の権利を大切にし，義務を果たすこと。 C　よりよい学校生活，集団生活の充実 　先生や学校の人々を敬愛し，みんなで協力し合ってよりよい学級や学校をつくるとともに，様々な集団の中での自分の役割を自覚して集団生活の充実に努めること。	学校や学級の生活づくり
法教育	わたしたちの生活と政治―小6―	D　身近な消費生活と環境		学校や学級の生活づくり 日常の生活や学習への適応及び健康安全
消費者教育	スーパーマーケットのしごと―小3― これからの食料生産と私たち―小5― 情報化した社会と私たちの生活―小5―	B　日常の食事と調理の基礎 C　快適な衣服と住まい D　身近な消費生活と環境	C　家族愛，家庭生活の充実 　父母，祖父母を敬愛し，家族の幸せを求めて進んで役に立つことをすること。	日常生活や学習への適応及び健康安全
租税教育	わたしたちの生活と政治―小6―	D　身近な消費生活と環境	C　規則の尊重 　法やきまりの意義を理解した上で進んでそれらを守り，自他の権利を大切にし，義務を果たすこと。	
キャリア教育	工場のしごと，農業のしごと―小3― 世界の未来と日本の未来―小6―	A　家庭生活と家族 B　日常の食事と調理の基礎 C　快適な衣服と住まい D　身近な消費生活と環境	C　勤労 　働くことや社会に奉仕することの充実感を味わうとともに，その意義を理解し，公共のために役に立つことをすること。	日常の生活や学習への適応及び健康安全

【中学校】

	社会	技術・家庭	道徳	特別活動
政治参加教育	身近な地域の調査（地理）―中2― 「地域の課題を見つけ解決しよう」 明治維新と立憲国家の歩み・大正デモクラシー・日本の民主化と冷戦（歴史）―中2，3― 民主政治と政治参加・くらしを支える地方自治・国の政治のしくみ・財政と国民の福祉・国家と国際社会・国際社会の課題と私たちの取り組み（公民）―中3―	技術：A　材料と加工に関する技術　(1) 生活や産業の中で利用されている技術 家庭：A　家族・家庭と子供の成長　(2) 家庭と家庭関係	C　遵法精神，公徳心 　法やきまりの意義を理解し，それらを進んで守るとともに，そのよりよい在り方について考え，自他の権利を大切にし，義務を果たして，規律ある安定した社会の実現に努めること。 C　よりよい学校生活，集団生活の充実 　教師や学校の人々を敬愛し，学級や学校の一員としての自覚をもち，協力し合ってよりよい校風をつくるとともに，様々な集団の意義や集団の中での自分の役割と責任を自覚して集団生活の充実に努めること。	「学級組織と自分の役割」（1年） 「地域社会に生きる一員として」（3年）
法教育	現代社会をとらえる見方や考え方（公民）―中3―「きまり・契約」 法に基づく政治と日本国憲法（公民）―中3― 日本国憲法と基本的人権（公民）―中3―	技術：D　情報に関する技術　(1) 情報通信ネットワークと情報モラル 家庭：B　食生活の自立 等　(2) 日常食の献立と食品の選び方		「学校生活を見つめよう」（1年） 「集団生活の向上を図るために」「社会に生きる一員として」（2年）
消費者教育	消費者生活と経済のしくみ（公民）―中3―	技術：A　材料と加工に関する技術 家庭：B　食生活の自立，C　衣生活・住生活と自立 等	C　家族愛，家庭生活の充実 　父母，祖父母を敬愛し，家族の一員としての自覚をもって充実した家庭生活を築くこと。	「私たちの毎日と食生活」（1・3年） 「健康で安全な生活を守るために」（2年）
租税教育	身近な地域の調査（地理）―中2―「歳出と歳入」 くらしを支える地方自治（公民）―中3― 財政と国民の福祉（公民）―中3―	家庭：D　身近な消費生活と環境　(1) 家庭生活と消費	C　郷土の伝統と文化の尊重，国を愛する態度 　郷土の伝統と文化を大切にし，社会に尽くした先人や高齢者に尊敬の念を深め，地域社会の一員としての自覚をもって郷土を愛し，進んで郷土の発展に努めること。	「職業と産業の関係」（3年）
キャリア教育	日本国憲法と基本的人権（公民）―中3― 生産の場としての企業（公民）―中3― 財政と国民の福祉（公民）―中3― 国際社会の課題と私たちの取り組み（公民）―中3―	技術：A　材料と加工に関する技術，B　エネルギー変換に関する技術 家庭：A　家庭と子供の成長，B　食生活と自立 等	C　勤労 　勤労の尊さや意義を理解し，将来の生き方について考えを深め，勤労を通じて社会に貢献すること。	「職業について」（1・2年） 「卒業後のさまざまな学びの道」「自分らしい進路を考えよう」（2年） 「進路選択の準備をしよう」（3年）

（船橋市教育委員会『わたしたちがつくる私たちの社会―主権者教育の手引き―』2017年，10-13頁から抜粋。一部省略。）

第17章 授業研究への取り組み

1 なぜ授業研究をするのか

事前に子どもたちの生活経験や学習経験を確認して教材を作り，その教材の構造について検討して，学習指導計画を検討した上で授業は行われる。授業までに配慮すべきことは多くある。その授業を人に観察してもらい，授業記録を手がかりに事後の検討会を行う。そこで得られた知見をもとにして，授業の改善策を練ったり，次の授業を計画したりする。こうした一連の「授業研究」は，日本独特のものであり，近年諸外国にも広がりを見せているということを意外に思う人は多いだろう。

例えば，アメリカの社会科教育研究をする場合，現地における一次資料の収集で最も難儀なことは，学習指導計画や授業記録がほとんど残されていないということである。そもそも学習指導計画や授業記録という単語を理解してもらうことが難しい。"lesson plan"や"teaching plan"と言ってみたところで，それらは授業をする際のアイディアやヒントを意味することが多く，実際に行われた授業の記録はほとんど残されていないのである。

本章では授業研究のあり方について，教育実習を想定しながら「質的研究法」を念頭に置いて論じる。

（1）授業研究のねらい

授業研究にはいくつかの目的がある。

①授業理解のため：授業のみならず，授業を成立させている様々な要因（例えば教師の持つ学習指導の意図，学習者の課題意識や意欲，生活経験や学習経験，既有の知識，学級の人間関係など）や，それらの関連についての理解を深めようとする場合。また，授業の特徴（例えば課題解決型か事象理解型か，対話的か説明的か，グループ学習を多用するか全体での議論を重視するかなど）の理解を目的とする場合。教育実習の際の授業観察はこれにあたるだろう。

②授業改善のため：単に社会的事象の説明をする技術ではなく，社会的事象を取り上げて何かを学ばせようとする教授技術を磨くことは，厳しいトレーニングを必要とする。いくつもの観点に立って，複合的・総合的に授業について検討することを要する。この点において，現状の改善を目的として行われる質的研究法のやり方に学ぶ意義があると言えるだろう。

③より具体的な課題の解明のため：社会科の授業で取り上げる社会的事象や，その原理的な概念（社会科に関わるテーマ）の指導のしかたを明らかにしようとする場合がそれにあたる。また評価に関わって，学びのプロセスや質を重視した評価の充実を目指す場合も含まれる。

（2）授業研究のあり方

授業研究の目的を達成しようとする場合，まずは的確な子どもへの理解が重要であることは当然のことである。個人や集団のどこをどう見るか，そのための方法について考えなければならない。

これまで，長年にわたる授業研究の蓄積が

なされている。フランダース（N. A. Flanders, 1972）による「相互作用分析のためのカテゴリ」を活用した授業分析に代表される教育工学的手法は，科学性を強く指向するものとして高く評価されてきた。しかし数値化された授業のデータでは，授業という複雑な営為を捉えきることは難しい。そこで近年，授業者と学習者や学習者同士のコミュニケーションを多角的に分析しようとする質的研究に期待が寄せられている。教育実習などで学級経営や授業づくりについて学ぶ場合には，その重要性と有効性が認識されるようになった質的研究法を参考にしたい。

（3）社会科の理論研究への批判的視点

かねてより日本においては欧米のフレームワーク（日本の学習指導要領に相当）や，カリキュラムの研究が進められてきた。その意義と蓄積は認められなければならないが，フレームワークやカリキュラム，さらには教科書の構成を解釈して紹介することをもとにして，安易に学習者の学びのプロセスを憶測的に論ずるものが散見される。こうした研究手法や傾向には警鐘を鳴らしたい。計画した通り，教えた通りに学習者は学ぶという保証はどこにもないのである。具体的な学びの姿から，学習の実際を解いてゆく，授業の帰納的な質的研究が重視される必要がある。

質的研究はいわゆる「厚い記述」を必要とすることから，制限字数の厳しい学術論文としては世に出にくい。先行研究の収集にあたっては学会誌の論文検索だけでなく，著書，研究紀要，報告書など，広く検索をすることが求められる[1]。

2 なぜ記録するのか

（1）授業観察の2つの視点

授業観察の視点は大きく2つあるだろう。
○授業における授業者のねらいが達成されていたか。
○教室で何がどのように学ばれ，いかなる事象や問題が生じていたか。

両者は別個のものだろうか。授業研究会や公開研究会などの研究協議では，前者について語られることが多い。子どもたちの学びを置き去りにして，授業それ自体の方法論の良し悪しを議論してしまう場合も見られる。その結果，明確な結論が出せず，議論が終わらないことにもなる。

情報を共有し合い後者をしっかり議論してから前者について検討する，というのが本来あるべき流れである。だが大抵の場合時間が限られており，両者ともに十分に行うことは難しいのが実状である。

（2）なぜ記録するのか

本来，観察とは「無限で多様な」現実を，ある特殊な観点から切り取ることである。したがって，観察では限定された観点から授業を捉えることになる。ゆえに見えない部分が発生する。授業は当事者の具体的な相互作用の現場である。その現場に焦点を合わせ，そこから見えてくる現実を捉えようとするのが観察である。現実は，見る視点によって様々な見え方をする。

観察は観点の制限を伴うため，現実をありのままに捉えるためには，文化人類学などでいう「厚い記述」が必要となる。長期間の観察をしたり，複数名で観察をしたりして，できるだけ多くの記録を手元に残していくということである。その記録を手がかりとして，現実に何が生じていたかについて多角的に解釈することになる。

（3）授業記録の検討のしかた

授業研究を目的として「厚い記述」を蓄積

するには，大きく二通りの方法があるだろう。複数の観察者による記録と単独の観察者による記録である。前者は，校内や公開の研究授業において見られる方法である。1時間ないし数時間の授業を記録して，「ストップモーション」や「カンファレンス」形式で議論を進めてゆく。観察の回数は少ないものの，観察の視点が複数備わっている。観察のポイントとして，単元目標や学習課題の達成度，学習のプロセスとその構造，個や集団の学びの実際，発話のプロトコル，個々の学習者の表情やつぶやき，ノートの記述など，記録し検討すべきものは多くある。これらを授業後に持ち寄って事実と解釈を述べ合うことになる。この形式は，昔から広く採用されている方法であるが，最終的な結論をどう導き，授業改善の拠り所とするかについては課題も残されている。後者は，研究課題や研究仮説を持った単独の観察者が，仮説の生成や検証を目的として継続的に行うことが多い方法である。一般に「厚い記述」というとき，こちらの方法によって記録されたものを指す。また，授業者が観察者の役割を兼ねて，通常の授業において観察者なしで行うことも多い。研究課題を設定した後に仮説を生成することを目的として行う場合や，研究仮説の検証のために観察記録を蓄積するために行う場合などがある。観察の視点は限定されるが，学習者の長期間にわたる変容や集団の人間関係の変化を記録し，集団に備わる文化的規範に内側から迫ることができるところに強みがある[*2]。

（4）具体的な検討の事例
①窪直樹の授業改善の方法

窪は，2015年度の日本社会科教育学会の課題研究，「社会科授業研究のための質的研究法の課題」において，4年生の児童が小型家電のリサイクル方法を考える場面を中心に実践

を紹介し，それに対する考察をもとに授業改善の視点を3点提示した。特に重要と思われるのは，「授業記録と対話する」という提言である。概要は次の通りである。

授業を自分が行うため，観察者を一人依頼する。授業を記録してもらい，ある程度客観性のある授業記録を得る。そこに授業者の意図という主観を書き入れながら，授業場面を現実に近づけていく。そうすることにより，児童らのコミュニケーションの分析や授業者としての発問の吟味が可能になるというものである。

この方法は，教育実習において自分の授業を仲間に記録してもらうことにより実践することが可能であるし，仲間同士でコメントを付け合う形にも応用ができる。この方法の特徴は，「授業者の意図という主観を書き入れる」ところにある。授業者の意図という「主観」と授業記録という「客観」とを突き合わせて，授業の良し悪しを判断するということである。複数の仲間で一つの授業について議論することは大変有益であり，授業者の成長に直結する。これは前述の「1の（1）授業研究のねらい」に示した「②授業改善のため」に該当するものである。

②筆者の長期観察における仮説生成とその検証

「1の（1）授業研究のねらい」の「③より具体的な課題の解明のために授業研究をする場合」については，筆者の採用した方法を取り上げる。

社会科は，1947年の発足当初より，「公正な社会的判断力の育成」が教科の中心課題とされてきた。しかしながら，そのことについての先行研究がないという不可思議な状態が続いてきた。そこで筆者は，法哲学の理論を手がかりに，「公正さ」の性格について明らかにした。その結果，「公正さ」には「形式的な

側面」と「実質的な側面」があり，学習指導においてはこの2つの側面をどう指導するべきかが次の課題となった。だがこの課題は理論研究では解明できない。理論研究だけの研究の限界である。

そこで，それまで毎週数時間，数年にわたって観察を続けていた東京学芸大学附属大泉小学校の横尾康幸教諭の社会科の授業に，この課題を重ねてみることにした。上記の2つの側面が授業にどう立ち現れているか，じっくりと待つ形である。ある日の授業で「公正さ」に深く関わる事例が取り上げられ，複数時間にわたる活発な議論を観察することができた。

資料
授業観察記録　東京学芸大学附属大泉小学校・横尾康幸教諭による実践
単元名：わたしたちのくらしが憲法でどのように決められているか調べよう。

【1999年1月28日1校時】（T…教師の発言，S…子どもの発言，括弧内はイニシャル，イニシャルが同じ子どもについては番号を付して区別した。）

T：K1さんが忘れ物がひどい。今度忘れたら，みんな一回ずつ殴ってくださいと言って本当に忘れた。現時点でそれはOKと考える人？
T：ダメ，の人？
T：悩んでいる人？
S（M1）：ダメだと思う。第31条に「何人も，法律の定める手続きによらなければ，その生命若しくは自由を奪はれ，又はその他の刑罰を科せられない」とあって，法律でたたいていいということは決められていないと思う。

この観察記録から得られたことは，「公正さ」の認識は学習者の既に持っている「公正観」を使って，「『形式的な側面』と『実質的な側面』とを行き来するような形で深化する」という仮説である。筆者はこの仮説を持ってアメリカに行き，現地小学校で長期の授業観察を継続する中で仮説の検証を試みることにした。現地の複数の小学校で授業を受けながら観察記録を取り，上記の二側面が仮説のとおりに授業に現れている事例を複数収集することができた。その事例検討を通して仮説の確からしさを認めて結論とし，社会科の意思決定モデルに応用して「公正さ」の学習モデルを構築した[*5]。理論研究においても授業観察が必要となる場合があるという事例である。

3 教室の何を見るか

（1）教室のどこに立つか

われわれは小中高など学校時代の保護者参観日をイメージしやすい。後ろから観察するだけでなく，必要な情報を得やすい位置に立って，緊張感を持って観察に臨むべきである。

後ろに立つ場合：教師の全体的な学習指導の様子を捉えやすい。

横に立つ場合：教師の学習指導だけでなく，子どもたちの表情も観ることができる。つぶやきを発した子どもの表情はとても貴重な情報である。

前に立つ場合：教育実習の際の授業観察では許されている場合が多い。子どもたちほぼ全員の表情を捉えることができるので，実はベストポジションかもしれない。

動き回る場合：子どもたちの学びの実際を全体的に捉えるために，特にノートの記述を知ろうとする時や，グループ学習の際のグループ間の比較に重点を置く際にこの方法がとられる。

（2）授業の何を見るか

授業の深い理解のためには，「授業の内側への接近」が何よりも重要である。授業の一般性や全体的傾向の抽出を主たる目的として行う量的研究とは異なり，授業者や学習者の内面への接近をさまざまな観察法によって試みることで，個や集団の学び，思考の具体的な動きやその意味の解明を試みる研究方法を総合的に称して「質的研究」という。フィールドワーク，エスノグラフィ，アクションリサーチ，グラウンデッド・セオリー・アプローチなど，研究調査の対象，方法，対象への参与の度合いなど，設定条件によって呼び方が異なっている。文化人類学の研究手法を中心に授業研究に適用したものであり，観察者が自らをツールとして参与し，観察対象に関わりながら学びの現実を読み解いてゆくところに方法的特徴がある。

観察された記録から観察者の主観を取り除くことは不可能なため，完全な客観的データを得ることはできない。歴史的には，このことが質的研究の欠点とされて科学性が備わってないという問題が指摘され続けたが，今日では観察者にしか知り得なかった極めて貴重で具体的な情報を手がかりとして，個人や集団の内側から明らかにしようとする研究手法として評価されるようになっている。このため観察者には，研究のプロセスや報告において高い倫理性，高潔さが求められる。同様に読み手は，研究対象とする観察記録は記録者によって捏造なく誠実に記録されたものと信頼して受け入れることになる。この研究上の信頼関係がとても重要である。

「科学的である」ことの条件や定義は諸々あるが，誤解を恐れずに平たくいえば，条件設定が同一であれば誰が行っても同一の結果が得られるということになるであろう。だが，この定義に忠実に従い授業研究を行うことは不可能である。授業研究は，学習による学習者の変容を対象とする。変容の内実は時とともに様々であって，同一の環境を用意して確認することはできない。観察者の視点や記録の中味も多様である。このため観察で得られたメモや資料，観察者が対象と交わした会話の中味，録音や録画など，あらゆる情報を手がかりにしてモノグラフが書かれることになる。それを継続的に蓄積して「厚い記述」となったものが研究・分析の対象となる。そして，その解釈のプロセスや結果の妥当性を問うことにより，科学性に代えることになるのである[3]。

発話や板書，ノートの記録など，観たり聞いたりしたものだけでなく，息遣いや雰囲気などについても記録に残しておく。つまり観察者の五感を，最大限に駆使して授業を観ることになるのである。可能なら，気になる子どもたちの人間関係についても授業者に聞いておく。

（3）授業観察の今日的課題

近年の少子化が原因で，全国的に学校規模は縮小傾向にある。小規模校が増加し，集団での学びが十分に行えなくなっている学校も増えている。この問題に対処するため，2つの学校をインターネットで接続し，大型スクリーンを介して遠隔合同授業を行う学校も増加傾向にある。

この場合の日常的な課題としては，T1とT2それぞれの授業者が，相手方の学習者たちの学びをどのようにして把握すればよいかと

いうことがある。スクリーンの画質などの技術的側面が向上し，そこに一体感が生まれた時，授業改善のための観察の技術が問われることになる。相手方の教室の雰囲気を把握したり，発話を確実に聞き取ったり，表情やつぶやきを捉えたりするなどがそれである。

（4）仮説の生成と理論

前節で述べた「授業のねらいが達成されていたか」「教室で何が生じていたか」について明らかにすることは重要だが，それらだけにとらわれていたのでは新しい視点やアイディアは生まれにくい。その授業の理解だけにとどまらず，「社会科の授業はどのようなものなのか，そしてどうあるべきか」といった課題も常に持っておきたい。

長期間の観察と記録の分析を行うことで仮説を生成し，検証を行い，さらに並行して新たな仮説を生み出し，そしてまたそれを検証する。また，あらかじめ仮説が用意され，それを質的研究によって検証しようとする場合もある。仮説検証のために授業の観察を継続しながら，それまで気付かなかった新たな仮説が生まれることもある。仮説を検証することを必ずしも最終目的とはせず，新たな仮説を生成してそこから理論を構築してゆくことが質的研究の役割でもある[*4]。

観察によって何かに気付くことがとても大事である。その気付きを，間もなく生成される仮説の「卵」として大切に扱うことが必要であり，その気付きを貯めていくことによって仮説を生み出すことになるのである。

ただ，気付きそれ単独では観察された現象の説明でしかない。何らかの理論的な裏付けが必要である。例えば，観察を継続して類似の気付きを積み重ね，新しい理論の構築を目指すやり方がある。また，事前に理論研究を済ませ，観察した現象の中から法則を見出し，理論と実践の統合を目指すやり方もある。後者については，筆者の経験を取り上げて後に述べることにする。

4 ノートに何を記録するか

（1）書くことについて

公開授業や研究授業などで授業観察をする時，参観者の中には手元のノートなどにあまり書かず眺めることが中心のような人もいる。観察の仕方はそれぞれの考え方があるが，純粋に「授業のねらいが達成されていたか」を明らかにすることを目的とするならば，そのような観察でもある程度満足できる記録にはなるのであろう。事前に学習指導計画案を入手していれば，あらかじめ観察の準備もしてくることができる。

校内授業研究会で記録担当の先生により書かれた授業記録

しかし，「教室で何が生じていたか」を明らかにすることを目的とするならば，教室でのあらゆることを記録しておきたい。前者を検討する前提として後者があるとも言えるので，前者を目的とする場合でも，できるだけ丁寧に記録をつけることが望ましい。観ることと書くことのバランスが難しいので，自分なりの工夫が必要である。

フィールドワークや観察において何をどう

ノートに書くかについては，それを専門に扱った文献は見当たらない。最近になって梶丸岳，丹羽朋子，椎野若菜編『フィールドノート古今東西』（古今書院，2016）が刊行されているが，依然としてこの課題は個人の工夫に委ねられているのが現状である。

（2）道具

ビデオカメラやICレコーダーを活用したくなるところだが，見直したり聞き直したりするには，実際の録画・録音時間の2倍から3倍の時間がかかる。長期のプロジェクトで活用することはあるが，教育実習や個人の研究において使用する場合は，特定の場面の確認に用いる程度に留めるのがいいだろう。

「授業における授業者のねらいが達成されていたか」という視点で観察をする場合，従来採用されてきた方法として，クリップボードに本時の学習計画を挟んで適宜メモを取るやり方がある。しかし，「教室で何が生じていたか」という視点で観察をするならば，このやり方では書くためのスペースが足りなくなる。ハンディタイプの手帳，リングノートを活用したい。

ペンは使い慣れたものを複数本，常に用意しておく。目の前で生じていることを書きつけるとき，筆記用具に不具合が起きてしまっては，宝をみすみす逃してしまうことになるからである。

（3）何を書いているか

発話の記録を基本として，それに加えて学習者の表情，つぶやき，観察者の個人的なメモなど，原則として「あらゆること」を書く。だが「観る」ことと「書く」ことを同時に行うことは，慣れないと非常に困難であるので，観察開始当初は全体観察により教室をまんべんなく見渡すようにする。教育実習などにおいては，全体観察の中から気付きを得ること

をまず目標としたい。

しばらく観察を続けると，あの子どもはなぜあのような発言をしたのか，どうしてあのような表情をしたのか，教師の発問の意図は何か，などといった疑問を持つようになる。疑問は仮説の卵なので大切に記録しておく。

全体観察を続けていると，同じような現象について記録をするようになっていることに気付く。そうなったら全体観察から焦点観察に移る時期である。それを焦点観察の視点として，現象が現れる瞬間を待つことになる。

（4）記録をどう処理するか

授業観察を終えたら，その日のうちに手帳に書きつけたフィールドメモの整理をする。記憶をもとに，授業の様子や出来事について可能な限り補充をして整理する。これらをフィールドノーツという。教育実習の場合，実習日誌は必ずその日のうちにまとめる。睡眠をとってしまうと，記憶の半分は失われると言われている。

筆者が実際に作成しているフィールドノーツは次の項目からなっている。「日付・時刻」「事実」「発言」「板書」「解釈」「会話」「観察者の行動」である。「日付・時刻」「事実」「発言」「板書」は，比較的客観的なものの記録と言える。観察された「事実」の記録は客観的か，という疑問は残るが，ここではほぼ客観的なものとしておこう。これに対して「解釈」「会話」「観察者の行動」には主観が入る。客観的な記録と主観を含む記録とを区別したいと考えた。「会話」「観察者の行動」という項目を設けて，自分がどのように教室で観察をしたか，誰と喋ったか，どのような動きをしたかなどについて書き残しているのは，分析・解釈に必要な情報であるだけでなく，時間が経過した後にでも容易に思い出すことができるようにするためでもある。

〈長期に観察をする場合〉

　長期の観察をする場合には，日に日にフィールドノーツが貯まってくる。それをもとにして「厚い記述」としてのモノグラフを書くことになる。フィールドノーツやモノグラフを繰り返し眺めながら，似通った観察データをまとめていく。小見出しのようなインデックスを付け，カテゴリ分けを進める。そのカテゴリにコード（名前）を付けて，観察記録全体をコードで整理し，全体像をつかむのである。

　紙幅の都合で，本章ではそうした記録の処理について詳述することができない。現在のところ，教科学習を念頭に置いて観察記録の処理について論じた文献は1冊しか見当たらない。関口靖広『教育研究のための質的研究法講座』（北大路書房，2013）がそれである。また，教室以外のフィールドを対象にした観察記録の処理については，箕浦康子『フィールドワークの技法と実際 II 分析・解釈編』（ミネルヴァ書房，2009），など多くの文献がある。こうした文献に処理方法を学んでほしい。

〈短期の観察をする場合〉

　授業時間内の内容ごとの塊を捉える。必ずしも，観察した授業の学習計画に則って処理をする必要はない。むしろ，観察者としての自分の感覚を大切にしたい。

　子どもたちの反応や教師と子どもたちのコミュニケーションが，それら内容の塊にどう対応しているかを整理する。教科の趣旨や授業のねらい，教師の意図，子どもたちの意欲や欲求などに照らしてみる。複数人で観察している場合には，前述したようにカンファレンス形式の検討会を持つのも有意義である。

5 研究授業の意義

　研究授業は校内研修，公開研究会を問わず小学校では大変熱心に実施されている。毎月行う小学校も少なくない。これに対して中学校，高等学校では実施の回数が少なくなる。特に高等学校の校内研修で研究授業を行うことは多くなく，自治体によってはその回数の増加が目標課題になっているほどである。教育実習では，最終週のどこかで教育実習生の研究授業を実施することが多い。

　研究授業を終えた後の研究協議会においては，冒頭で授業者が比較的長めにコメントをすることが一般的である。反省の弁を述べることがよくあるが，それも含めて授業における思いや願い，子どもたちの実態をどう捉えているか，授業全体を通じた振り返りなどについても丁寧に語るべきである。なぜなら質的な授業研究を行う際，授業者の自己開示は観察者にとって非常に重要な情報であるからである。

　授業にはさまざまな見方がある。観察する際の立ち位置が違えば，見えるものも異なってくる。議論に積極的に参加して，授業を浮き彫りにすることに協力すべきである。

　その意味でも研究授業は，授業者のみならず参観者の成長をも促すものであることは間違いない。

（川﨑 誠司）

〈注〉
＊1　川﨑誠司「授業の質的研究」日本社会科教育学会
　　　『新版 社会科教育事典』（ぎょうせい，2012年）p.283
＊2　同上
＊3　同上書，p.282
＊4　同上書，pp.282〜283
＊5　川﨑誠司『多文化教育とハワイの異文化理解学習―「公正さ」はどう認識されるか』（ナカニシヤ出版，2011年）

初 等 社 会 科 教 育 関 係 年 表

年	月	初 等 社 会 科 教 育 関 係 事 項
1945	11	文部省，公民教育刷新委員会設置。
	12	GHQ「修身，日本歴史及び地理停止ニ関スル件」指令。
1946	4	GHQ，米国教育使節団報告発表。
	9	国定教科書「くにのあゆみ」（国民学校国史教科書），「国民学校公民教師用書」発行。
	10	文部省，社会科委員会設置。GHQ，国史の授業再開を許可。
1947	5	「学習指導要領社会科編 I（試案）」発行。ヴァージニア・プラン改訂版の強い影響を受ける。
	9	社会科授業開始。社会科教育連盟結成。
1948	9	文部省「小学校社会科学習指導要領補説」発行。
	10	コア・カリキュラム連盟結成（のちの日本生活教育連盟）。
1949	4	検定教科書使用開始。
	7	歴史教育者協議会結成。
1951	7	「小学校学習指導要領社会科編（試案）」改訂（昭和26年版）。
	11	日教組第1回全国研究大会開催。
	12	西日本社会科教育研究会（のちの全国社会科教育学会）発足。
1952	1	勝田－梅根論争始まる。
	2	日本社会科教育学会発足。
	12	岡野文相，教育課程審議会に「社会科の改善，特に地理・歴史・道徳教育について」諮問。
1955	8	日本民主党「うれうべき教科書の問題」第1集を発行。
	12	「小学校学習指導要領社会科編」発表。「（試案）」の文字が消え，系統主義的色彩が強まる。
1957	2	金沢嘉市ら低学年社会科廃止論を提起（『教育』2月号）
1958	8	社会科の初志をつらぬく会発足。
	10	「小・中学校学習指導要領」告示（昭和33年版）。「文部省告示」として法的拘束力をもつ。
1961	8	教育科学研究会発足。
1962	8	大月－上田論争始まる。
	11	文部省主催，第1回小学校教育課程研究集会開催。
1963	11	ブルーナー『教育の過程』が翻訳・出版される。教育の現代化運動が起きる。
1968	5	「小学校学習指導要領」告示（昭和43年版）。
1971	1	小・中学校指導要領一部改訂（公害に関する部分）。
1973	5	社会科の授業を創る会（教科研社会科部会から独立）発足。
1977	4	東京学芸大学社会科教育学会，『学藝社会』を創刊。
	7	「小学校学習指導要領」告示（昭和52年版）。知識偏重への批判が強まる。
1984	8	臨時教育審議会設置。教育課程の大幅見直しを検討。
1986	4	臨時教育審議会，第二次答申提出。歴史教育の社会科からの独立，小学校低学年の教科の再編などが提起される。
1989	3	「小学校学習指導要領」告示（平成元年版）。小学校低学年の社会科と理科が廃止され，代わりに「生活科」新設。高校の社会科が廃止され，代わりに「地理歴史科」，「公民科」が新設される。
	12	日本公民教育学会発足。
1991	8	日韓合同歴史教科書研究会開始（～1993）
1998	12	「小学校学習指導要領」告示（平成10年版）。「愛国心」が強調される。
2001	6	新しい歴史教科書をつくる会，『新しい歴史教科書』を発表。論議を呼ぶ。
2008	3	「小学校学習指導要領」告示（平成20年版）。改正された教育基本法との一体化が図られる。
2017	3	「小学校学習指導要領」告示（平成29年版）。「公民としての資質・能力」の明確化・構造化。

小学校学習指導要領

(平成29年告示)

第2章　第2節　社　会

第1　目　標

社会的な見方・考え方を働かせ，課題を追究したり解決したりする活動を通して，グローバル化する国際社会に主体的に生きる平和で民主的な国家及び社会の形成者に必要な公民としての資質・能力の基礎を次のとおり育成することを目指す。

(1) 地域や我が国の国土の地理的環境，現代社会の仕組みや働き，地域や我が国の歴史や伝統と文化を通して社会生活について理解するとともに，様々な資料や調査活動を通して情報を適切に調べまとめる技能を身に付けるようにする。

(2) 社会的事象の特色や相互の関連，意味を多角的に考えたり，社会に見られる課題を把握して，その解決に向けて社会への関わり方を選択・判断したりする力，考えたことや選択・判断したことを適切に表現する力を養う。

(3) 社会的事象について，よりよい社会を考え主体的に問題解決しようとする態度を養うとともに，多角的な思考や理解を通して，地域社会に対する誇りと愛情，地域社会の一員としての自覚，我が国の国土と歴史に対する愛情，我が国の将来を担う国民としての自覚，世界の国々の人々と共に生きていくことの大切さについての自覚などを養う。

第2　各学年の目標及び内容

〔第3学年〕

1　目　標

社会的事象の見方・考え方を働かせ，学習の問題を追究・解決する活動を通して，次のとおり資質・能力を育成することを目指す。

(1) 身近な地域や市区町村の地理的環境，地域の安全を守るための諸活動や地域の産業と消費生活の様子，地域の様子の移り変わりについて，人々の生活との関連を踏まえて理解するとともに，調査活動，地図帳や各種の具体的資料を通して，必要な情報を調べまとめる技能を身に付けるようにする。

(2) 社会的事象の特色や相互の関連，意味を考える力，社会に見られる課題を把握して，その解決に向けて社会への関わり方を選択・判断する力，考えたことや選択・判断したことを表現する力を養う。

(3) 社会的事象について，主体的に学習の問題を解決しようとする態度や，よりよい社会を考え学習したことを社会生活に生かそうとする態度を養うとともに，思考や理解を通して，地域社会に対する誇りと愛情，地域社会の一員としての自覚を養う。

2　内　容

(1) 身近な地域や市区町村（以下第2章第2節において「市」という。）の様子について，学習の問題を追究・解決する活動を通して，次の事項を身に付けることができるよう指導する。

ア　次のような知識及び技能を身に付けること。

(ア) 身近な地域や自分たちの市の様子を大まかに理解すること。

(イ) 観察・調査したり地図などの資料で調べたりして，白地図などにまとめること。

イ　次のような思考力，判断力，表現力等を身に付けること。

(ア) 都道府県内における市の位置，市の地形や土地利用，交通の広がり，市役所など主な公共施設の場所と働き，古くから残る建造物の分布などに着目して，身近な地域や市の様子を捉え，場所による違いを考え，表現すること。

(2) 地域に見られる生産や販売の仕事について，学習の問題を追究・解決する活動を通して，次の事項を身に付けることができるよう指導する。

ア　次のような知識及び技能を身に付けること。

(ア) 生産の仕事は，地域の人々の生活と密接な関わりをもって行われていることを理解すること。

(イ) 販売の仕事は，消費者の多様な願いを踏まえ売り上げを高めるよう，工夫して行われていることを理解すること。

(ウ) 見学・調査したり地図などの資料で調べたりして，白地図などにまとめること。

イ　次のような思考力，判断力，表現力等を身に付けること。

(ア) 仕事の種類や産地の分布，仕事の工程などに着目して，生産に携わっている人々の仕事の様子を捉え，地域の人々の生活との関連を考え，表現すること。

(イ) 消費者の願い，販売の仕方，他地域や外国との関わりなどに着目して，販売に携わっている人々の仕事の様子を捉え，それらの仕事に見られる工夫を考え，表現すること。

(3) 地域の安全を守る働きについて，学習の問題を追究・解決する活動を通して，次の事項を身に付けることができるよう指導する。

ア　次のような知識及び技能を身に付けること。

(ア) 消防署や警察署などの関係機関は，地域の安全を守るために，相互に連携して緊急時に対処する体制をとっていることや，関係機関が地域の人々と協力して火災や事故などの防止に努めていることを理解すること。

(イ) 見学・調査したり地図などの資料で調べたりして，まとめること。

イ　次のような思考力，判断力，表現力等を身に付けること。

(ア) 施設・設備などの配置，緊急時への備えや対応などに着目して，関係機関や地域の人々の諸活動を捉え，相互の関連や従事する人々の働きを考え，表現すること。

(4) 市の様子の移り変わりについて，学習の問題を追究・解決する活動を通して，次の事項を身に付けることができるよう指導する。

ア　次のような知識及び技能を身に付けること。

(ア) 市や人々の生活の様子は，時間の経過に伴い，移り変わってきたことを理解すること。

(イ) 聞き取り調査をしたり地図などの資料で調べたりして，年表などにまとめること。

147

イ 次のような思考力，判断力，表現力等を身に付けること。
（ア）交通や公共施設，土地利用や人口，生活の道具などの時期による違いに着目して，市や人々の生活の様子を捉え，それらの変化を考え，表現すること。

3 内容の取扱い
(1) 内容の (1) については，次のとおり取り扱うものとする。
ア 学年の導入で扱うこととし，アの（ア）については，「自分たちの市」に重点を置くよう配慮すること。
イ アの（イ）については，「白地図などにまとめる」際に，教科用図書「地図」（以下第2章第2節において「地図帳」という。）を参照し，方位や主な地図記号について扱うこと。
(2) 内容の (2) については，次のとおり取り扱うものとする。
ア アの（ア）及びイの（ア）については，事例として農家，工場などの中から選択して取り上げるようにすること。
イ アの（イ）及びイの（イ）については，商店を取り上げ，「他地域や外国との関わり」を扱う際には，地図帳などを使用して都道府県や国の名称と位置などを調べるようにすること。
ウ イの（イ）については，我が国や外国には国旗があることを理解し，それを尊重する態度を養うよう配慮すること。
(3) 内容の (3) については，次のとおり取り扱うものとする。
ア アの（ア）の「緊急時に対処する体制をとっていること」と「防止に努めていること」については，火災と事故はいずれも取り上げること。その際，どちらかに重点を置くなど効果的な指導を工夫をすること。
イ イの（ア）については，社会生活を営む上で大切な法やきまりについて扱うとともに，地域や自分自身の安全を守るために自分たちにできることなどを考えたり選択・判断したりできるよう配慮すること。
(4) 内容の (4) については，次のとおり取り扱うものとする。
ア アの（イ）の「年表などにまとめる」際には，時期の区分について，昭和，平成など元号を用いた言い表し方などがあることを取り上げること。
イ イの（ア）の「公共施設」については，市が公共施設の整備を進めてきたことを取り上げること。その際，租税の役割に触れること。
ウ イの（ア）の「人口」を取り上げる際には，少子高齢化，国際化などに触れ，これからの市の発展について考えることができるよう配慮すること。

〔第4学年〕
1 目標
社会的事象の見方・考え方を働かせ，学習の問題を追究・解決する活動を通して，次のとおり資質・能力を育成することを目指す。
(1) 自分たちの都道府県の地理的環境の特色，地域の人々の健康と生活環境を支える働きや自然災害から

地域の安全を守るための諸活動，地域の伝統と文化や地域の発展に尽くした先人の働きなどについて，人々の生活との関連を踏まえて理解するとともに，調査活動，地図帳や各種の具体的資料を通して，必要な情報を調べまとめる技能を身に付けるようにする。
(2) 社会的事象の特色や相互の関連，意味を考える力，社会に見られる課題を把握して，その解決に向けて社会への関わり方を選択・判断する力，考えたことや選択・判断したことを表現する力を養う。
(3) 社会的事象について，主体的に学習の問題を解決しようとする態度や，よりよい社会を考え学習したことを社会生活に生かそうとする態度を養うとともに，思考や理解を通して，地域社会に対する誇りと愛情，地域社会の一員としての自覚を養う。

2 内 容
(1) 都道府県（以下第2章第2節において「県」という。）の様子について，学習の問題を追究・解決する活動を通して，次の事項を身に付けることができるよう指導する。
ア 次のような知識及び技能を身に付けること。
（ア）自分たちの県の地理的環境の概要を理解すること。また，47都道府県の名称と位置を理解すること。
（イ）地図帳や各種の資料で調べ，白地図などにまとめること。
イ 次のような思考力，判断力，表現力等を身に付けること。
（ア）我が国における自分たちの県の位置，県全体の地形や主な産業の分布，交通網や主な都市の位置などに着目して，県の様子を捉え，地理的環境の特色を考え，表現すること。
(2) 人々の健康や生活環境を支える事業について，学習の問題を追究・解決する活動を通して，次の事項を身に付けることができるよう指導する。
ア 次のような知識及び技能を身に付けること。
（ア）飲料水，電気，ガスを供給する事業は，安全で安定的に供給できるよう進められていることや，地域の人々の健康な生活の維持と向上に役立っていることを理解すること。
（イ）廃棄物を処理する事業は，衛生的な処理や資源の有効利用ができるよう進められていることや，生活環境の維持と向上に役立っていることを理解すること。
（ウ）見学・調査したり地図などの資料で調べたりして，まとめること。
イ 次のような思考力，判断力，表現力等を身に付けること。
（ア）供給の仕組みや経路，県内外の人々の協力などに着目して，飲料水，電気，ガスの供給のための事業の様子を捉え，それらの事業が果たす役割を考え，表現すること。
（イ）処理の仕組みや再利用，県内外の人々の協力などに着目して，廃棄物の処理のための事業の様子を捉え，その事業が果たす役割を考え，表現すること。
(3) 自然災害から人々を守る活動について，学習の問題を追究・解決する活動を通して，次の事項を身に付けることができるよう指導する。

ア　次のような知識及び技能を身に付けること。
　（ア）地域の関係機関や人々は，自然災害に対し，様々な協力をして対処してきたことや，今後想定される災害に対し，様々な備えをしていることを理解すること。
　（イ）聞き取り調査をしたり地図や年表などの資料で調べたりして，まとめること。
イ　次のような思考力，判断力，表現力等を身に付けること。
　（ア）過去に発生した地域の自然災害，関係機関の協力などに着目して，災害から人々を守る活動を捉え，その働きを考え，表現すること。
(4) 県内の伝統や文化，先人の働きについて，学習の問題を追究・解決する活動を通して，次の事項を身に付けることができるよう指導する。
ア　次のような知識及び技能を身に付けること。
　（ア）県内の文化財や年中行事は，地域の人々が受け継いできたことや，それらには地域の発展など人々の様々な願いが込められていることを理解すること。
　（イ）地域の発展に尽くした先人は，様々な苦心や努力により当時の生活の向上に貢献したことを理解すること。
　（ウ）見学・調査したり地図などの資料で調べたりして，年表などにまとめること。
イ　次のような思考力，判断力，表現力等を身に付けること。
　（ア）歴史的背景や現在に至る経過，保存や継承のための取組などに着目して，県内の文化財や年中行事の様子を捉え，人々の願いや努力を考え，表現すること。
　（イ）当時の世の中の課題や人々の願いなどに着目して，地域の発展に尽くした先人の具体的事例を捉え，先人の働きを考え，表現すること。
(5) 県内の特色ある地域の様子について，学習の問題を追究・解決する活動を通して，次の事項を身に付けることができるよう指導する。
ア　次のような知識及び技能を身に付けること。
　（ア）県内の特色ある地域では，人々が協力し，特色あるまちづくりや観光などの産業の発展に努めていることを理解すること。
　（イ）地図帳や各種の資料で調べ，白地図などにまとめること。
イ　次のような思考力，判断力，表現力等を身に付けること。
　（ア）特色ある地域の位置や自然環境，人々の活動や産業の歴史的背景，人々の協力関係などに着目して，地域の様子を捉え，それらの特色を考え，表現すること。

3　内容の取扱い
(1) 内容の (2) については，次のとおり取り扱うものとする。
　ア　アの（ア）及び（イ）については，現在に至るまでに仕組みが計画的に改善され公衆衛生が向上してきたことに触れること。
　イ　アの（ア）及びイの（ア）については，飲料水，電気，ガスの中から選択して取り上げること。
　ウ　アの（イ）及びイの（イ）については，ごみ，下水のいずれかを選択して取り上げること。

エ　イの（ア）については，節水や節電など自分たちにできることを考えたり選択・判断したりできるよう配慮すること。
オ　イの（イ）については，社会生活を営む上で大切な法やきまりについて扱うとともに，ごみの減量や水を汚さない工夫など，自分たちにできることを考えたり選択・判断したりできるよう配慮すること。
(2) 内容の (3) については，次のとおり取り扱うものとする。
　ア　アの（ア）については，地震災害，津波災害，風水害，火山災害，雪害などの中から，過去に県内で発生したものを選択して取り上げること。
　イ　アの（ア）及びイの（ア）の「関係機関」については，県庁や市役所の働きなどを中心に取り上げ，防災情報の発信，避難体制の確保などの働き，自衛隊など国の機関との関わりを取り上げること。
　ウ　イの（ア）については，地域で起こり得る災害を想定し，日頃から必要な備えをするなど，自分たちにできることなどを考えたり選択・判断したりできるよう配慮すること。
(3) 内容の (4) については，次のとおり取り扱うものとする。
　ア　アの（ア）については，県内の主な文化財や年中行事が大まかに分かるようにするとともに，イの（ア）については，それらの中から具体的事例を取り上げること。
　イ　アの（イ）及びイの（イ）については，開発，教育，医療，文化，産業などの地域の発展に尽くした先人の中から選択して取り上げること。
　ウ　イの（ア）については，地域の伝統や文化の保存や継承に関わって，自分たちにできることなどを考えたり選択・判断したりできるよう配慮すること。
(4) 内容の (5) については，次のとおり取り扱うものとする。
　ア　県内の特色ある地域が大まかに分かるようにするとともに，伝統的な技術を生かした地場産業が盛んな地域，国際交流に取り組んでいる地域及び地域の資源を保護・活用している地域を取り上げること。その際，地域の資源を保護・活用している地域については，自然環境，伝統的な文化のいずれかを選択して取り上げること。
　イ　国際交流に取り組んでいる地域を取り上げる際には，我が国や外国には国旗があることを理解し，それを尊重する態度を養うよう配慮すること。

〔第5学年〕
1　目　標
　社会的事象の見方・考え方を働かせ，学習の問題を追究・解決する活動を通して，次のとおり資質・能力を育成することを目指す。
(1) 我が国の国土の地理的環境の特色や産業の現状，社会の情報化と産業の関わりについて，国民生活との関連を踏まえて理解するとともに，地図帳や地球儀，統計などの各種の基礎的資料を通して，情報を適切に調べまとめる技能を身に付けるようにする。
(2) 社会的事象の特色や相互の関連，意味を多角的に考える力，社会に見られる課題を把握して，その解決に向けて社会への関わり方を選択・判断する力，

149

考えたことや選択・判断したことを説明したり，それらを基に議論したりする力を養う。
(3) 社会的事象について，主体的に学習の問題を解決しようとする態度や，よりよい社会を考え学習したことを社会生活に生かそうとする態度を養うとともに，多角的な思考や理解を通して，我が国の国土に対する愛情，我が国の産業の発展を願い我が国の将来を担う国民としての自覚を養う。

2　内　容
(1) 我が国の国土の様子と国民生活について，学習の問題を追究・解決する活動を通して，次の事項を身に付けることができるよう指導する。
　　ア　次のような知識及び技能を身に付けること。
　　　(ア) 世界における我が国の国土の位置，国土の構成，領土の範囲などを大まかに理解すること。
　　　(イ) 我が国の国土の地形や気候の概要を理解するとともに，人々は自然環境に適応して生活していることを理解すること。
　　　(ウ) 地図帳や地球儀，各種の資料で調べ，まとめること。
　　イ　次のような思考力，判断力，表現力等を身に付けること。
　　　(ア) 世界の大陸と主な海洋，主な国の位置，海洋に囲まれ多数の島からなる国土の構成などに着目して，我が国の国土の様子を捉え，その特色を考え，表現すること。
　　　(イ) 地形や気候などに着目して，国土の自然などの様子や自然条件から見て特色ある地域の人々の生活を捉え，国土の自然環境の特色やそれらと国民生活との関連を考え，表現すること。
(2) 我が国の農業や水産業における食料生産について，学習の問題を追究・解決する活動を通して，次の事項を身に付けることができるよう指導する。
　　ア　次のような知識及び技能を身に付けること。
　　　(ア) 我が国の食料生産は，自然条件を生かして営まれていることや，国民の食料を確保する重要な役割を果たしていることを理解すること。
　　　(イ) 食料生産に関わる人々は，生産性や品質を高めるよう努力したり輸送方法や販売方法を工夫したりして，良質な食料を消費地に届けるなど，食料生産を支えていることを理解すること。
　　　(ウ) 地図帳や地球儀，各種の資料で調べ，まとめること。
　　イ　次のような思考力，判断力，表現力等を身に付けること。
　　　(ア) 生産物の種類や分布，生産量の変化，輸入など外国との関わりなどに着目して，食料生産の概要を捉え，食料生産が国民生活に果たす役割を考え，表現すること。
　　　(イ) 生産の工程，人々の協力関係，技術の向上，輸送，価格や費用などに着目して，食料生産に関わる人々の工夫や努力を捉え，その働きを考え，表現すること。
(3) 我が国の工業生産について，学習の問題を追究・解決する活動を通して，次の事項を身に付けることができるよう指導する。
　　ア　次のような知識及び技能を身に付けること。
　　　(ア) 我が国では様々な工業生産が行われていることや，国土には工業の盛んな地域が広がっていること及び工業製品は国民生活の向上に重要な役割を果たしていることを理解すること。
　　　(イ) 工業生産に関わる人々は，消費者の需要や社会の変化に対応し，優れた製品を生産するよう様々な工夫や努力をして，工業生産を支えていることを理解すること。
　　　(ウ) 貿易や運輸は，原材料の確保や製品の販売などにおいて，工業生産を支える重要な役割を果たしていることを理解すること。
　　　(エ) 地図帳や地球儀，各種の資料で調べ，まとめること。
　　イ　次のような思考力，判断力，表現力等を身に付けること。
　　　(ア) 工業の種類，工業の盛んな地域の分布，工業製品の改良などに着目して，工業生産の概要を捉え，工業生産が国民生活に果たす役割を考え，表現すること。
　　　(イ) 製造の工程，工場相互の協力関係，優れた技術などに着目して，工業生産に関わる人々の工夫や努力を捉え，その働きを考え，表現すること。
　　　(ウ) 交通網の広がり，外国との関わりなどに着目して，貿易や運輸の様子を捉え，それらの役割を考え，表現すること。
(4) 我が国の産業と情報との関わりについて，学習の問題を追究・解決する活動を通して，次の事項を身に付けることができるよう指導する。
　　ア　次のような知識及び技能を身に付けること。
　　　(ア) 放送，新聞などの産業は，国民生活に大きな影響を及ぼしていることを理解すること。
　　　(イ) 大量の情報や情報通信技術の活用は，様々な産業を発展させ，国民生活を向上させていることを理解すること。
　　　(ウ) 聞き取り調査をしたり映像や新聞などの各種資料で調べたりして，まとめること。
　　イ　次のような思考力，判断力，表現力等を身に付けること。
　　　(ア) 情報を集め発信するまでの工夫や努力などに着目して，放送，新聞などの産業の様子を捉え，それらの産業が国民生活に果たす役割を考え，表現すること。
　　　(イ) 情報の種類，情報の活用の仕方などに着目して，産業における情報活用の現状を捉え，情報を生かして発展する産業が国民生活に果たす役割を考え，表現すること。
(5) 我が国の国土の自然環境と国民生活との関連について，学習の問題を追究・解決する活動を通して，次の事項を身に付けることができるよう指導する。
　　ア　次のような知識及び技能を身に付けること。
　　　(ア) 自然災害は国土の自然条件などと関連して発生していることや，自然災害から国土を保全し国民生活を守るために国や県などが様々な対策や事業を進めていることを理解すること。
　　　(イ) 森林は，その育成や保護に従事している人々の様々な工夫と努力により国土の保全など重要な役割を果たしていることを理解すること。
　　　(ウ) 関係機関や地域の人々の様々な努力により公害の防止や生活環境の改善が図られてきたことを理解するとともに，公害から国土の環境や国民の健康な生活を守ることの大切さを理解する

こと。
　　　（エ）地図帳や各種の資料で調べ，まとめること。
　イ　次のような思考力，判断力，表現力等を身に付
　　けること。
　　　（ア）災害の種類や発生の位置や時期，防災対策
　　　　などに着目して，国土の自然災害の状況を捉え，
　　　　自然条件との関連を考え，表現すること。
　　　（イ）森林資源の分布や働きなどに着目して，国土
　　　　の環境を捉え，森林資源が果たす役割を考え，
　　　　表現すること。
　　　（ウ）公害の発生時期や経過，人々の協力や努力な
　　　　どに着目して，公害防止の取組を捉え，その働
　　　　きを考え，表現すること。

３　内容の取扱い
（1）内容の（1）については，次のとおり取り扱うもの
　とする。
　ア　アの（ア）の「領土の範囲」については，竹島
　　や北方領土，尖閣諸島が我が国の固有の領土であ
　　ることに触れること。
　イ　アの（ウ）については，地図帳や地球儀を用い
　　て，方位，緯度や経度などによる位置の表し方に
　　ついて取り扱うこと。
　ウ　イの（ア）の「主な国」については，名称につ
　　いても扱うようにし，近隣の諸国を含めて取り上
　　げること。その際，我が国や諸外国には国旗があ
　　ることを理解し，それを尊重する態度を養うよう
　　配慮すること。
　エ　イの（イ）の「自然条件から見て特色ある地域」
　　については，地形条件や気候条件から見て特色あ
　　る地域を取り上げること。
（2）内容の（2）については，次のとおり取り扱うもの
　とする。
　ア　アの（イ）及びイの（イ）については，食料生
　　産の盛んな地域の具体的事例を通して調べること
　　とし，稲作のほか，野菜，果物，畜産物，水産物
　　などの中から一つを取り上げること。
　イ　イの（ア）及び（イ）については，消費者や生
　　産者の立場などから多角的に考えて，これからの
　　農業などの発展について，自分の考えをまとめる
　　ことができるよう配慮すること。
（3）内容の（3）については，次のとおり取り扱うもの
　とする。
　ア　アの（イ）及びイの（イ）については，工業の
　　盛んな地域の具体的事例を通して調べることとし，
　　金属工業，機械工業，化学工業，食料品工業など
　　の中から一つを取り上げること。
　イ　イの（ア）及び（イ）については，消費者や生
　　産者の立場などから多角的に考えて，これからの
　　工業の発展について，自分の考えをまとめる
　　ことができるよう配慮すること。
（4）内容の（4）については，次のとおり取り扱うもの
　とする。
　ア　アの（ア）の「放送，新聞などの産業」につい
　　ては，それらの中から選択して取り上げること。
　　その際，情報を有効に活用することについて，情
　　報の送り手と受け手の立場から多角的に考え，受
　　け手として正しく判断することや送り手として責
　　任をもつことが大切であることに気付くようにす
　　ること。

　イ　アの（イ）及びイの（イ）については，情報や
　　情報技術を活用して発展している販売，運輸，観
　　光，医療，福祉などに関わる産業の中から選択して
　　取り上げること。その際，産業と国民の立場か
　　ら多角的に考えて，情報化の進展に伴う産業の発
　　展や国民生活の向上について，自分の考えをまと
　　めることができるよう配慮すること。
（5）内容の（5）については，次のとおり取り扱うもの
　とする。
　ア　アの（ア）については，地震災害，津波災害，
　　風水害，火山災害，雪害などを取り上げること。
　イ　アの（ウ）及びイの（ウ）については，大気の
　　汚染，水質の汚濁などの中から具体的事例を選択
　　して取り上げること。
　ウ　イの（イ）及び（ウ）については，国土の環境
　　保全について，自分たちにできることなどを考え
　　たり選択・判断したりできるよう配慮すること。

〔第６学年〕
１　目　標
　社会的事象の見方・考え方を働かせ，学習の問題を
追究・解決する活動を通して，次のとおり資質・能力
を育成することを目指す。
（1）我が国の政治の考え方と仕組みや働き，国家及び
　社会の発展に大きな働きをした先人の業績や優れた
　文化遺産，我が国と関係の深い国の生活やグローバ
　ル化する国際社会における我が国の役割について理
　解するとともに，地図帳や地球儀，統計や年表など
　の各種の基礎的資料を通して，情報を適切に調べま
　とめる技能を身に付けるようにする。
（2）社会的事象の特色や相互の関連，意味を多角的に
　考える力，社会に見られる課題を把握して，その解
　決に向けて社会への関わり方を選択・判断する力，
　考えたことや選択・判断したことを説明したり，そ
　れらを基に議論したりする力を養う。
（3）社会的事象について，主体的に学習の問題を解決
　しようとする態度や，よりよい社会を考え学習し
　たことを社会生活に生かそうとする態度を養うととも
　に，多角的な思考や理解を通して，我が国の歴史や
　伝統を大切にして国を愛する心情，我が国の将来を
　担う国民としての自覚や平和を願う日本人として世
　界の国々の人々と共に生きることの大切さについて
　の自覚を養う。

２　内　容
（1）我が国の政治の働きについて，学習の問題を追究・
　解決する活動を通して，次の事項を身に付けること
　ができるよう指導する。
　ア　次のような知識及び技能を身に付けること。
　　　（ア）日本国憲法は国家の理想，天皇の地位，国民
　　　　としての権利及び義務など国家や国民生活の基
　　　　本を定めていることや，現在の我が国の民主政
　　　　治は日本国憲法の基本的な考え方に基づいてい
　　　　ることを理解するとともに，立法，行政，司法
　　　　の三権がそれぞれの役割を果たしていることを
　　　　理解すること。
　　　（イ）国や地方公共団体の政治は，国民主権の考え
　　　　方の下，国民生活の安定と向上を図る大切な働
　　　　きをしていることを理解すること。
　　　（ウ）見学・調査したり各種の資料で調べたりし

151

て，まとめること。
　イ　次のような思考力，判断力，表現力等を身に付けること。
　　（ア）日本国憲法の基本的な考え方に着目して，我が国の民主政治を捉え，日本国憲法が国民生活に果たす役割や，国会，内閣，裁判所と国民との関わりを考え，表現すること。
　　（イ）政策の内容や計画から実施までの過程，法令や予算との関わりなどに着目して，国や地方公共団体の政治の取組を捉え，国民生活における政治の働きを考え，表現すること。
(2) 我が国の歴史上の主な事象について，学習の問題を追究・解決する活動を通して，次の事項を身に付けることができるよう指導する。
　ア　次のような知識及び技能を身に付けること。その際，我が国の歴史上の主な事象を手掛かりに，大まかな歴史を理解するとともに，関連する先人の業績，優れた文化遺産を理解すること。
　　（ア）狩猟・採集や農耕の生活，古墳，大和朝廷（大和政権）による統一の様子を手掛かりに，むらからくにへと変化したことを理解すること。その際，神話・伝承を手掛かりに，国の形成に関する考え方などに関心をもつこと。
　　（イ）大陸文化の摂取，大化の改新，大仏造営の様子を手掛かりに，天皇を中心とした政治が確立されたことを理解すること。
　　（ウ）貴族の生活や文化を手掛かりに，日本風の文化が生まれたことを理解すること。
　　（エ）源平の戦い，鎌倉幕府の始まり，元との戦いを手掛かりに，武士による政治が始まったことを理解すること。
　　（オ）京都の室町に幕府が置かれた頃の代表的な建造物や絵画を手掛かりに，今日の生活文化につながる室町文化が生まれたことを理解すること。
　　（カ）キリスト教の伝来，織田・豊臣の天下統一を手掛かりに，戦国の世が統一されたことを理解すること。
　　（キ）江戸幕府の始まり，参勤交代や鎖国などの幕府の政策，身分制を手掛かりに，武士による政治が安定したことを理解すること。
　　（ク）歌舞伎や浮世絵，国学や蘭学を手掛かりに，町人の文化が栄え新しい学問がおこったことを理解すること。
　　（ケ）黒船の来航，廃藩置県や四民平等などの改革，文明開化などを手掛かりに，我が国が明治維新を機に欧米の文化を取り入れつつ近代化を進めたことを理解すること。
　　（コ）大日本帝国憲法の発布，日清・日露の戦争，条約改正，科学の発展などを手掛かりに，我が国の国力が充実し国際的地位が向上したことを理解すること。
　　（サ）日中戦争や我が国に関わる第二次世界大戦，日本国憲法の制定，オリンピック・パラリンピックの開催などを手掛かりに，戦後我が国は民主的な国家として出発し，国民生活が向上し，国際社会の中で重要な役割を果たしてきたことを理解すること。
　　（シ）遺跡や文化財，地図や年表などの資料で調べ，まとめること。
　イ　次のような思考力，判断力，表現力等を身に付

けること。
　　（ア）世の中の様子，人物の働きや代表的な文化遺産などに着目して，我が国の歴史上の主な事象を捉え，我が国の歴史の展開を考えるとともに，歴史を学ぶ意味を考え，表現すること。
(3) グローバル化する世界と日本の役割について，学習の問題を追究・解決する活動を通して，次の事項を身に付けることができるよう指導する。
　ア　次のような知識及び技能を身に付けること。
　　（ア）我が国と経済や文化などの面でつながりが深い国の人々の生活は，多様であることを理解するとともに，スポーツや文化などを通して他国と交流し，異なる文化や習慣を尊重し合うことが大切であることを理解すること。
　　（イ）我が国は，平和な世界の実現のために国際連合の一員として重要な役割を果たしたり，諸外国の発展のために援助や協力を行ったりしていることを理解すること。
　　（ウ）地図帳や地球儀，各種の資料で調べ，まとめること。
　イ　次のような思考力，判断力，表現力等を身に付けること。
　　（ア）外国の人々の生活の様子などに着目して，日本の文化や習慣との違いを捉え，国際交流の果たす役割を考え，表現すること。
　　（イ）地球規模で発生している課題の解決に向けた連携・協力などに着目して，国際連合の働きや我が国の国際協力の様子を捉え，国際社会において我が国が果たしている役割を考え，表現すること。

3　内容の取扱い
(1) 内容の (1) については，次のとおり取り扱うものとする。
　ア　アの（ア）については，国会などの議会政治や選挙の意味，国会と内閣と裁判所の三権相互の関連，裁判員制度や租税の役割などについて扱うこと。その際，イの（ア）に関わって，国民としての政治への関わり方について多角的に考えて，自分の考えをまとめることができるよう配慮すること。
　イ　アの（ア）の「天皇の地位」については，日本国憲法に定める天皇の国事に関する行為など児童に理解しやすい事項を取り上げ，歴史に関する学習との関連も図りながら，天皇についての理解と敬愛の念を深めるようにすること。また，「国民としての権利及び義務」については，参政権，納税の義務などを取り上げること。
　ウ　アの（イ）の「国や地方公共団体の政治」については，社会保障，自然災害からの復旧や復興，地域の開発や活性化などの取組の中から選択して取り上げること。
　エ　イの（ア）の「国会」について，国民との関わりを指導する際には，各々の国民の祝日に関心をもち，我が国の社会や文化における意義を考えることができるよう配慮すること。
(2) 内容の (2) については，次のとおり取り扱うものとする。
　ア　アの（ア）から（サ）までについては，児童の興味・関心を重視し，取り上げる人物や文化遺産

の重点の置き方に工夫を加えるなど，精選して具体的に理解できるようにすること。その際，アの（サ）の指導に当たっては，児童の発達の段階を考慮すること。

イ　アの（ア）から（サ）までについては，例えば，国宝，重要文化財に指定されているものや，世界文化遺産に登録されているものなどを取り上げ，我が国の代表的な文化遺産を通して学習できるように配慮すること。

ウ　アの（ア）から（コ）までについては，例えば，次に掲げる人物を取り上げ，人物の働きを通して学習できるよう指導すること。

卑弥呼，聖徳太子，小野妹子，中大兄皇子，中臣鎌足，聖武天皇，行基，鑑真，藤原道長，紫式部，清少納言，平清盛，源頼朝，源義経，北条時宗，足利義満，足利義政，雪舟，ザビエル，織田信長，豊臣秀吉，徳川家康，徳川家光，近松門左衛門，歌川広重，本居宣長，杉田玄白，伊能忠敬，ペリー，勝海舟，西郷隆盛，大久保利通，木戸孝允，明治天皇，福沢諭吉，大隈重信，板垣退助，伊藤博文，陸奥宗光，東郷平八郎，小村寿太郎，野口英世

エ　アの（ア）の「神話・伝承」については，古事記，日本書紀，風土記などの中から適切なものを取り上げること。

オ　アの（イ）から（サ）までについては，当時の世界との関わりにも目を向け，我が国の歴史を広い視野から捉えられるよう配慮すること。

カ　アの（シ）については，年表や絵画など資料の特性に留意した読み取り方についても指導すること。

キ　イの（ア）については，歴史学習全体を通して，我が国は長い歴史をもち伝統や文化を育んできたこと，我が国の歴史は政治の中心地や世の中の様子などによって幾つかの時期に分けられることに気付くようにするとともに，現在の自分たちの生活と過去の出来事との関わりを考えたり，過去の出来事を基に現在及び将来の発展を考えたりするなど，歴史を学ぶ意味を考えるようにすること。

(3) 内容の（3）については，次のとおり取り扱うものとする。

ア　アについては，我が国の国旗と国歌の意義を理解し，これを尊重する態度を養うとともに，諸外国の国旗と国歌も同様に尊重する態度を養うよう配慮すること。

イ　アの（ア）については，我が国とつながりが深い国から数か国を取り上げること。その際，児童が1か国を選択して調べるよう配慮すること。

ウ　アの（ア）については，我が国や諸外国の伝統や文化を尊重しようとする態度を養うよう配慮すること。

エ　イについては，世界の人々と共に生きていくために大切なことや，今後，我が国が国際社会において果たすべき役割などを多角的に考えたり選択・判断したりできるよう配慮すること。

オ　イの（イ）については，網羅的，抽象的な扱いを避けるため，「国際連合の働き」については，ユニセフやユネスコの身近な活動を取り上げること。また，「我が国の国際協力の様子」については，教育，医療，農業などの分野で世界に貢献している

事例の中から選択して取り上げること。

第3　指導計画の作成と内容の取扱い

1　指導計画の作成に当たっては，次の事項に配慮するものとする。

(1) 単元など内容や時間のまとまりを見通して，その中で育む資質・能力の育成に向けて，児童の主体的・対話的で深い学びの実現を図るようにすること。その際，問題解決への見通しをもつこと，社会的事象の見方・考え方を働かせ，事象の特色や意味などを考え概念などに関する知識を獲得すること，学習の過程や成果を振り返り学んだことを活用することなど，学習の問題を追究・解決する活動の充実を図ること。

(2) 各学年の目標や内容を踏まえて，事例の取り上げ方を工夫して，内容の配列や授業時数の配分などに留意して効果的な年間指導計画を作成すること。

(3) 我が国の47都道府県の名称と位置，世界の大陸と主な海洋の名称と位置については，学習内容と関連付けながら，その都度，地図帳や地球儀などを使って確認するなどして，小学校卒業までに身に付け活用できるように工夫して指導すること。

(4) 障害のある児童などについては，学習活動を行う場合に生じる困難さに応じた指導内容や指導方法の工夫を計画的，組織的に行うこと。

(5) 第1章総則の第1の2の（2）に示す道徳教育の目標に基づき，道徳科などとの関連を考慮しながら，第3章特別の教科道徳の第2に示す内容について，社会科の特質に応じて適切な指導をすること。

2　第2の内容の取扱いについては，次の事項に配慮するものとする。

(1) 各学校においては，地域の実態を生かし，児童が興味・関心をもって学習に取り組めるようにするとともに，観察や見学，聞き取りなどの調査活動を含む具体的な体験を伴う学習やそれらに基づく表現活動の一層の充実を図ること。また，社会的事象の特色や意味，社会に見られる課題などについて，多角的に考えたことや選択・判断したことを論理的に説明したり，立場や根拠を明確にして議論したりするなど言語活動に関わる学習を一層重視すること。

(2) 学校図書館や公共図書館，コンピュータなどを活用して，情報の収集やまとめなどを行うようにすること。また，全ての学年において，地図帳を活用すること。

(3) 博物館や資料館などの施設の活用を図るとともに，身近な地域及び国土の遺跡や文化財などについての調査活動を取り入れるようにすること。また，内容に関わる専門家や関係者，関係の諸機関との連携を図るようにすること。

(4) 児童の発達の段階を考慮し，社会的事象については，児童の考えが深まるよう様々な見解を提示するよう配慮し，多様な見解のある事柄，未確定な事柄を取り上げる場合には，有益適切な教材に基づいて指導するとともに，特定の事柄を強調し過ぎたり，一面的な見解を十分な配慮なく取り上げたりするなどの偏った取扱いにより，児童が多角的に考えたり，事実を客観的に捉え，公正に判断したりすることを妨げることのないよう留意すること。

153

小学校社会科教師の専門性育成　第三版

2006 年 3 月 27 日　初版第 1 刷発行
2010 年 3 月 31 日　改訂版第 1 刷発行
2019 年 3 月 28 日　第三版第 1 刷発行
2024 年 10 月 11 日　第三版第 2 刷発行

編 著 者　大 澤 克 美

発 行 者　伊 東 千 尋

発 行 所　教 育 出 版 株 式 会 社

〒 135-0063　東京都江東区有明 3-4-10 TFT ビル西館

電話 （03）5579-6725　　振替 00190-1-107340

©K. Osawa　2019

印刷　モリモト印刷
製本　上 島 製 本

Printed in Japan

落丁本・乱丁本はお取替えいたします。

ISBN978-4-316-80467-5 C3037